AF237698

August Pieper und das Dritte Reich

Ein katholischer Annäherungsweg
hin zum Nationalsozialismus

Kirche & Weltkrieg
Band 11

Werner Neuhaus,
Marco A. Sorace (Hg.)

August Pieper und das Dritte Reich

Ein katholischer Annäherungsweg
hin zum Nationalsozialismus

edition *kirche & weltkrieg*

FSC
www.fsc.org

MIX
Papier aus ver-
antwortungsvollen
Quellen
Paper from
responsible sources
FSC® C105338

Dieser Band enthält eine Neuauflage des Buches
„August Pieper und der Nationalsozialismus"
von Werner Neuhaus,
sowie Beiträge zu einer Aachener Akademie-Tagung
von Prof. Dr. Olaf Blaschke, Dr. Thomas Dahmen,
Dr. Wolfgang Löhr und Werner Neuhaus

© 2021
Werner Neuhaus, Marco A. Sorace (Hg.)
AUGUST PIEPER UND DAS DRITTE REICH
Ein katholischer Annäherungsweg
hin zum Nationalsozialismus

Kirche & Weltkrieg, Band 11
(Buchreihe zur Digitalbibliothek
https://kircheundweltkrieg.wordpress.com)
Satz & Gestaltung: Peter Bürger
Umschlag, Foto: Stadtarchiv Mönchengladbach 10-40249

Herstellung & Verlag: BoD – Books on Demand, Norderstedt
ISBN: 978-3-7543-4708-9

Inhalt

B.

Quellendokumentation

7

C.
Beiträge zur Aachener Akademie-Tagung
2018

Generalsekretär Dr. AUG. PIEPER.   M.Gladbach, 22. 11. 1900

[handschriftlicher Brieftext, nicht lesbar]

Erste Seite eines Briefes von August Pieper an seinen Bruder Lorenz,
Mönchengladbach, den 22. November 1900

(Archiv Abtei Königsmünster, Meschede)

Geleitwort

„Nicht am öden Hakenkreuz, an dem kein Christus hängt,
wird das deutsche Volk genesen, sondern nur an jenem
Kreuze, an dem der sterbende Erlöser sein Blut vergießt für
alle Menschen, für Juden und Heiden, für Germanen und
Romanen, für die ganze leidende, sündige Welt."
Flugblatt des Volksvereins für das katholische
Deutschland, Mönchengladbach 8. September 1931[1]

Der hier vorgelegte Band enthält eine Neuauflage des Buches
„August Pieper und der Nationalsozialismus" von Werner Neuhaus[2] (→A, B), sowie Beiträge von Olaf Blaschke, Thomas Dahmen, Wolfgang Löhr und Werner Neuhaus zu einer unter gleich-
lautendem Titel durchgeführten Aachener Akademie-Tagung des
Jahres 2018 (→C).

Wie Franz Hitze (1851-1921), die führende Gestalt des sozialen
Katholizismus im Kaiserreich, stammte August Pieper (1866-
1942) aus dem ‚kurkölnischen Sauerland'. Über ihn schrieb Karl-
Heinz Brüls vor sechs Jahrzehnten im KAB-Verbandsorgan ‚Ketteler-Wacht': „Am 25. September 1962 jährte sich zum zwanzigs-
ten Male der Todestag eines unserer bekanntesten Arbeiterführer

---

[1] Zit. in: Gotthard KLEIN, Der Volksverein für das katholische Deutschland
1890-1933. Geschichte, Bedeutung, Untergang, Paderborn u.a. 1996, S. 465-
471, hier S. 471.
[2] Werner NEUHAUS: August Pieper und der Nationalsozialismus. Über die
Anfälligkeit des Rechtskatholizismus für völkisch-nationalistisches Denken.
(= edition *leutekirche sauerland* 7). Norderstedt 2017. – Ich übernehme nachfolgend mit unwesentlichen Änderungen mein Geleitwort zu diesem Band
und ergänze es mit einem Überblick zu den jetzt in einer dritten Abteilung
(→C) versammelten Beiträge zur Aachener Akademietagung „August Pieper und der Nationalsozialismus – Eine historische Aufarbeitung" (23./24.
Februar 2018).

und Sozialpädagogen, des Prälaten Dr. August Pieper. Dieser
Mann hat durch 41 Jahre als Generaldirektor des Volksvereins für
das katholische Deutschland zu Mönchengladbach Wege und
Zielpunkt der katholisch-sozialen Arbeit führend mitbestimmt.
Das von den Päpsten um die Jahrhundertwende im Hinblick auf
die Erfolge der Volksvereinsarbeit geprägte Wort: ‚Germania
docet' darf auch als eine persönliche Anerkennung der Verdienste August Piepers angesehen werden."[3]

Oswald von Nell-Breuning SJ, den der linkskatholische Zen-
trums-Politiker Friedrich Dessauer 1928 bei seinen Bemühungen
um eine Sanierung des Volksvereins ‚zur Hilfeleistung herangezogen hat', beurteilt die Arbeit des von der ‚Ketteler-Wacht' so
hoch Gerühmten weitaus weniger günstig: „Ganz in groben Zügen kann man sagen: der Niedergang des Volksvereins als solchen lag vor allem daran, daß die geistige Führung, insbesondere
August Pieper selbst, in Volksgemeinschaftsideologie, Staatsmystik u.a.m. statt wie in der Zeit vor dem 1. Weltkrieg in praktisch-
politischer und sozialer Bildungsarbeit machte."[4] Diese Zeilen
beziehen sich auf Werke der Weimarer Zeit wie „Der deutsche
Volksstaat und die Formdemokratie" (1923) oder „Der Staatsgedanke der deutschen Nation" (1928), deren Autor als ein moder-
ner Priester und antihierarchischer Anwalt der Laien gewürdigt
worden ist. Muss man jene Komplexe in Piepers Schriften, die
Nell-Breuning als ‚Volksgemeinschaftsideologie' und ‚Staatsmystik' bezeichnet, nicht schon unter die Überschrift „Rechtskatholizismus" einordnen? Ausführliche Textauszüge aus den beiden
genannten Werken von 1923 und 1928 im Quellenteil zur Studie

---

[3] Karl-Heinz BRÜLS, August Pieper. Zum 20. Todestag des Mönchengladbacher Volksbildners und Sozialpolitikers. In: Ketteler-Wacht Nr. 21 / 56. Jahrgang, S. 3. (Pieper, 1892 zunächst hauptamtlicher Generalsekretär, hat den
Verein freilich nicht 41 Jahre lang als *Generaldirektor* geleitet.)
[4] Oswald von Nell-Breuning, Brief vom 21.3.1970 an Archivassessor Dr. Löhr
(Stadtarchiv Mönchengladbach). Faksimile auf →Seite 14.

von Werner Neuhaus (→B) ermöglichen es jeder Leserin und jedem Leser, sich ein eigenes Urteil zu dieser Frage zu bilden.

1931/1932 findet in der von August Pieper herausgegebenen ‚Führer-Korrespondenz' des Volksvereins eine umfangreiche Auseinandersetzung mit dem Nationalsozialismus statt. Der Paderborner Pastoraltheologe Rudolf Padberg hat bereits 1984 auf die Ambivalenz von Texten des Herausgebers in einem entsprechenden Schwerpunktheft hingewiesen: August „Pieper lehnt selbstverständlich den faschistischen Kern des Nationalsozialismus ab, möchte aber der NS-Bewegung gegenüber die gleiche Taktik anwenden wie gegenüber der Sozialdemokratie. Er warnt vor einer bloß polemischen Abwehr und glaubt in ihr den organisierten Lebenswillen der Frontsoldaten zu erkennen. Er hofft geradezu, der Radikalismus dieser Gruppen sei ‚trächtig zu Keimen eines Neuen'. [...] Pieper [...] versuchte neben einem faschistischen Kern auch positiv zu wertende zukunftsträchtige Züge in der Partei zu entdecken. Er entschuldigte das Chaotische und Negative mit dem alten Wort, daß gärender Most schließlich einen guten Wein ergibt. [...] Während P. Ingbert Naab im November 1931 die ‚Brückenbauer' warnte [...], glaubte August Pieper allen Ernstes, durch Gleichstellung der ‚Linken' mit den ‚Rechten' die gleiche Taktik gegenüber der NSDAP anwenden zu können, wie man die Sozialdemokratie aus der Oppositionshaltung zur Verantwortung geführt habe. Diese Haltung war der Keim für eine illusionäre Hoffnung mancher, die da meinten, aus der NSDAP lasse sich nach ihrem Eintritt in die Verantwortung eine brauchbare Kraft zur Erringung der ‚Volksgemeinschaft' entwickeln!"[5] Auch zu jenen Texten August Piepers aus dem Jahre 1931, die Padberg bereits vor über drei Jahrzehnten den Erzeugnissen der als ‚Brückenbauer' bezeichneten Gruppe zuge-

---

[5] Rudolf PADBERG, Kirche und Nationalsozialismus am Beispiel Westfalen. Ein Beitrag zur Seelsorgekunde der jüngsten Zeitgeschichte. Paderborn 1994, S. 44-46.

ordnet hat, findet man in der Quellendokumentation von Werner Neuhaus eine repräsentative Auswahl.

Für die Zeit nach der sogenannten Machtergreifung hat Willy Heitkamp, Diözesansekretär der Katholischen Arbeitervereine im Erzbistum Paderborn, von einer Arbeitstagung mit Dr. August Pieper in Mönchengladbach berichtet: „Kritisch habe Pieper gemeint, um die Standwerdung der Arbeiter, um Berufsstolz und Arbeiterehre habe sich die Katholische Arbeiterbewegung und ihre Jugend ohne greifbare Resultate bemüht. Das sollten wir uns eingestehen. Ferner müßten wir doch sehen, daß eine machtvolle Bewegung sich um die Verwirklichung ‚dieser unserer Ziele' bemüht und diese erreichen werde. Es wäre falsch, wenn wir jetzt nicht mitmachen würden. Auch in der Frage von ‚Volk – Heimat – Vaterland' habe Pieper versucht, den Weg zu dem Neuen zu ebnen."[6]

Das Anliegen der auf fundierter Quellenarbeit basierenden Studie des Historikers Werner Neuhaus ist es, aufzuweisen, dass August Pieper sich ab 1933 bis hin zu seinem Tod positiv zum Nationalsozialismus positioniert hat. Der Verfasser erschließt

---

[6] EBD., S. 53 (Quelle für diese Darstellung Padbergs sind unveröffentlichte ‚Aufzeichnungen über die Zeit der Verfolgungen im III. Reich' von Willy Heitkamp). – Vgl. auch das unter der Schriftleitung von Joseph van der Velden im April 1933 veröffentlichte „Sonderblatt der Mitgliederzeitschrift des Volksvereins für das katholische Deutschland" (Textdokumentation in: KLEIN, Der Volksverein für das katholische Deutschland 1890-1933, S. 471-478). Hierin wird unzweideutig zur Mitarbeit im ‚neuen Reich' aufgerufen: „Heute wird der Katholizismus seine aufbauenden religiösen Kräfte dem Reiche nicht versagen. Es wäre schuldhaft, jetzt hemmen zu wollen, wo Menschen sich mit der schweren Verantwortung beladen haben, die ausgeprägt ist in den Worten: Arbeit und Brot! So schwer ist dieses Mandat des Volkes an die Regierung, daß wir schlimmste Gefahr für das allgemeine Wohl des Volkes befürchten müßten, wenn seine Erfüllung mißlänge. Darum ist die Stunde so ernst, daß auch der Katholizismus seine Kräfte mitgeben muß, damit dieser Aufbau schnell, sicher und gut gelingen kann." (Zit. EBD., S. 472.)

erstmals auch Texte aus äußerst brisanten Nachlass-Bänden, von
denen jahrzehntelang allenfalls die Titel bekannt waren und deren Inhalte auch bis zum Jahr 2013 gar nicht öffentlich gemacht
werden durften. Die maßgebliche Grundlage der Darstellung
sind also nicht Hypothesen oder Zweitberichte, sondern Primär-
quellen. Der Originalwortlaut der jeweiligen Manuskripte ab
1933 wird ausgiebig zitiert oder in vielen Fällen auch vollständig
im Anhang (→B) dokumentiert.

Der Forschungsbeitrag von Werner Neuhaus führte 2017 zwingend zu einem neuen Blick auf den ersten Generaldirektor des
‚Volksvereins für das katholische Deutschland' und war für mich
ein bedeutsamer Impuls für die Konzeption der eingangs genannten Tagung der Aachener „Bischöflichen Akademie" im
Februar 2018, in einem Haus, das zu diesem Zeitpunkt noch nach
August Pieper benannt war.[7] Die nunmehr in der dritten Abteilung des vorliegenden Bandes (→C) zugänglich gemachten Tagungsbeiträge[8] seien hier in chronologischer Folge kurz charakterisiert:
　　Im Jahr 2000 bereits hatte *Thomas Dahmen* eine umfangreiche
Dissertation über August Piepers Stellung als „katholischer Sozialpolitiker im Kaiserreich" veröffentlicht.[9] Sein Beitrag über die
„praktisch-soziale Kleinarbeit" des Volksvereins zeichnet in his-
torischer Perspektive das Bild der älteren August-Pieper-For-
schung nach und richtet den Blick auf jene Phase des sozialpolitischen Wirkens, die noch unter dem Leitgedanken einer „Zustän-
de-Reform" stand.

---

[7] Das „August-Pieper-Haus" ist im Jahr 1953 auf Betreiben des Aachener
Bischofs Johannes J. van der Velden, des letzten Vorsitzenden des Volksvereins vor dessen Auflösung, so benannt worden.
[8] Auf eine Angleichung der Zitationsweise in allen Beiträgen haben wir verzichtet, wodurch für die Leser aber keine Nachteile entstehen.
[9] Thomas DAHMEN, August Pieper. Ein katholischer Sozialpolitiker im Kaiserreich. Nürnberg 2000.

ʜᴀʟᴅ ᴠ. ɴᴇʟʟ-ʙʀᴇᴜɴɪɴɢ

Stadtverwaltung
Mönchengladbach

24 MRZ 70 | 0223

St. 45 Anl.

H15.12.6 –

6 Frankfurt (M) 7o, 21. März 1970
Offenbacher Landstr.224

Stadtarchiv,
Herrn städt. Archivassessor Dr.Löhr,
    Mönchengladbach.

Sehr geehrter Herr Archivassessor!

Es trifft zu, daß Prof. Dessauer 1928 mich zur Hilfeleistung
herangezogen hat, als er sich um die Sanierung des Volksvereins
bemühte; ich war in der Angelegenheit so stark engagiert, daß
es sehr zu verwundern ist, daß ich nach 1933 nicht auch in die
gegen ihn in Szene gesetzte strafrechtliche Verfolgung einbe=
zogen worden bin.

Am genauesten weiß wohl über diese Dinge Dessauers nächster
Mitarbeiter bei der RMV, Dr. Heinrich Scharp, Brüder Grimm Str.
55, hierselbst Bescheid; meines Wissens besitzt er auch noch
Akten aus dem Nachlaß Dessauers.

Da ich selbst keinerlei Unterlagen aus damaliger Zeit mehr
habe, kann ich Ihnen substanziierte Auskünfte nicht geben.

Ganz in groben Zügen kann man sagen: der Niedergang des
Volksvereins als solchen lag vor allem daran, daß die geistige
Führung, insbesondere August Pieper selbst, in Volksgemein=
schaftsideologie, Staatsmystik u.a.m. statt wie in der Zeit
vor dem 1. Weltkrieg in praktisch=politischer und sozialer
Bildungsarbeit machte.

Als Leiter des Volksvereins=Verlag GmbH verlegte Gen.=Dir.
Hohn sich – so pflegte man damals zu sagen – solange auf die
Sanierung aller katholischen Pleiten, bis der VVV sich daran
totsaniert hatte. Hier hat Hohn sich zweifellos übernommen,
ebenso zweifellos aber auch die Herren vom Volksvereinsvorstand
nicht ausreichend über die sich auftürmenden Schwierigkeiten
ins Bild gesetzt, wobei ihm allerdings zugute zu halten ist,
daß diese Herren – alle in politischer Verantwortung stehend
und überfordert – keinerlei Neigung zeigten, ihn anzuhören,
und noch viel weniger, sich tatkräftig der Dinge anzunehmen
– mit einziger Ausnahme von Prof. Dessauer, der sich aufopfernd
eingesetzt hat, wegen seiner anderweitigen Verpflichtungen je=
doch nicht alles selbst tun konnte und daher einen großen Teil
der Arbeit mir übertrug. Als es zu spät war, ließen die glei=
chen Herren, die sich vorher von Hohn nicht ausreichend infor=
mieren ließen, ihn brüsk fallen – eine Szene, die sich mir
unvergeßlich eingeprägt hat.

An Hand von Unterlagen würde ich mich wohl noch auf vieles
besinnen können. Wenden Sie sich aber zuerst an Dr.Scharp; er
dürfte Zeit übrig haben, ich stehe unter ständiger Zeitnot
(darum bekommen Sie so prompt Antwort!).

Die Geschichte des VV können Sie nur darstellen, wenn Sie
sie in die Gesamtgeschichte der kath.=soz. Bewegung einerseits
und de "politischen Katholizismus" andererseits einbauen.

                    Ihr sehr ergebener

                    (v.Nell=Breuning)

Wolfgang Löhr – langjähriger Direktor des Mönchengladbacher Stadtarchivs, das am ehemaligen Sitz des Volksvereins über bedeutende Archivbestände verfügt – gibt in seinem Beitrag Aufschluss darüber, in welchen Kontexten der katholischen Sozialethik und -politik August Pieper sich bewegte und welche Stellung er in diesem Spektrum vor 1933 einnahm.

Werner Neuhaus stellt die Zusammenfassung seiner unter Berücksichtigung des Nachlasses gewonnenen Erkenntnisse unter die Überschrift: „Vom begrenzten Konflikt zur unbegrenzten Bewunderung – August Pieper und der Nationalsozialismus."

Ein besonderer Glücksfall der Aachener Debatte zu diesem neuen „Pieper-Bild" war die Mitwirkung des renommierten deutschen Historikers *Olaf Blaschke*, Professor für Neuere und Neuste Geschichte an der Universität Münster. Als ausgewiesener Experte für das Verhältnis der Kirchen zum Nationalsozialismus übernimmt er die wichtige Aufgabe, Piepers Entwicklung ab 1933 einzuordnen, indem er die Frage zu beantworten sucht: „Wie typisch war Pieper eigentlich für das katholische Milieu? Worin war er repräsentativ, worin war er spezifisch?"

Ein Tagungsbeitrag von Peter Bürger über August Piepers Bruder Dr. Lorenz Pieper (1875-1951), der als Priester bereits 1922 (!) der NSDAP beigetreten ist, wird in einen eigenständigen Forschungs- und Quellenband einfließen, der unserer Publikation noch in diesem Jahr zur Seite gestellt werden soll.[10]

Um Einblicke in neuere kirchengeschichtliche Forschungen zu Piepers Heimatbistum Paderborn zu eröffnen, war auch der in diesem Jahr leider verstorbene Historiker Prof. Joachim Kuropka (1941-2021) zu einem Vortrag in Aachen eingeladen worden. Seine Betrachtungen zum Verhalten von Erzbischof Lorenz Jaeger in

---

[10] Angekündigt für Herbst 2021 als zwölfter Band der Reihe ‚Kirche & Weltkrieg': Peter BÜRGER / Werner NEUHAUS (Hg.), Am Anfang war der Hass. Der Weg des katholischen Priesters und Nationalsozialisten Lorenz Pieper (1875-1951).

der NS-Zeit liegen inzwischen in Form eines sehr umfangreichen Sammelband-Aufsatzes vor.[11]

Am Ende der Tagung gab es ein klare Option von Referenten, anwesenden Pressevertretern und einzelnen Stimmen aus dem Publikum (darunter die des Akademiedirektors i. R. Hans H. Henrix) für die weitere wissenschaftliche Aufarbeitung des Kapitels „Kirche und Nationalsozialismus". Diese Aufgabenstellung bleibt selbstredend auch nach der Anfang 2019 erfolgten Umbenennung des „August-Pieper-Hauses" durch das Bistum Aachen bestehen. Noch dringlicher als eine Revision irritierender ‚Ehrungen' ist ein tieferes Verstehen jener kirchlichen Komplexe, die Annäherungswege von Katholiken hin zum Nationalsozialismus ermöglicht oder begünstigt haben.[12]

Wir danken an dieser Stelle Peter Bürger dafür, dass er den vorliegenden, um die Aachener Tagungsbeiträge erweiterten Forschungsband in der von ihm betreuten Edition „Kirche & Weltkrieg" aufgenommen hat und die Texte auch über die Projektseite zur Reihe im Internet zugänglich macht.

Im August 2021   *Marco A. Sorace*

---

[11] Joachim KUROPKA, Lorenz Jaeger – Geistlicher Studienrat, Divisionspfarrer, Erzbischof von Paderborn. Historisch-kritische Studien zur Kritik an Erzbischof Jaegers Haltung zum Nationalsozialismus im Kontext der Kontroverse um die Ehrenbürgerschaft Jaegers. In: Josef MEYER ZU SCHLOCHTERN / Johannes W. VUTZ (Hg.), Lorenz Jaeger. Ein Erzbischof in der Zeit des Nationalsozialismus. Münster 2020, S. 247-326. – Ein entschiedener Kritiker der Thesen Kuropkas ist Peter Bürger, der u.a. eine erste Stellungnahme zu diesem Sammelband veröffentlicht hat: *Bistums-Studie zu Lorenz Jaeger. Warum jetzt eine ganz neue Paderborner Kontroverse „Kirche im Nationalsozialismus" ansteht.* Düsseldorf, 08.09.2020. https://upgr.bv-opfer-ns-militaerjustiz.de/uploads/Dateien/Links/pb-zu-jaegerstudie20200908.pdf
[12] Vgl. zu neueren Forschungsansätzen auch: Olaf BLASCHKE/Thomas GROß-BÖLTING (Hg.), Was glaubten die Deutschen zwischen 1933 und 1945? Religion und Politik im Nationalsozialismus. (= Schriftenreihe „Religion und Moderne"). Frankfurt/New York 2020.

A.
EIN NEUER BLICK AUF AUGUST PIEPER

Zeitschrift des Volksvereins für das katholische Deutschland
(Stadtarchiv Arnsberg)

Werner Neuhaus

August Pieper und der Nationalsozialismus

Über die Anfälligkeit des Rechtskatholizismus für völkisch-nationalistisches Denken

1. ZUM BILD AUGUST PIEPERS IN DER GESCHICHTSSCHREIBUNG

Wenn sich heute überhaupt noch jemand unter dem Namen August Pieper etwas vorstellen kann, dann ist diese Erinnerung mit großer Wahrscheinlichkeit entlang der Linien geprägt, wie sie Hermann Kersting in seinem Beitrag für die Zeitschrift *Sauerland* im Jahre 2006 nachgezeichnet hat.[1]

Danach war Pieper im Kaiserreich jahrzehntelang als Geschäftsführer und Generaldirektor des Volksvereins für das katholische Deutschland organisatorisch und publizistisch tätig. Er schärfte den Blick des Zentrums, für das er viele Jahre im preußischen Abgeordnetenhaus und im Reichstag saß, für die sozialen Belange der Industriearbeiterschaft sowie für interkonfessionelle Gewerkschaften und kämpfte für die Demokratisierung des Reiches sowie gegen das reaktionäre preußische Dreiklassenwahlrecht. In seinen zahlreichen Veröffentlichungen in der Weimarer

---

[1] Hermann KERSTING, Prälat Dr. Dr. August Pieper. Der berühmteste Sohn unserer Bergstadt Eversberg, in: Sauerland. Zeitschrift des Sauerländer Heimatbundes 39. Jg. (2006), S. 74-75. Alle Zitate des folgenden Abschnittes sind diesem Text entnommen.

Republik rief er zur Schaffung eines Volksstaates auf, wobei er jedoch „eine andere Volksgemeinschaft meinte als die National-sozialisten". Erst nach 1933 habe er „die braune Diktatur als Stra-fe Gottes" betrachtet und sich daher „in das vermeintliche Schicksal" gefügt. Dennoch verboten ihm die Nazis 1937 die Mit-arbeit am erzbischöflichen Paderborner Wochenblatt ‚Leo'. Er starb nach längerer Krankheit 1942 in Paderborn und wurde in seiner Heimatstadt beigesetzt, wo dem „berühmtesten Sohn" der „Bergstadt Eversberg" noch heute ein ehrendes Andenken „als Vordenker sozialer, christlicher Gewerkschaftler" bewahrt wird.

Wenn man die neuere historische Forschung zu Rate zieht, ist das hier von August Pieper skizzierte Bild als einem der führen-den katholischen *Sozialpolitiker des Kaiserreichs* weitestgehend richtig. Pieper trat seit den 1890er Jahren für eine christliche Ar-beiter- und Sozialpolitik ein,[2] forderte gegen den Widerstand konservativer Bischöfe konfessionsübergreifende Gewerkschaf-ten,[3] kämpfte gegen das preußische Dreiklassenwahlrecht[4] und für eine Demokratisierung des Kaiserreichs.[5] Er erfüllte damit fast alle Kriterien, um als ausgesprochener Vertreter des *Links*ka-tholizismus im wilhelminischen Deutschland zu gelten, was ihn allerdings nicht davon abhielt, im Krieg betont nationale Positio-nen zu beziehen, etwa wenn er den Vorwurf prominenter franzö-sischer Katholiken, auch der deutsche Katholizismus habe sich

---

[2] Vgl. Thomas DAHMEN, August Pieper. Ein katholischer Sozialpolitiker im Kaiserreich, Lauf a.d. Pegnitz 2000, S. 135ff.

[3] Vgl. EBD., S. 230ff.; Dirk H. MÜLLER, Arbeiter – Katholizismus – Staat: Der Volksverein für das katholische Deutschland und die katholischen Arbeiter-organisationen in der Weimarer Republik, Bonn 1996, S. 58ff.

[4] T. DAHMEN, Pieper (wie Anm. 2), S. 313ff.; D.H. MÜLLER, Arbeiter (wie Anm. 3), S. 63ff.

[5] T. DAHMEN, Pieper (wie Anm. 2), S. 243ff.

vor 1914 der Kriegstreiberei schuldig gemacht, empört zurück-
wies.[6]
Deutlich weniger übersichtlich wird die Situation, wenn man
Piepers publizistische Tätigkeit in der *Weimarer Republik* untersucht. Alle Historiker, die sich in den letzten Jahrzehnten mit
seinen Schriften aus den 1920er Jahren befasst haben, konstatie-
ren bei Pieper nach dem Ende des Ersten Weltkrieges eine „sozi-
alethische Neuorientierung".[7] A. Pieper und sein Freund Anton
Heinen betonten nun den Gegensatz zwischen der von ihnen
befürworteten organisch gewachsenen ‚Volksgemeinschaft' und
der für sie in der Weimarer Republik sichtbaren antagonistischen
und ‚mammonistischen Gesellschaft'.[8] Pointiert fasst Gotthard
Klein die damals weit verbreitete Sicht einer Dichotomie von
Gemeinschaft und Gesellschaft im soziologischen, politischen
und philosophischen Diskurs der 1920er Jahre zusammen:

---

[6] Vgl. Martin LÄTZEL, Die Katholische Kirche im Ersten Weltkrieg. Zwischen
Nationalismus und Friedenswillen, Regensburg 2014, S. 80. – Vgl. Piepers
Aufsatz „Deutsche soziale Kultur", in: Georg PFEILSCHIFTER, Hg., Deutsche
Kultur, Katholizismus und Weltkrieg. Eine Abwehr des Buches La Guerre
Allemande et le Catholicisme, Freiburg i.Br. 1916, S. 415-430.
[7] Gotthard KLEIN, Der Volksverein für das katholische Deutschland 1890-
1933. Geschichte, Bedeutung, Untergang, Paderborn u.a. 1996, S. 139-156.
[8] Vgl. besonders Alois BAUMGARTNER, Sehnsucht nach Gemeinschaft. Ideen
und Strömungen im Sozialkatholizismus der Weimarer Republik, München
u.a. 1977, bes. S. 87-117; Detlef GROTHMANN, „Verein der Vereine"? Der
Volksverein für das katholische Deutschland im Spektrum des politischen
und sozialen Katholizismus der Weimarer Republik, Paderborn 1997, S.
35ff., 443ff.; DERS., Das Franz-Hitze-Haus am Paderborner „Inselbad" – Bildungsheim des Volksvereins für das katholische Deutschland 1923 bis 1932,
in: Westfälische Zeitschrift 148. Bd. (1998), S. 388-418, bes. S. 392-394; 404-
407; Reinhard RICHTER, Nationales Denken im Katholizismus der Weimarer
Republik, Münster 2000, S. 225ff.; D. H. MÜLLER, Arbeiter (wie Anm. 3), S.
122ff.

„Während ein Gegensatzglied jeweils als ursprünglich, lebendig, wirklich und sakral gedacht wird, wird das andere als abstrakt, bloß seiend, ja tot abgewertet. Gemeinschaft sei demnach irrational, organisch, universalistisch, gottgewollt, heilig und unveränderlich, Gesellschaft dagegen rational, mechanisch, individualistisch, von Menschen geplant, profan und vorübergehend."[9]

Natürlich entzogen sich solche von Pieper in zahlreichen Vorträgen, Aufsätzen und Büchern in sich immer wiederholenden wolkigen Wortkaskaden formulierten abstrakten Gedanken[10] weitgehend dem Verständnis der Zuhörer bzw. Leser, die durch diese Terminologie und Thematik keinerlei Hilfe bei der praktischen Bewältigung sozialer, pädagogischer und pastoraler Probleme der damaligen Zeit erfuhren.[11] Am schärfsten urteilte Paul Jostock in den 1950er Jahren über die Arbeit von August Pieper und seinem Mitstreiter Anton Heinen[12]: Diese „zwei Hauptsäulen

---

[9] G. KLEIN, Volksverein (wie Anm. 7), S. 142f.

[10] Pieper hat eine Reihe von Büchern und mehr als 500 Artikel verfasst, einen Großteil davon in den 1920er Jahren. Eine Auswahl der wichtigsten Schriften bietet Horstwalter HEITZER, Der Volksverein für das Katholische Deutschland im Kaiserreich 1890-1918, Mainz 1979, S. XXI-XXVII.

[11] Vgl. z.B. den Kommentar von Piepers Mitstreiter Otto Müller, die Bezirkspräsides seien den „Gemeinschaftsquatsch" leid: zit. bei T. DAHMEN, Pieper (wie Anm. 2), S. 14, Anm. 36. Ähnlich lautete die Kritik vieler Präsides der katholischen Jugend- und Standesvereine, „sie seien das Gesinnungsgerede von Pieper und Heinen satt": Margaret FELL, Mündigkeit durch Bildung. Zur Geschichte katholischer Erwachsenenbildung in der Bundesrepublik Deutschland zwischen 1945 und 1975, München 1983, S. 44.

[12] Der ebenfalls für den Volksverein tätige katholische Priester und Volksbildner Anton Heinen forderte ähnlich wie sein Freund August Pieper als Ziel der Bildungsarbeit nicht rational kontrollierbare Kenntnisse, sondern „Weckung und Anregung jener schöpferischen Kräfte, aus denen Volkstum heranwächst: Familie, Gemeinschaftsgeist, Volksgeist." Zit. nach Konrad SCHMIDT, Die Bedeutung personaler Beziehung im Bildungsprozeß. Anton

der Gladbacher Zentrale" seien mit ihren irrationalen Formulierungen und unrealistischen Forderungen „wider Willen selbst zu Totengräbern des Volksvereins geworden"[13]. Hand in Hand mit diesem teilweise nur schwer verständlichen Wortgeklingel, das um Begriffe wie die „Seele der Volksgemeinschaft" kreiste, gingen andere Vorstellungen, die sich ebenfalls aus voraufklärerische Einstellungen herleiteten und auch in antidemokratischen Zirkeln gepflegt wurden. Dies ist der Hintergrund von Piepers verbaler Abqualifizierung der Weimarer Republik als „Formdemokratie", der er den anzustrebenden „deutschen Volksstaat" gegenüberstellte.[14] Komplementär hierzu forderte er für die Bildungsarbeit die „Schulung von Führern aus dem Volk" – so der Untertitel einer seiner Schriften.[15] Solche Männer sollten aus „Führer und Volk die Volksgemeinschaft" schmieden, denn erst so würde „die individualistische Masse entmasst, wieder zum gewachsenen, gegliederten Volke"[16].

Heinens Beitrag zur Landpädagogik als Lebenshilfe, Paderborn 1995, S. 65. Vgl. EBD., S. 210-216 das Verzeichnis der Schriften Heinens.

[13] Zit. nach Martin DUST, „Unser Ja zum neuen Deutschland". Katholische Erwachsenenbildung von der Weimarer Republik zur Nazi-Diktatur, Frankfurt a.M. 2007, S. 95.

[14] Vgl. den programmatischen Titel seiner Schrift ‚Der deutsche Volksstaat und die Formdemokratie', M.Gladbach 1923. – In den 1930er Jahren nannte Pieper dieses Büchlein seine Lieblingsschrift: Landesarchivverwaltung Nordrhein-Westfalen, Abteilung Westfalen (=LAV NRW W), Nachlass Pieper (=NlP) Nr. 21, „Persönliches von August Pieper"; Nr. 6: „Das Schicksal der Bücher von August Pieper" (15.6.1936), Bl. 3. – Vgl. die im →Quellenteil B: Nr. 1 abgedruckten Auszüge aus dieser Schrift.

[15] August PIEPER, Kleine Studienzirkel und Bildungskurse. Wege zur Schulung von Führern aus dem Volk, M.Gladbach 1924.

[16] August PIEPER, Was geht den Geistlichen die Volksgemeinschaft an? M.Gladbach 1926, zitiert nach Horstwalter HEITZER, August Pieper (1866-1942), in: Jürgen Aretz, Rudolf Morsey, Anton Rauscher, Hg., Zeitgeschichte in Lebensbildern, Bd. 4, Mainz 1980, S. 114-132, S. 128.

24

Natürlich ist es richtig, dass die Befürwortung von ‚Volksgemeinschaft' und ‚Führertum' sowie die Überwindung der ‚Formdemokratie' in der Weimarer Republik zum ideologischen Standardrepertoire der antidemokratischen völkischen Rechten bis
hin zum Nationalsozialismus gehörte.[17] Aber dennoch wäre es
voreilig und nachweisbar falsch, August Pieper zu dieser Zeit
wegen der Benutzung von heute als politisch kontaminiert gel-
tenden Begriffen in die braune Ecke zu stellen. So enthält allein
die von ihm für katholische Geistliche herausgegebene „Führer-
Korrespondenz" des Jahres 1931 eine Reihe von Aufsätzen, in
denen auch er selbst – unter der Verfasserangabe „A.P." oder
anonym – heftig gegen den Nationalsozialismus polemisierte,
auch wenn diese Texte nicht alle Seiten des sich immer deutlicher
zeigenden NS ablehnten.[18]

---

[17] Vgl. dazu noch immer Kurt SONTHEIMER, Antidemokratisches Denken in
der Weimarer Republik. Die politischen Ideen des deutschen Nationalismus
zwischen 1918 und 1933, München 4. Aufl. 1983; Stefan BREUER, Anatomie
der konservativen Revolution, Darmstadt 1993, S. 83ff.
[18] Eine Übersicht zu allen Veröffentlichungen des ‚Volksvereins' zum Thema
‚Nationalsozialismus', die im Anschluss an zwei Mönchengladbacher Tagungen am 19./20. Januar und 17. Februar 1931 u.a. in der ‚Führer-
Korrespondenz' oder Sonderdrucken erfolgten, kann an dieser Stelle nicht
geboten werden. Berücksichtigt werden lediglich einige Texte, die wegen
des Autorenkürzels (A.P.), aufgrund sprachlicher und inhaltlicher Merkmale
sowie gemäß solider Zuschreibungen in der Sekundärliteratur August Pieper zugeordnet werden können. Vgl. hierzu auch: H. HEITZER, August Pieper (wie Anm. 16), S. 130f.; Wolfgang LÖHR, Der Volksverein für das katholische Deutschland. Zwischen Anerkennung und Ablehnung, Mönchengladbach 2009, S. 103; Detlef GROTHMANN, Katholizismus und Nationalsozialismus in Westfalen, in: Märkisches Jahrbuch für Geschichte, Bd. 110 (2010), S.
187-220, hier S. 212-217, Anm. 84-97. – Ob A. Pieper auch Pseudonyme eindeutig zugeordnet werden können, bleibt zu klären. Detlef GROTHMANN
(EBD., S. 213, Anm. 85) vermerkt zur Verfasserschaft eines sehr NS-kritischen
Aufsatzes: „H. Winfried (d.i. August Pieper)". Dagegen hat nach G. KLEIN,
Volksverein (wie Anm. 7), S. 275f., Dr. Wilhelm Reinermann (1905-1977)
unter dem Pseudonym ‚Heinrich Winfried' Texte gegen den Nationalsozia-

In einem dieser Texte formulierte Pieper seine scharf ablehnende Haltung gegenüber einigen politischen Zielen des „deutschen Faschismus": Dieser sei „die Staatsform der Analphabeten
[und] geistig Unmündigen". Andererseits lobte er aber in dem
gleichen Text den „vom Erlebnis des Frontsoldaten beseelten
nationalistischen Freiheitskampf" der Hitlerpartei und begrüßte
die scharfe Kritik des NS an der „knechtende[n] Selbstherrschaft
der Plutokratie, des Finanzkapitalismus", eine Formulierung, die
auch dem Parteiprogramm der NSDAP oder Hitlers *Mein Kampf*
hätte entnommen werden können.[19]

Die sich hier andeutenden Affinitäten zu Elementen der NS-
Ideologie sind dann *ab 1933* deutlicher greifbar. In der histori-
schen Forschung gibt es seit den 1980er Jahren einige verstreute
Hinweise, dass Pieper nach der ‚Machtergreifung' Aspekte der

---

lismus veröffentlicht! – Die ‚Ambivalenz' in den Texten A. Piepers lässt sich
nicht ‚überlesen'. An seiner Gegnerschaft zu Aspekten des „Neuheiden-
tums" der Nazis zu Beginn der 1930er Jahre kann jedoch kein Zweifel bestehen: vgl. z.B. den von ihm verfassten Text „*Die Taktik der bürgerlichen Parteien
gegenüber der Nationalsozialistischen Partei*", im Sonderdruck: ZENTRALSTELLE
DES VOLKSVEREINS FÜR DAS KATHOLISCHE DEUTSCHLAND, Hg., Der Nationalsozialismus und die deutschen Katholiken, M.Gladbach o.J. [1931], S. 45-48
(dieser Beitrag ist nachzulesen im → Quellenteil B: Nr. 4).
[19] [August PIEPER,] Die Mittel der dynamischen Überwindung des radikalen
Nationalsozialismus, in: Führer-Korrespondenz 44 (1931), S. 63f., wiederabgedruckt in: ZENTRALSTELLE DES VOLKSVEREINS FÜR DAS KATHOLISCHE
DEUTSCHLAND, Hg., Der Nationalsozialismus und die Katholiken, M. Gladbach 1931, S. 44f.; A[ugust] P[IEPER], Die Taktik der bürgerlichen Parteien
gegenüber der Nationalsozialistischen Partei, in: EBD., S. 45-48. D. GROTH-
MANN, Katholizismus (wie Anm. 18) arbeitet Piepers damalige Stellungnahme gegen Aspekte der NS-Ideologie heraus, ohne auf die gleichzeitig fest-
stellbaren Schnittmengen, die in den gleichen Texten zu finden sind, hinzuweisen. Vgl. auch DERS., Der Volksverein für das katholische Deutschland
und die nationalsozialistische Herausforderung in der Weimarer Zeit, in:
Historisches Jahrbuch der Görresgesellschaft 121. Jg. (2001), S. 286-303, bes.
S. 293-298. Vgl. die Auszüge aus Piepers Texten des Jahres 1931, die im
→Quellenteil B: Nr. 3 und Nr. 4 abgedruckt sind.

nationalsozialistischen Programmatik attraktiv fand. Neben den ohne genaue Quellenangabe zitierten Bemerkungen bei Horstwalter Heitzer aus dem Jahre 1980[20] finden sich einige knappe Bemerkungen bei Franz Pöggeler, Rudolf Padberg, Thomas Dahmen und Reinhard Richter.[21] Dagegen nahm Detlef Grothmann Pieper ausdrücklich als scharfsichtigen Kritiker des NS vor dem 30. Januar 1933 in Schutz und lobte dessen vermeintlich klarsichtige Analyse des immer stärker werdenden Nationalsozialismus.[22] Erst in der im Jahre 2007 erschienenen Dissertation von Martin Dust[23] wird zum ersten Mal unter Hinweis auf Exzerpte von unveröffentlichten Aufsätzen Piepers aus den 1930er Jahren im Nachlass von Emil Ritter, einem publizistischen Mitstreiter Piepers aus den 1920er Jahren, durch längere Zitate belegt, dass sich der frühere Linkskatholik „nach 1934 [...] dem Nazismus in erstaunlicher Weise" annäherte.[24] Noch schärfer ist jüngst Peter Bürger mit Pieper ins Gericht gegangen, indem er ihm, gestützt auf die Titel der Pieperschen Manuskripte in dessen Nachlass, entschiedene Anhängerschaft zum NS ab 1933 vorwarf und für

---

[20] H. HEITZER, Pieper (wie Anm. 16), S. 131f.

[21] Franz PÖGGELER, August Pieper, in: Günther Wollgast, Joachim H. Knoll, Hg., Biographisches Handbuch der Erwachsenenbildung. Erwachsenenbildner des 19. und 20. Jahrhunderts, Stuttgart/Bonn 1986, S. 305-306; Rudolf PADBERG, Kirche und Nationalsozialismus am Beispiel Westfalens. Ein Beitrag zur Seelsorgekunde der jüngsten Zeitgeschichte, Paderborn 1984, S. 44f., S. 53; T. DAHMEN, Pieper (wie Anm. 2), S. 14; R. RICHTER, Denken (wie Anm. 8), S. 233.

[22] „Treffender als der langjährige Generaldirektor des Volksvereins [...] hätte kein heutiger Historiker die Ursachen für den Aufstieg des NS beschreiben können." D. GROTHMANN, Katholizismus (wie Anm. 18), S. 208f.

[23] Martin DUST, „Unser Ja zum neuen Deutschland" (wie Anm. 13), S. 530-534.

[24] EBD., S. 529. – Allerdings wird dort auch ausdrücklich darauf hingewiesen, dass Ritter seine Hinwendung zum NS durch den Hinweis exkulpieren wollte, auch andere Vertreter des politischen Katholizismus hätten ähnlich gehandelt: vgl. EBD., S. 532.

eine Revision des derzeit gültigen positiven Bildes von August
Pieper plädierte.[25]

Der wohl wichtigste Grund für diese späte und selbst bis heute nur ganz bruchstückhafte Aufarbeitung der Hinwendung Piepers zu Elementen der NS-Ideologie liegt wahrscheinlich in den
Besonderheiten der Bestimmungen zur Nutzung seines Nachlasses, in dem sich nicht nur die Privatkorrespondenz, sondern auch
die Manuskripte seiner Aufsätze aus der Zeit ab Anfang 1933
befinden. Im Jahre 1940 hatte August Pieper seinem Briefpartner
Adam Stegerwald mitgeteilt, dass er „alle [s]eine rückblickenden
Niederschriften und Fachliteratur einem vertrauenswürdigen
Jüngeren übergeben" hätte, „der für die Zukunft einen sicheren
Verwahr der Niederschriften sich gesichert hat"[26]. Der Nachlassverwalter, August Piepers Bruder Dr. Lorenz Pieper, der schon
zu Beginn der 1920er Jahre NSDAP-Mitglied und ein glühender
Bewunderer Adolf Hitlers war,[27] hatte dem Staatsarchiv Münster
am 21.10.1950 den Nachlass seines Bruders mit der Nutzungseinschränkung übergeben, dass der wörtliche Abdruck aus den
Nachlasspapieren „unter Angabe des Urheber-Namens nicht
gestattet werden" könne. Das bedeutete, dass nach den Bestimmungen des NRW-Archivgesetzes die Manuskripte und Typo-
skripte der Aufsätze des 1942 verstorbenen August Pieper 70

---

[25] Peter BÜRGER, Friedenslandschaft Sauerland. Antimilitarismus und Pazifismus in einer katholischen Region, veränd. 2. Aufl. Norderstedt 2016, S. 67.

[26] A. Pieper an Stegerwald, 7. 7.1940, in: ARCHIV FÜR CHRISTLICH-DEMOKRA-
TISCHE POLITIK (=ACDP), Nl Stegerwald, 011/2, Nr. 1194. Nach einem weiteren Brief an Stegerwald hat Pieper „über 5000 Blätter" mit seinen „Erinnerungen und Erfahrungen" gefüllt: EBD., 19.2.1940, Nr. 1191.

[27] Vgl. Werner TRÖSTER, „…die besondere Eigenart des Herrn Dr. Pieper …!"
Dr. Lorenz Pieper, Priester der Erzdiözese Paderborn, Mitglied der NSDAP
Nr. 9740, in: Ulrich Wagener, Hg., Das Erzbistum Paderborn in der Zeit des
Nationalsozialismus. Beiträge zur regionalen Kirchengeschichte 1933-1945,
Paderborn 1993, S. 45-91; Katharina GRANNEMANN, Lorenz Pieper. Ein Geist-
licher zwischen Heimatliebe, Glaube und Hitlerkult, in: Der Märker, 62. Jg.
(2013), S. 124-140.

Jahre lang, d.h. bis zum 31.12.2012, urheberrechtlich geschützt waren und nicht zitiert werden durften.[28]

Somit konnte erst ab diesem Zeitpunkt eine quellenbasierte kritische Auseinandersetzung mit dem unveröffentlichten Spätwerk August Piepers vorgenommen und der Öffentlichkeit vorgestellt werden. Dies soll auf den folgenden Seiten versucht werden.

---

[28] Schreiben der LAV NRW W an den Verf., 3.2.2017.

Dr. August Pieper (1866-1942) – Stadtarchiv Mönchengladbach 10-13102

2. Zum ideengeschichtlich-ideologischen Gehalt der Manuskripte August Piepers aus den Jahren 1933/34

Die Grundlage der Ausführungen dieses Kapitels bildet ein Quellenkorpus von 25 Manuskripten und einem Typoskript aus den Jahren 1933/34, die Pieper ohne Angabe eines Datums unter dem Titel „Die deutsche Revolution 1933" zusammengestellt hat.[29]

Im „Vorwort" vom 8.8.1934 unter der Überschrift „Ich machte meinen Frieden mit dem Dritten Reich" verweist August Pieper auf die am 6.8.1934 gehaltene Reichstagsrede Hitlers, der „schon vorher [...] allen bisher ihm Entfremdeten die Friedenshand dargeboten" habe, und ist überzeugt, dass der am 2.8.1934 verstorbene Reichspräsident Hindenburg bei seiner Totenfeier am 7. August endgültig zum „Mythos des Neuen Deutschlands" erhoben worden sei (S. 1). Feierlich notiert Pieper: „An der Bahre Hindenburgs schließe auch ich meinen Frieden mit den [...] Eroberern der Reichs- und Staatsgewalt" (S. 1f.). In für ihn seit den Anfangsjahren der Weimarer Republik typischen Formulierungen verspricht er: „Im Sinne Hindenburgs folge ich meinem deutschen Volke überall hin, wohin das geheimnisvolle Schicksal es führt. Ich bleibe an seiner Seite! Stets war mir mein Volk Alles; die Staatsform bleibt nur Hülle u. Werkzeug" (S. 2f.).[30] Nach einer erneuten Solidaritätserklärung an die „Träger der deutschen Revolution" – auch wenn er „so manche noch vorhandenen Eier-

---

[29] LAV NRW W, NIP, Nr. 6. Alle folgenden Zitate aus Schriften Piepers in diesem Kapitel beziehen sich auf diese Quelle. Wenn möglich, wird bei Zitaten die Foliierung der jeweiligen Manuskripte angegeben. – Vgl. die Titel dieser Manuskripte im → Quellenteil B: Nr. 5 und Nr. 6.

[30] Es ist mehr als erstaunlich, dass ein so erfahrener Parlamentarier, Vereinsmanager und Kleriker wie A. Pieper in seinen Schriften die Bedeutung von Vereinssatzungen, Parteiprogrammen, Staatsverfassungen und Kirchenrecht, die doch immer auch Ausdruck politischer, wirtschaftlicher, sozialer und ideologischer Machtverhältnisse sind, außerordentlich geringschätzt.

schalen" bei den „radikalistischen" Teilen der NSDAP zu erkennen glaubt (S. 3) – schloss er diese Ausführungen mit einem erneuten Dank an Hindenburg, den „verklärte[n] Einiger u. Fried-
bringer für alle Deutschen": „Die Trauer machte einer gläubigen
Hoffnung Platz" (S. 4).[31]
Wenn also unbezweifelbar feststeht, dass Pieper spätestens
seit Anfang August 1934 Anhänger der „Eroberer der Reichs- u.
Staatsgewalt" – also der NSDAP und ihres „Führers" Adolf Hitler – war, so beantwortet dies noch nicht die Frage, *wann* der
1930/31 noch erwiesenermaßen gegen wesentliche Teile der NS-
Ideologie eingestellte Zentrumspolitiker seine politischen Überzeugungen änderte. Um dies festzustellen, werden im Folgenden
die 26 Texte, soweit sie von Pieper mit einem Entstehungsdatum
versehen wurden, in chronologischer Reihenfolge gesichtet.[32]
Der erste sich für eine genauere Analyse anbietende längere
Text ist ein Typoskript mit dem Titel *„Die Deutsche Revolution als
Werk höherer Mächte"*, welches nach dem handschriftlich eingetra-
genen Datum vom März 1933 stammt. Ausgehend vom Erfolg
der NS-Revolution widmet Pieper sich zunächst allgemein dem
Problem der Ursachen erfolgreicher Revolutionen und hält dann
im Hinblick auf 1933 in der für ihn typischen Diktion fest: „Diese
Revolution ist nicht von Parteipolitikern gemacht, darum nicht
schwaches Menschenwerk, sondern sie ist gewachsen aus dem
Weben neuer schicksalhaft entwickelter Ur-Lebenskräfte des sich

---

[31] August Pieper war nicht der Einzige, bei dem die propagandistische Aus-
schlachtung von Hindenburgs Tod und Begräbnis durch die Nazis auf
fruchtbaren Boden fiel: vgl. Jesko VON HOEGEN, Der Held von Tannenberg.
Genese und Funktion des Hindenburg-Mythos, Köln u.a. 2007, S. 406-424;
Anna VON DER GOLTZ, Hindenburg. Power, Myth, and the Rise of the Nazis,
Oxford 2009, S. 178-186.
[32] Dabei werden Texte, in welchen A. Pieper Reden, Aufsätze, Kapitel von
Büchern etc. anderer Politiker und Schriftsteller zusammenfasste und kom-
mentierte, nur berücksichtigt, wenn sie eindeutige Rückschlüsse auf Piepers
eigene damalige politische Überzeugungen zulassen.

stetig wandelnden geheimnisvollen Lebens des deutschen Volkes" (S. 2). Darin seien die „Lebenskräfte des Staatsvolkes und in ihm die Volksgemeinschaft"[33] in „machtvolle Spannung zu den Beharrungskräften der alten Ordnung" getreten. Leider hätten die katholische Kirche und das Zentrum die nationalen und sozialen Forderungen von bündischer Bewegung, Stahlhelm, Jungdeutschem Orden und Hitlerbewegung stur bekämpft, statt ihnen flexibel zu begegnen (S. 4f.).[34] Danach bietet er eine interessante, fast schon ‚bonapartistisch' oder ‚cäsaristisch' zu nennende Erklärung für den Erfolg des NS:

[In der Weltwirtschaftskrise] „flüchtete, in der Sorge um die Sicherung ihrer Existenz (Besitz, standesgemässe Nahrung und gesellschaftlicher Vorrang vor den Besitzlosen) die grosse Mehrheit der Groß- und Kleinbürger in Stadt und Land, alten und jungen Studierten, Festangestellten, wie einst im alten Rom beim Ansturm der Diktatur von Julius Cäsar, unter ‚ein Regiment, das Ordnung und Sicherheit, wenngleich unter Preisgabe der Freiheit,[35] verhiess'. (Th. Mommsen, Römische Geschichte, 3. Bd., S. 199). Viele nichtorganisierte Arbeiter schlossen sich jenen Mittelständlern an" (S. 5).

---

[33] Es sei daran erinnert, dass „Staatsvolk" und „Volksgemeinschaft" zentrale Begriffe in Piepers seit den frühen 1920er Jahren gebetsmühlenartig wiederholten Gedanken darstellten. Auf S. 4 dieses Manuskripts weist Pieper ausdrücklich darauf hin, dass er und Anton Heinen seit Kriegsende „die Parole: ‚Erneuerung der Volksgemeinschaft, Stärkung des nationalen Staatsgedankens' unermüdlich in Wort und Schrift vertreten und begründet" hätten.
[34] Erneut verweist er auf den „ganz andere[n], nämlich positiv, schöpferisch aufbauende[n] Umgang des Volksvereins" unter seiner Führung gegen den „marxistischen Sozialismus" (S. 5) vor dem Weltkrieg.
[35] Vgl. seine ähnliche Formulierung in „Die deutsche Revolution 1933", in: NIP Nr. 6, Text 2 (17.4.1934), Bl. 2: „Es war eine Revolution der Panik, in der man um der Sicherung des nackten Lebens die Würde der Freiheit opferte."

Nach dieser insgesamt zutreffenden Kurzdarstellung der NSDAP-Wählerschaft[36] fordert Pieper von denjenigen, „welche sich 1919 zum sozialen und nationalen Volkstaate der Volksfreiheit bekannten" – also von denjenigen, die seine eigenen politischen Überzeugungen vertraten – ohne zu zögern: „Hingebende Mitarbeit an der Verwirklichung des [...] nationalen und sozialen oder Volksgemeinschaftsgedankens, damit eine dem germanischen Freiheitsgedanken[37] gemässe Verwirklichung des nationalen Staates und des ‚deutschen Sozialismus'" (S. 6) erreicht werden könne. Es folgen wieder die bekannten, inhaltlich kaum zu fassenden Floskeln „Vergenossenschaftung des Wirtschaftslebens und Volksgemeinschaftslebens", „seelische Vergemeinschaftung", „Selbstverwaltung aus Selbstverantwortung" und „Stärkung des Standesgemeinsinns aus Standesehre" (S. 6f.). Vom NS verlangt der Verfasser, dieser müsse „sich umwandeln zur organischen, lebendigen Volksgemeinschaftsbewegung, die Volksganzheitsbetätigung" sei (S. 7). Er schließt diesen Text mit der Bemerkung, das katholische Volk müsse sich daher auf das „in Resten noch lebendige Volkstum wieder besinnen, dessen Bekenner die Schriften von Anton Heinen und August Pieper sind" (S. 8).

---

[36] Grundlegend hierzu noch immer Jürgen W. FALTER, Hitlers Wähler, München 1991.

[37] Besonders bei Anhängern der völkischen Rechten gab es das ideologische Konstrukt der „freiheitsliebenden" germanischen Stämme, die sich – obwohl traditionell untereinander entzweit – z.B. unter der Führung des Arminius (Hermann des Cheruskers) patriotisch gegen die römische Fremdherrschaft erhoben hätten: vgl. Klaus KÖSTERS, Mythos Arminius. Die Varusschlacht und ihre Folgen, Münster 2009, bes. S. 285-324; vgl. auch Piepers Formulierung in seinem Manuskript „Welche neue politische Haltung erfordert die Mitarbeit der Katholiken im Staat der nationalen Erhebung?", NIP, Nr. 6, Text 23 (o.D.) Bl. 5, Hitler wolle die „Eigenbrötelei und Haderlust, welche die Germanen seit ihrem Eintritt in die Geschichte hinderte, [...] einen widerstandsfähigen nationalen Einheitsstaat als großes Reich auf die Dauer aufzurichten, von Grund auf gewaltsam" ausrotten.

Meines Erachtens geht aus diesem Text von März 1933 eindeutig hervor, dass August Pieper zu diesem Zeitpunkt bereits zu den „Märzgefallenen" zu zählen ist, also zu jener Gruppe von Deutschen, die Hitler und die NSDAP bei den Märzwahlen des Jahres 1933 unterstützten, während sie seiner Politik und Ideologie vorher noch weitgehend abwartend bis ablehnend gegenübergestanden hatten.[38] Von größter Bedeutung scheint auch hier das für Piepers Weltanschauung eminent wichtige Konzept der „Volksgemeinschaft" gewesen zu sein, welches auch die Nationalsozialisten sofort nach der „Machtergreifung" in den Fokus rückten:

> „Der zentrale Begriff, unter den die neue Regierung Hitler am 1. Februar 1933 ihr Programm gestellt hatte, war derjenige der ,Volksgemeinschaft'. Der Terminus selbst war über die politischen Lager hinweg während der vergangenen fünfzig Jahre eine Leitvokabel der Modernekritik gewesen. In ihm verband sich die Kritik an den die soziale Gemeinschaft zerreißenden Klassen der Industriegesellschaft sowie an den Gegensätzen zwischen den Konfessionen mit der Ablehnung der Parteien und des Parlamentarismus, welche auf Uneinigkeit und Interessengegensätzen basierten."[39]

Weitere Texte des von Pieper zusammengestellten Aktenkonvoluts der Jahre 1933/34 bestätigen den Eindruck, dass der Verfas-

---

[38] Der Begriff „Märzgefallene" bezeichnete ursprünglich die mehr als 200 bei der Märzrevolution von 1848 in Berlin getöteten Revolutionäre, wurde dann aber spöttisch auf die im Frühjahr 1933 ins Hitlerlager übergewechselten Wähler und frisch eingetretenen Parteigenossen angewendet: vgl. Jürgen W. FALTER, Die „Märzgefallenen" von 1933. Neue Forschungen zum sozialen Wandel innerhalb der NSDAP-Mitgliedschaft während der Machtergreifungsphase, in: Geschichte und Gesellschaft 24 (1998), S. 595-616.
[39] Ulrich HERBERT, Geschichte Deutschlands im 20. Jahrhundert, München 2014, S. 306.

ser von den ersten Maßnahmen der nationalsozialistischen Regierung überzeugt war. Das Manuskript „Erfolge der deutschen Revolution" stammt vom 16. Mai 1933. Er ist in zwei Abschnitte – die Erfolge beim „Aufräumen u. Verhüten" sowie bei der „Erneuerung von Nation u. Volksgemeinschaft" durch den neuen Reichskanzler – unterteilt. Zu den erstgenannten positiven Ergebnissen der „deutschen Revolution" zählt Pieper die „Reichsreform", also das am 31. März 1933 erlassene Gesetz zur Gleichschaltung der Länder mit dem Reich, wobei er hoffnungsvoll hinzusetzt, „Deutsch-Österreich" solle auch noch angeschlossen werden (S. 1). Weiterhin sei Hitler dem „bolschewistischen Kommunismus" (S. 1) zuvorgekommen, offensichtlich eine Anspielung auf die völlig unhaltbare Behauptung der Nazis, die KPD hätte den Reichstag angezündet, weshalb die NS-Regierung einen Tag später in der Verordnung des Reichspräsidenten „Zum Schutze von Volk und Staat", der sog. Reichstagsbrandverordnung, eine Reihe von Bürgerrechten aufhob.

Auch die erzwungene Selbstauflösung der politischen Parteien, die Auflösung der Gewerkschaften sowie das ‚Ermächtigungsgesetz', die Verabschiedung des Gesetzes zur Behebung der Not von Volk und Reich vom 23.3.1933, werden positiv gesehen: „Hitler hat alle organisierten Machtmittel des Klassenkampfes beseitigt. Er hat die Parteien u. Gewerkschaften zerstört, die autonome Volksvertretung ausgeschaltet" (S. 2).[40] Gegenüber den brutalen Formulierungen (beseitigt; zerstört; ausgeschaltet) benutzt er im zweiten Teil dieses Textes zunächst wie gewohnt schwammige Ausdrücke, wenn er hervorhebt, Hitler habe „die autoritäre Gewalt des totalen Staates in den Dienst des Primates

---

[40] Mit anderer Tinte fügte Pieper später noch hinzu: „Hitler hat die durch das Versailler Friedensdiktat dem deutschen Volke aufgezwungenen Fesseln gesprengt, die politische Karte des deutschen Reiches revidiert" (Bl. 2). Diese Bemerkung könnte sich auf die Volksabstimmung im Saarland (13.1.1935), die Rheinlandbesetzung (7.3.1936) oder die Ereignisse des Jahres 1938 („Anschluss" Österreichs und Besetzung des Sudetenlandes) beziehen.

der nationalen Ehre u. Freiheit u. des Volksgemeinschaftswollens gestellt" (S. 3), was er dann eher prosaisch erläutert: Der NS-Staat habe „die Beamten des allmächtigen u. allbeherrschenden Staates [...] zu Dienern der nat. soz. Parteiherrschaft [gemacht], alle dazu nicht Willigen beseitigt" (S. 3).[41] Dadurch sei „der geeinte Lebenswille der Deutschen zur Nationwerdung u. Volkwerdung" erreicht worden, und es sei „ein Glück, daß die Jugend [...] in der Schule wie in den Jugendverbänden" (S. 3) in diesem neuen Staat aufwüchse. Darüber hinaus habe „Hitler [...] als Übungsstätte des Opfergeistes [...] die Wehrverbände u. den Arbeitsdienst" geschaffen, womit Verbände wie SA und SS sowie die Deutsche Arbeitsfront (DAF), die am Tage dieser Eintragung gegründet worden war, gemeint waren. Durch diese Maßnahmen würde „der Geist der Wehrhaftigkeit" und „des selbstlosen Bürgerdienstes am Gemeinwohl" gepflegt (S. 4).

Etwa zehn Tage später, am 27. Mai 1933, verfasste Pieper einen deutlich längeren Text, in welchem er viele der hier erwähnten Maßnahmen des NS-Staates erneut erwähnte, interpretierte und begründete.[42] So begrüßte er das sog. Ermächtigungsgesetz, da „der autoritäre Staat [...] aufgeräumt [habe] mit dem Primat der individualistischen, an privaten Meinungen u. Bestrebungen der Wähler-Bürger sich richtenden Parteien über die Regierungsgewalt des Staates, die an die Vertrauenserklärung des Parlaments gebunden" gewesen sei (S. 4). Durch das ‚Ermächtigungsgesetz' seien „die Unterordnung der Parteien unter das Staatsinteresse zur Geltung gebracht", „Interessen- und Klassenparteien, kirchpolitische Parteien aber als mit dem Staatsinteresse unvereinbar" erklärt worden (S. 4). Diese radikale Absage an die par-

---

[41] Diese Formulierung bezieht sich auf das Gesetz zur Wiederherstellung des Berufsbeamtentums vom 7.4.1933, durch welches politisch missliebige Beamte, vor allen Dingen aber auch Juden, aus dem Staatsdienst entlassen werden konnten.

[42] „Welche Aufbaukräfte will das dritte Reich der deutschen Erhebung dienstbar machen?" NIP, Nr. 6, Text 12.

lamentarische Regierungsform der Weimarer Republik feierte Pieper, der selbst im Kaiserreich als Abgeordneter für eine konfessionelle Partei jahrelang im Preußischen Landtag und im Reichstag gesessen hatte, nun als einen „gewaltigen Fortschritt", der „nur durch eine Diktatur herbeigeführt werden konnte" (S. 4).[43] Die konstruktive Mitarbeit an diesem nationalen Wiederaufbau sei moralisch zwingend geboten: „Dieses neue Werk der Nationwerdung der Deutschen zu verwirklichen ist Pflicht aller deutschen Staatsbürger. Alle müssen mitwirken" (S. 7). Dieses „rückhaltlose Sicheinsetzen für die Ehre, Größe u. Macht des Reiches der Deutschen" sei „Ehrenpflicht": „Wer sie ablehnt, geht jedes deutschen Bürgerrechts verlustig, gilt als Fremder, ja als Abtrünniger" (S. 8a).

Diese unbedingte Verherrlichung der Innenpolitik Hitlers, die jede Form von Opposition diskreditierte, wurde noch durch eine betont völkische Sicht der Kulturpolitik ergänzt. Der „deutsche Geist" sei „leiblich gebunden an das durch Rassenmischung, Klima, Boden, geschichtliches Volksschicksal geprägte deutsche Blut" und forme „letztlich die Eigenart der deutschen Nation" (S. 16). Aber dieser „deutsche Geist" sei heute „weithin überfremdet" (S. 17). Aus diesem Grunde habe der NS „von Anfang an den Kampf geführt gegen die kulturelle Überfremdung", und daher sei die staatliche Zensur von Zeitschriften und Büchern „zur Ausmerzung der Schädlinge am deutschen Geistesleben" notwendig, um eine „einheitliche nationale Kultur" entstehen zu lassen (S. 18).[44] Nach einer nochmaligen Betonung, dass die „Reinigung des deutschen Geisteslebens von Schädlingen" (S. 19) und

---

[43] Auch am 13.6.1933 hielt er in seinem Text „Die geschichtliche Sendung der Hitlerbewegung" fest: „Erst muß die Nation u. Volksgemeinschaft gesichert sein, wenn auch durch eine Diktatur." NlP, Nr. 6, Text 16: „Die geschichtliche Sendung der Hitlerbewegung", Bl. 3.

[44] Als Pieper diese Gedanken niederschrieb, lagen die Bücherverbrennungen durch fanatische nationalsozialistisch indoktrinierte Studenten nicht einmal einen Monat zurück.

„staatliche Zwangserziehung" leider notwendig seien, kehrt er zu einem seiner Lieblingsgedanken aus den 20er Jahren zurück: „Durch selbstverantwortliche Bildungs- u. Erziehungsarbeit an sich selbst u. an der Volksgemeinschaft" (S. 22) hofft er, der „deutsche Sozialismus" werde sich als „Sicherung der Freiheit aller in der frei, weil hochherzig aus Ehre u. Gewissen bejahten Gemeinschaftsbindung" erweisen und habe daher zu Recht die „äußere Vergesellschaftung" der Weimarer Republik abgelöst (S. 25).

Aus diesen beiden Texten vom Mai 1933 ergibt sich bereits ohne jeden Zweifel, dass August Pieper schon zu diesem frühen Zeitpunkt den NS-Staat und seine totalitären Maßnahmen in der Verfassungs-, Partei-, Innen- und Kulturpolitik rückhaltlos bejahte, auch wenn man bei dieser Feststellung berücksichtigen muss, dass im Verlaufe des ersten Jahres der Kanzlerschaft Hitlers viele Katholiken – und nicht nur diese – „ihren Frieden mit dem Dritten Reich" machten, zumal zu diesem frühen Zeitpunkt das ganze Ausmaß und die katastrophalen Folgen der NS-Politik noch nicht klar ersichtlich waren.

Die weiteren Texte Piepers aus dem Jahre 1933 bestätigen die bisher gemachten Beobachtungen, ohne dass es zu signifikanten neuen Erkenntnissen kommt. So bekennt er sich auch in dem Text *„Zur Würdigung der innenpolitischen Ziele des autoritären totalen Staates"* vom 21.6.1933 zum sich bis zu diesem Zeitpunkt bereits klar abzeichnenden NS-Staat. Da die Weimarer Republik und die sie tragenden Parteien bei der Bekämpfung des „revolutionären Bolschewismus", der Auswirkungen der Wirtschaftskrise und einer Errichtung des autoritären Staates versagt hätten, „fiel die Lösung jener drei Aufgaben der soldatischen, nach Kriegsmethode vorgehenden, völkischen, antiliberalen, antikapitalistischen, antidemokratischen, antimarxistischen, antiparlamentarischen diktatorisch regierenden nat. soz. Partei zu"[45] (S. 1). Lediglich bei der Wirtschafts- und Kirchenpolitik sind deutlicher neue Akzente zu verspüren. So begrüßt er „die berufsständische Gliederung des Wirtschaftsvolkes oder des genossenschaftlichen deutschen Sozialismus unter der Führung durch den totalen autoritären nationalen Staat" (S. 3) sowie die Überbrückung der konfessionellen Gegensätze „unter Zurückweisung der Kirchen" (S. 2), ohne sich jedoch genauer dahingehend zu äußern, auf welche kirchenpolitischen Maßnahmen des nationalsozialistischen Staates er mit dieser Bemerkung abzielt. Die weiteren Floskeln zur Kulturpolitik – „Kulturbildungs- u. Volkserziehungsarbeit an der Jugend […] nach den Lebensforderungen einer im Blute wurzelnden deutschen Kultur" (S. 2) oder „im Blute verwurzelte eigengesetzliche nationale deutsche Kulturvolkwerdung" (S. 4) im Gegensatz zur früheren „Mitarbeit an der europäischen oder weltbürgerlichen Kultur oder bloßen Zivilisation" (S. 4) – sind lediglich Wiederholungen von schon im Mai 1933 formulierten Gedanken, auch wenn A. Pieper nun rassistisch-sozialdarwinistisches Vokabular deutlich häufiger verwendete.

Das wird auch bei seinen Ausführungen nach Hitlers Rede auf dem Reichsparteitag vom 1.9.1933 deutlich, wobei er am NS die „heroische Lehre der Wartung des Blutes, der Rasse u. der Persönlichkeit sowie des ewigen Auslesegesetzes" hervorhebt, welche „in unüberbrückbare Gegensätze zur Weltanschauung der pazifistisch-internationalen Demokratie und ihrer Auswirkungen" trete.[46]

Es ist interessant zu beobachten, wie A. Pieper aus der Geschichte zu begründen versucht, warum der Nationalsozialismus

---

[45] Dieses Zitat beweist, dass Pieper den radikalen „Anticharakter" der NS-Ideologie schon früh absolut zutreffend erkannt hat und positiv bewertete. Nur der Antisemitismus und der Antipazifismus fehlen.
[46] NIP, Nr. 6, Text 14, 4.9.1933: „Bekenntnisse Hitlers zu Nürnberg, 1.9.1933", Bl. 6.

geradezu ein historisch verbrieftes Recht habe, durch seine totalitäre Politik das Werk der – von Pieper selbst so innig herbeigewünschten – ,Volksgemeinschaft' zu vollenden.[47] Durch den „Klerikalismus" und die auf Rom ausgerichteten Bischöfe habe das deutsche Volk nicht gelernt, sich selbst zu regieren. Gerade die „deutschen kirchentreuen Katholiken" brächten nicht die Fähigkeiten auf „zur mühevollen Erarbeitung der geistigen Freiheit", da sie sich „auf äußere Autorität" wie Papst und Bischöfe stützen müssten. Piepers Schlussfolgerung ist einfach und kompromisslos: „Wer also nicht Herr über sich selbst sein kann, muß sich jenem unterwerfen, der sich fähig u. entschlossen zeigt, Herr über sich und die Unmündigen zu sein."

Hinzu kamen in seinen Augen Schwächen des liberal und national eingestellten deutschen Bürgertums. Schon in der Revolution von 1918/19 sei „das deutsche Volk gescheitert an der Aufgabe der freien Staatsvolkwerdung" und habe „die Bürgerkrone abgeliefert", ähnlich wie kurz zuvor die „Fürsten auf ihre Krone verzichteten".

Neben Schwächen des bürgerlichen Liberalismus und der Stärke der katholischen Amtskirche mit dem Papst und den Bischöfen an der Spitze macht er noch ein anderes ,Grundübel' für die Neigung der Deutschen aus, sich freiwillig der „Vormundschaft und Beherrschung" durch andere zu unterwerfen: Kleinstaaterei und Föderalismus hätten die Deutschen politisch entmündigt, denn natürlich stand diese nationale Zersplitterung der Schaffung von Staatsnation und ,Volksgemeinschaft' entgegen: „So macht der unverbesserliche unpolitische Geist der Deutschen die Entmündigung der Staatsbürger durch den Fürstenabsolutismus, neuerdings durch den nat. soz. Autoritären Führerstaat notwendig."[48] Denn für Pieper, den Bewunderer Friedrichs II.

---

[47] NIP, Nr. 6, Text 18, 27.11.1933: „Kraftwurzeln des Klerikalismus", Bl. 1f.
[48] NIP, Nr. 6, Text 19, 26.10.1933: „Das unpolitische Denken der Deutschen", Bl. 2.

(des ,Großen')[49] und Bismarcks, hatte im Konfliktfall zwischen staatlicher Macht und individueller Freiheit der Staat ohne Wenn und Aber den Vorrang: „Die Staatsordnung ist aber höchste Lebensnotwendigkeit, also unbedingtes Lebensgebot. Nicht aber ist unbedingtes Lebensgebot die Freiheit im Staate."[50] In der Umbruchzeit des Jahres 1933 sah er für patriotische Deutsche keine politische Alternative zum Nationalsozialismus, auch wenn der autoritäre NS-Staat theoretischen Demokratiepostulaten widerspräche:

„Auch der innige Bekenner der Volksfreiheit muß also die ungestörte Entwicklung des autoritären Staates als höchste Lebensnotwendigkeit des deutschen Volkslebens hinstellen, für sie sich einsetzen als die Pflichterforderung der Stunde. Den inneren Verzicht auf das Idealpostulat der Bürgerlichkeit kann niemand von ihm fordern."[51]

Daraus folgerte er kurz und bündig: „Die Bürgerfreiheit kann im deutschen Volke demnach nur erstehen auf dem Wege über den autoritären totalen Staat."[52] Dennoch sind in seinen Augen nicht Demokratiedefizite oder der Partikularismus in erster Linie für den ,deutschen Sonderweg' von fehlender Bürgerfreiheit und Demokratie verantwortlich. Sein Fazit klingt, zumindest aus dem Munde eines katholischen Priesters, erstaunlich: „Zum anderen hemmte die Gewöhnung der Gläubigen an die Priesterherrschaft in der Kirche mächtig das Erwachen einer bürgerlichen, wirtschaftlichen u. sozialen Freiheitsbewegung. Alle autokratischen,

---

[49] Vgl. NIP Nr. 6, Text 4 (o.D.), „Die Hitlerbewegung bekennt sich zum alten preußischen Staatsgedanken Friedrichs des Zweiten, nicht zum Staatsgedanken vom Steins".
[50] NIP, Nr. 6, Text 2, 17.4.1934: „Die deutsche Revolution 1933", Bl. 5.; vgl. auch oben Anm. 45.
[51] NIP, Nr. 6, Text 2: „Die deutsche Revolution 1933", 17.4.1934, Bl. 6.
[52] NIP, Nr. 6, Text 2, Bl. 5.

absolutistischen Herrscher schlossen deshalb ein Konkordat mit der katholischen Kirche". Er verweist hier auf Napoleon I., Mussolini und Hitler, um dann mit der für einen katholischen Kleriker überraschenden Feststellung zu schließen: „Alle sozialen Reaktionäre sehen in der geistigen Grundhaltung des katholischen Klerus [...] eine grundsätzliche Billigung ihrer Bestrebungen."[53]

Dem am 20. Juli 1933 abgeschlossenen Konkordat zwischen dem Heiligen Stuhl und dem Deutschen Reich steht er wohlwollend gegenüber, da durch diesen Vertrag der Kirche „jede Möglichkeit genommen" sei, „ konfessionelle Politik zu treiben, die widernatürlich" sei.[54] Allerdings spart er im Zusammenhang mit dem Konkordat nicht mit Kritik an der Amtskirche in Rom und dem politischen Katholizismus in Deutschland: „Das Konkordat von 1933 brachte die Vernichtung allen politischen Katholizismus in Deutschland. Er hatte sich selbst das Grab geschaufelt. Nun gab Rom ihn preis. Darob verfiel der statisch eingestellte Klerus in geistige Hilflosigkeit gegenüber der gewaltigen Dynamik des N.S."[55] Auch die Zentrumspartei müsse „sich beschränken auf die Einhaltung [...] rein kirchlicher Forderungen",[56] also auf genuin politische Arbeit freiwillig verzichten. Pieper bejahte diese „Überbrückung der konfessionellen Gegensätze" durch den autoritären Staat „unter Zurückweisung der Kirchen".[57]

Nach diesen Seitenhieben auf die wenig geliebte Amtskirche befinden sich in dem Aktenkonvolut der Jahre 1933/34 noch einige Texte, die das für Pieper Übliche enthalten: Abwertende Bemerkungen über den bolschewistischen Klassenkampf, ‚wi-

---

[53] NIP, Nr. 6, Text 19, Bl. 5.
[54] Ebd., Bl. 5.
[55] NIP, Nr. 21, Text 21, 16.8.1934: „Warum wurde die Gladbacher Richtung u. ich selbst vom Integralismus oder Klerikalismus bitter bekämpft u. vom Klerus kaltgestellt?"
[56] NIP, Nr. 6, Text 23, Bl. 2.
[57] NIP, Nr. 6, Text 7, II, 21. 6. 1933, „Zur Würdigung der innenpolitischen Ziele des autoritären totalen Staates", Bl. 1f.

dernatürliche' konfessionelle Interessen- und partikularistische Parteipolitik. Alle diese Arten der politischen Auseinandersetzung lehnt Pieper ab, da sie dem großen Ziel entgegenstehen, das ihm seit Jahrzehnten vorschwebt: Der „Stärkung des nationalen Staatsgedankens u. Staatswillens einer Staats-Volkspersönlichkeit"[58] – was auch immer das konkret sein mag.

Häufig findet sich der Appell an den Leser und die anderen Parteien, diesen ersehnten Idealzustand anzustreben, „nicht in gedanklicher Diskussion, sondern in lebensfruchtbarer Verwirklichung [...] unter Führung durch die nat. soz. Staatsregierung"[59].

---

[58] NIP, Nr. 6, Text 21, 28.4.1934: „Die dringlichste Lebensaufgabe".
[59] NIP, Nr. 6, Text 15, 18.8.1933, Bl. 4. Vgl. auch ähnliche Appelle in Text 12, 27.5.1933, Bl. 7: „Dieses neue Werk der Nationwerdung der Deutschen zu verwirklichen ist Pflicht aller deutschen Staatsbürger. Alle müssen mitwirken, denn Nation wird ein Volk." Vgl. weiterhin Text 23, (o.D.), Bl. 6.

Dr. August Pieper (1866-1942)
Stadtarchiv Mönchengladbach 10-40249

3. Zu Piepers Schriften
aus der zweiten Hälfte der 30er Jahre

Was oben für die Lektüre von Piepers Büchern und Aufsätzen aus den 20er Jahren sowie über die frühen, unmittelbar nach der ,Machtergreifung' verfassten Schriften gesagt wurde, gilt auch für die Manuskripte aus der zweiten Hälfte der 30er Jahre.[60] Es kommt zu zahlreichen Wiederholungen, die immer wieder um die Erneuerung und Vertiefung der Volksgemeinschaft durch den NS kreisen. Dabei fällt jedoch auf, dass August Pieper noch häufiger als um die Mitte der 30er Jahre auf eigene Schriften verweist, um seine Vorreiterrolle für das, was er in der NS-Volksgemeinschaft zu erkennen glaubt, hervorzuheben. Selbst bei Ausführungen über Houston Stewart Chamberlains antikirchliches Buch ,*Die Grundlagen des 19. Jahrhunderts*' weist er auf die „von Anton Heinen und August Pieper auf das Volkstumsgewissen gegründete gestaltende Volksbildungsbewegung" hin (Nr. 7, Bl. 29)[61] und bedauert, dass die katholische Kirche Chamberlains Buch auf den Index gesetzt habe, ohne sich mit den dort propagierten Einsichten auseinanderzusetzen.[62]

---

[60] NIP, Nr. 7 und Nr. 17, Bd. 1 u. 2.

[61] Vgl. auch NIP, Nr. 7, Bl. 36 (o.D.), wo er darauf besteht, dass „auch Anton Heinen und August Pieper die Erfahrung in ihrer an die Lebenswahrheiten gerichteten gestaltenden Volksbildungsarbeit" gemacht hätten, „daß dem Klerus die zu deren Verständnis erforderten Denkkategorien fehlen".

[62] Zu Piepers Interpretation und Rezeption von Chamberlains Werk siehe NIP 17, Bd. I, Bl. 13 (12.11.1937): „Bemerkenswert ist die Erklärung Rosenbergs vom 22.11. 36: Die deutsche Volkserneuerung sei das Werk nicht der metaphysischen (theoretischen?) Spekulation, sondern der germanischen Wertlehre. Diese fordere den Lebenswillen zur Ehre, Treue, Tapferkeit. [...] Diese neue exakte Wissenschaft entwickele eine neue biologische und soziologische Weltauffassung in der Rassenpsychologie. Diese werde den Bolschewismus überwinden. [...] Ich sehe darin eine grundsätzliche Übereinstimmung mit meiner erkenntniskritischen Unterscheidung der Lebenswahrheiten von den logischen Wahrheiten." – Vgl. auch M. Dust, Unser Ja

Auch bei der Wiederholung seiner sozialdarwinistischen Sicht der Politik versucht er mit einem Zitat aus der von ihm herausgegebenen „Führer-Korrespondenz" des Volksvereins seine frühe, ‚richtige' Sicht der Dinge zu belegen: „Wer Freiheit nicht kann, verfällt der Beherrschung durch andere."[63]

Er selbst habe der Jugend „schon vor [!] 1933" gesagt: „Vertretet Eure u. meine Ideen von Volksgemeinschaft u. Nation mit dem Sprachgebrauch der nat. soz. Partei, da beide dem lebendigen Volkstum und dessen Entwicklungsrichtungen entnommen sind." In diesem Sinne habe er „bei Aufnahmewilligen von 1933 an" gewirkt.[64] Er hielt wiederholt fest, die Jugend angehalten zu haben, „recht viel Gutes vom Dritten Reich zustande"[65] zu brin-

---

(wie Anm. 13), der auf S. 534, Anm. 36, Pieper wie folgt zitiert: „Zu seiner ‚Bibel' erhob der Nat. Soz. Chamberlain, Die Grundlagen des 19. Jahrhunderts. Die Katholiken sollten sich dessen aus Natur und deutschem Geistesgut gewonnene Einsichten zu eigen machen. [...] Der Wille ist angewiesen auf die angeborenen Anlagen. Deren ganzes Gefüge nennt der Nat. Soz. Rasse, Blut und Boden(ständigkeit). Alles das erinnert an das Wort Christi: Ein guter Mensch bringt Gutes hervor aus dem guten Schatze seines Herzens (Luk. 6,35)."

[63] NIP, Nr. 7, 7.6.1939, Bl. 11.

[64] Ebd., Bl. 44f. (23.11.1936): „Zur Frage: Wie gewinnt der kath. Klerus ein positives, fruchtbares Verhältnis zum NS?"

[65] Vgl. z.B. NIP Nr. 17, Bd. I, Bl. 17 (12.11.1937); A. Pieper an Stegerwald, 5.6.1940: ACDP, Nl. Stegerwald 011/2, Bl. 2: „Deshalb sagte ich jedem jungen Menschen seit 1933, der mich frug: Was sollen wir tun? Die Worte: „Helfen Sie von Ihrem Berufe aus mit, daß recht viel Gutes aus der völkischen Bewegung entsteht, das ist Ihre deutsche Pflicht." – In dieser hier von Pieper gewünschten Einstellung, junge Deutsche sollten von sich aus ‚dem Führer entgegen arbeiten', sehen einige Historiker einen wesentlichen Schlüssel zum Verständnis von nationalsozialistischer Herrschaftstechnik und Führerbindung: vgl. Ian KERSHAW, Hitler 1889 – 1936, Stuttgart 1998, S. 665-744; Volker ULLRICH, Adolf Hitler. Biographie. Bd. 1: Die Jahre des Aufstiegs 1989-1939, Frankfurt a.M. 2013, S. 627-658.; Michael WILDT, Volksgemeinschaft als Selbstermächtigung: Gewalt gegen Juden in der deutschen Provinz 1919 bis 1939, Hamburg 2007.

gen, und etwas drastisch formulierte er anlässlich seines 70. Geburtstages am 14. März 1936 im Ketteler-Haus in Köln: „Wer dieser als stark erwiesenen nationalsozialistischen Regierung, vor welcher alle übrigen Parteien ins Mauseloch flüchteten, in die Suppe spuckt oder Knüppel zwischen die Beine wirft, der handelt als Verräter an seinem notleidenden Volke".[66] Fast wörtlich das Gleiche formulierte er am 7.6.1939, wobei er noch hinzufügte, dass solche „Verräter" seine Schriften über Volksgemeinschaft und Nation nicht verstanden hätten.[67] An der NS-Weltanschauung lobte er 1936 „die vitalen Lebenserneuerungskräfte: Rasse, Blut, Boden, Geschichte".[68] Hier finden sich dann auch jene Zitate, die der katholische Publizist Emil Ritter später aus Piepers Manuskripten übernahm, um zu belegen, dass er nicht der einzige führende Katholik war, der nach 1933 nationalsozialistisches Gedankengut übernommen und verbreitet hatte.[69]

Die inzwischen auch von Pieper nicht mehr zu übersehenden Aktionen gegen die Kirchen, sei es in der Schul- und Jugendpolitik, sei es bei der gerichtlichen Verfolgung katholischer Priester und Laien oder der Zwangsauflösung von Klöstern, versuchte er wie schon in früheren Schriften mit „Mißgriffen und Unterlassungen der Vertreter der Kirchen" zu entschuldigen.[70]

Nach dieser knappen Übersicht über in Piepers Augen wichtige Ereignisse und Entwicklungen sowie deren Interpretation durch ihn muss hier jedoch noch auf einen Aspekt hingewiesen

---

[66] Zit. nach H. HEITZER, Pieper (wie Anm. 16), S. 131.

[67] NIP, Nr. 7, 7.6.1939, Bl. 12.

[68] Ebd., Bl. 75 (20.11.1936); vgl. auch die Erläuterungen ebd., Bl. 75ff. sowie die erneute Erwähnung von A. Heinen u. A. Pieper in diesem Zusammenhang: ebd., Bl. 89.

[69] Vgl. M. DUST, Unser Ja (wie Anm. 13), S. 532-534.

[70] NIP, Nr. 7, 6.6.1939, Bl. 24. – Diese Sicht wird auch in den weiter unten geschilderten Kapiteln über Piepers Ansichten über den Zweiten Weltkrieg sowie über die Beziehungen zwischen Pieper, Eßer und Stegerwald eine Rolle spielen.

werden, der schon bei seinen Manuskripten der Jahre 1933/34 ins Auge sprang: Mit keinem Wort geht Pieper auf die Gewalt gegen Juden und andere gemäß NS-Ideologie nicht zur ‚Volksgemeinschaft' gehörende Gruppen ein. Die Unterdrückungsmaßnahmen gegen politische Parteien, Parlamente, Gewerkschaften, die Presse und Kirchen wurden von ihm zumindest erwähnt, auch wenn er sie angesichts des von ihm als zwingend notwendig erachteten Aufbaus von Staatsnation und Volksgemeinschaft verteidigte und guthieß.

Soweit ich sehen kann, hat er aber nur an einer einzigen Stelle rassistisch-antisemitische Formulierungen benutzt, als er dekretierte:

„Man versteht aber den tiefsten Lebenswillen des völkischen N. Sozialismus erst in der Vorbetonung seiner Förderung einer rassenmäßig arteigenen Weltanschauung als Philosophie und ebenso arteigenen arischen Religion. [...] Diese bedeutet ein Ausräumen der artfremden Geistesrichtungen, die ihr geschichtliches Zentrum haben in ‚Juda, Moskau, Rom'."[71]

A. Pieper hatte Chamberlains Schriften „Die Grundlagen" sowie „Arische Weltanschauung" schon früher gelesen, aber nach eigenem Bekenntnis damals „nicht verstanden". Erst die erneute Lektüre habe ihm klar gemacht, „warum so viele junge Menschen

---

[71] NIP, Nr. 17, Bd. I, Text Nr. 10, Bl. 18 (12.11.1937). – Hier wandelt er offensichtlich die Formulierung von Houston Stewart CHAMBERLAIN „Hellas, Rom, Judäa" aus dessen rassistischem und antisemitischem Buch *Die Grundlagen des Neunzehnten Jahrhunderts* (1899), 15. ungekürzte Volksausgabe, München 1932, S. 50, ab. Auf diesen bezog sich wiederum „Hitlers Chefideologe" Alfred ROSENBERG in seinem berüchtigten Buch *Der Mythus des 20. Jahrhunderts* (1930), in welchem er „Hellas, Juda, Rom" als kulturzerstörerische Kräfte bezeichnete. Chamberlain und Rosenberg beeinflussten wiederum nachweisbar Hitlers Sicht von Judentum, Kirche und Religion: vgl. Ernst PIPER, Alfred Rosenberg: Hitlers Chefideologe, München 2005.

49

[...] sich inbrünstig für ein [...] ‚deutsches Christentum' mit einem ‚deutschen Gotte' begeisterten."[72] Trotz dieses späten Bekenntnisses zu einem auch rassistisch begründeten Antisemitismus bleibt es auffällig, dass Pieper die überhaupt nicht zu übersehende wirtschaftliche, soziale, politische und körperliche Gewalt gegen Juden mit keinem Wort erwähnt, auch wenn über die Ursache für diesen „blinden Fleck" nur spekuliert werden kann.[73] Dennoch bleibt Michael Wildts Feststellung über den Zusammenhang von ‚Volksgemeinschaft' und Antisemitismus richtig, wenn er schreibt, dass die „untrennbare Verbindung von Antisemitismus und nationalsozialistischer ‚Volksgemeinschaft'" beinhalte, „dass all diejenigen, die mit dem Inklusionsversprechen der Nationalsozialisten übereinstimmten und sich vor allem nach 1933 von der Volksgemeinschaftspropaganda des NS-Regimes angesprochen fühlten, zugleich die antisemitische Exklusion bewusst oder unbewusst übernahmen, selbst wenn sie ursprünglich keine Antisemiten gewesen sein mochten."[74]

---

[72] NlP, Nr. 17, Bd. I, Bl. 17ff.
[73] Noch 1931 hatte er sich klarsichtig gegen den „blöden antisemitischen Fanatismus" und seine Instrumentalisierung durch die NSDAP gewandt: „Der Rasseninstinkt ist leicht wild zu machen; mit ihm kann man die dumpfe Masse berauschen." [A. P.] Der Rechtsradikalismus der Nationalsozialisten, in: Führer-Korrespondenz. 44. Jg. (1931), S. 19-27, Zit. S. 24, 25. Uwe MAZURA, Zentrumspartei und Judenfrage 1870/71-1933. Verfassungsstaat und Minderheitenschutz, Mainz 1994, S.70, gibt als Quelle eine undatierte Schrift Piepers „um 1932" im Bundesarchiv Potsdam an: ebd., Anm. 74.
[74] Michael WILDT, ‚Volksgemeinschaft' – eine Zwischenbilanz, in: Dietmar von Reeken, Malte Thießen Hg., ‚Volksgemeinschaft' als soziale Praxis. Neue Forschungen zur NS-Gesellschaft vor Ort, Paderborn u.a. 2013, S. 355-369, hier S. 362.

4. Eine Zusammenfassung
von Piepers Weltanschauung kurz vor seinem Tode:
Das Manuskript „Der Sinn des Krieges 1940 -"[75]

Während wir bisher ausschließlich Manuskripte Piepers zu ideologischen, innen- und kirchenpolitischen Fragen dargestellt haben, soll in diesem Kapitel ein längeres Manuskript untersucht
werden, das er nach dem Einfall der Wehrmacht in die Sowjetunion vom 22. Juni 1941 verfasst hat und in welchem er sich auch
mit außenpolitischen Fragen auseinandersetzt.

Schon in der Überschrift wird deutlich, dass für Pieper der
Zweite Weltkrieg erst 1940 angefangen hat: Der deutsche Überfall
auf Polen (1939) ist für ihn offensichtlich nicht der Rede wert, aus
welchen Gründen auch immer.

Schon im hier zitierten ersten Absatz wird seine Absicht deutlich, die Alliierten – und nicht Nazi-Deutschland – als Kriegstrei-
ber hinzustellen: „England und USA führen den Krieg unter der
Losung: Gegen den Nationalsozialismus und Faszismus, die
Bändiger der Selbstherrschaft des Kapitalismus. Das bolschewistische Rußland führt den Krieg gegen N.Sozialismus und Faszismus, die Bändiger des Kommunismus." Dabei ginge es England
und den USA „um die wirtschaftliche Weltbeherrschung durch
die angelsächsischen Staaten, und dagegen kämpfe Deutschland,
das „unter der Herrschaft des Nationalsozialismus eine geschlossene Einheit und eine Schlagkraft der Kriegführung wie niemals
zuvor" gewonnen habe (S. 1). Dies sei auch nötig, besonders „gegenüber den Heerscharen des Bolschewismus", der keinen „Eigenbesitz und persönliche Freiheit" dulde. Angesichts dieses
Zweifrontenkrieges habe erst der NS damit begonnen, die „notwendigen Freunde mühsam und geschickt" zu werben (S. 2),

---

[75] NIP, Nr. 19, o.D., [1941/42: Da er den Krieg gegen die Sowjetunion erwähnt, muss das Manuskript nach dem 22.6.1941 entstanden sein.] – Vgl.
den Teilabdruck dieses Textes im →Quellenteil B: Nr. 7.

während frühere deutsche Regierungen keine realpolitische Bündnispolitik betrieben hätten.[76]

Nur so könne auch in der Außenpolitik „Wert auf unsere Geltung als Nation" gelegt werden, nicht durch „kleinbürgerliche Spießbürgergesinnung", welche der „seelischen Vergemeinschaftung aller deutschen Stämme" im Wege stünde. Dieser Staat sei „die höchste irdische Seinserhöhung zu einer Staatsvolkspersönlichkeit zwecks Aufbringung der Ehre, Größe und Macht des deutschen Volkes zum Schutze und Trutze nach innen und außen", und erst die Hingabe an einen solchen Staat bringe „Eisen in das Blut und Stahl in die Nerven" (S. 3).

Diese hochgerüstete „Staatsnation als die große Volkserzieherin" sei innenpolitisch ausgestattet mit dem „Charisma der schöpferischen Bildungsarbeit und Erziehungstätigkeit" (S. 4). So sei auch der NS-Leitsatz ‚Gemeinnutz geht vor Eigennutz' zu verstehen, denn er ziele auf die „freiwillige seelische Vergemeinschaftung", während die „kapitalistische Wirtschaftsgesinnung" der Weimarer Republik die „gemeinschaftsbildenden Kräfte der Treue und Güte" zerstört habe (S. 5). Daher sei „staatliche Zwangserziehung" nötig gewesen, da auch die katholische Geistlichkeit und der Volksverein – natürlich erst nach Piepers Ausscheiden aus dem Vorstand 1928, wie er ausdrücklich betont – sich gegen echt nationale und soziale Vorstellungen gestellt hätten: „Diese Animosität der Geistlichen gegen den unkirchlichen Nationalsozialismus hat dieser beantwortet mit der ebenso animosen Unterdrückung jeder politischen Betätigung des Klerus" (S. 7).[77] Erst weil die katholische Kirche die Erweisung des

---

[76] Angesichts der Bündnispartner Deutschlands (das faschistische Italien und das aggressive und autoritär geführte Kaiserreich Japan) sowie der Zusammenarbeit mit faschistischen Regimes wie z.B. in Spanien und Ungarn zeugt diese Behauptung von der damaligen Vorliebe Piepers für autoritäre und militaristische Staaten.

[77] Weiter unten (Bl. 11) wiederholt er diesen Gedanken: „Die Kirchen dürfen sich nicht darüber wundern, daß in solchen Zeiten eines totalen Umbruches

„Treuedienstes und Gütedienstes des Glücks der Volksgemeinschaft" durch den NS nicht akzeptierte, wurde dieser gezwungen, „der scharfe, unversöhnliche Gegner des Katholizismus" zu
sein (S. 9).

Aber „nur autoritär geleitete nationale Staaten" hätten „gegen
den Einbruch des russischen autoritär geleiteten Bolschewismus
in West-Europa" erfolgreich Widerstand leisten können, nur die
„Frontsoldaten" und Wehrverbände hätten nach 1918 den „autoritären sozialistischen proletarischen Parteien in Deutschland und
der Weltpropaganda des Bolschewismus Halt gebieten können".[78] Dagegen habe er selbst die „hundertprozentige, in Bausch
und Bogen vollzogene Gegnerschaft des Klerus und der alten
politischen Parteien gegen die nat.soz. Partei" schon vor 1933 für
„den raschen Aufschwung des Nationalsozialismus" verantwortlich gemacht" (S. 10). Zentrum, SPD und bürgerliche Parteien
hätten lediglich Interessenpolitik für ihre jeweiligen Wählergrup-
pen gemacht, während „die Zentralforderung des N. Soz. ‚Gemeinnutz geht vor Eigennutz'" dem ganzen Volke dienen würde
(S. 11).

Dann fasst er seine Einsichten und Forderungen zusammen:
Neben den schon öfter genannten Punkten „Groß-Staatspolitik"
und „Aufbau einer Staatsvolkfamilie" fordert er, die Deutschen
sollten sich „nicht mit einem vollen Siege in diesem Kriege" begnügen (S. 12) und hält ihnen ein größeres Ziel vor Augen:

„Den großen Sinn dieser meiner Forderung könnt Ihr Euch
nur einprägen, wenn Ihr in echter gottgläubiger Gesinnung
den letzten Sinn der vom deutschen Volke in diesem neuen
Weltkriege geforderten furchtbaren Opfer darin sehet, daß Ihr

---

von Wirtschaft und Staat die ernsten Reformparteien den Kirchen ihr Vertrauen entziehen, wenn die Vertreter der Kirchen die Reformen kurzweg
bekämpfen."
[78] Anders als Hitler, zählte Pieper nur USPD und KPD, nicht aber die MSPD
zu den „bolschewistischen" Parteien in Deutschland.

durch diese Euch mannhaft erziehet zu der adligen Gesinnung der Träger der deutschen Nation[79], die zusammen mit der italienischen Nation von Gott berufen ist, zu einer menschenwürdigen neuen Ordnung in Europa" (S. 13).

Die Realisierung dieser „menschenwürdigen neuen Ordnung in Europa" durch das nationalsozialistische Deutschland und dessen Verbündete blieb Pieper – und uns – erspart, denn er starb am 25. September 1942.

An dieser Stelle kann man also festhalten, dass sich August Pieper auch noch kurz vor einem Tode wie in seinen zahlreichen vorher verfassten unveröffentlichten Manuskripten mit den innen-, gesellschafts- und außenpolitischen Zielen und Methoden der nationalsozialistischen Politik – wenn man von der von ihm nicht erwähnten Politik gegen die Juden absieht – identifizierte. Er gehörte damit zu jener gar nicht kleinen Gruppe von katholischen Deutschen, die hofften, die „antagonistische Kooperation"

---

[79] Schon in seinem Buch ‚Der Staatsgedanke der deutschen Nation' aus dem Jahre 1928 hatte sich Pieper als Anhänger des bereits damals weit verbreiteten Geschlechterdualismus gezeigt, wobei er Männern heroische Werte wie Mut, Tapferkeit, Opfer- und Kampfbereitschaft zuschrieb. Mit „Eisen im Blut" und „Stahl in den Nerven" sollten sie bereit sein, „für die nationale Ehre und Freiheit" zu sterben, während „mütterliche Vaterlandsliebe" in seinen Augen nicht die Robustheit der „väterlichen Kraft des starken nationalen Staatsgedankens" erreichen konnte (ebd., S. 110f.). Noch schärfer – und unsinniger – formulierte er im Jahre 1930: „Doch verfällt das deutsche Geistesgut der Verweiblichung als Entmannung, wenn nicht als sein heroischer Einschlag die in der mit dem harten Schicksale ringende Staatsnation verwirklichte höhere Menschwerdung gepflegt wird." August PIEPER, Das Schicksal des Staatsgedankens der deutschen Nation, in: Führer-Korrespondenz 43. Jg. (1930), S. 12-19, hier S. 14. – Vgl. zu diesem Problem Olaf BLASCHKE, „Wenn irgendeine Geschichtszeit, so ist die unsere eine Männerzeit." Konfessionsgeschlechtliche Zuschreibungen und Nationalsozialismus, in: Manfred Gailus, Armin Nolzen, Hg., Zerstrittene „Volksgemeinschaft". Glaube, Konfession und Religion im Nationalsozialismus, Göttingen 2011, S. 34-65.

(Winfried Süß) zwischen ihrer Kirche und dem nationalsozialistischen Staat angesichts des Krieges mehr und mehr zu einer konfliktarmen Koexistenz entwickeln zu können, wobei er an der grundsätzlichen Legitimität, ja vermeintlichen Notwendigkeit, des deutschen Angriffskrieges auf die Sowjetunion keinerlei Zweifel hegte.

Neben den hier kurz zusammengefassten Manuskripten enthält der Nachlass Piepers auch noch eine Reihe von Briefen aus der Korrespondenz, die er besonders mit Persönlichkeiten des politischen Katholizismus aus der Zeit der Weimarer Republik unterhielt. Aus diesen habe ich die Korrespondenz zwischen A. Pieper, Thomas Eßer[80] und Adam Stegerwald[81] ausgewählt, weil sie wohl seine politisch interessantesten und einflussreichsten Briefpartner dieser Zeit waren.

---

[80] Zu Eßers Kontakten mit Stegerwald vgl. Reinhold K. WEITZ, Thomas Eßer – ein Zentrumspolitiker und das Dritte Reich, in: Verein der Geschichts- und Heimatfreunde des Kreises Euskirchen e.V., Hg., Geschichte im Kreis Euskirchen, 1. Jg. (1987), S. 6-68, bes. S. 26-43.

[81] Zu Stegerwalds Korrespondenz mit Eßer und Pieper vgl. Bernhard FORSTER, Adam Stegerwald (1874-1945). Christlich-nationaler Gewerkschafter, Zentrumspolitiker, Mitbegründer der Unionsparteien, Düsseldorf 2003, S. 611-618; Helmut J. SCHORR, Adam Stegerwald. Gewerkschaftler und Politiker der ersten deutschen Republik. Ein Beitrag zur Geschichte der christlich-sozialen Bewegung in Deutschland, Recklinghausen 1966, S. 269-281.

5. Zur Korrespondenz Piepers
mit Adam Stegerwald und Thomas Eßer

Nach dem Umzug Piepers von Mönchengladbach nach Paderborn im Jahre 1939 war es noch stiller geworden um den kranken
alten Mann, der seine Wohnung kaum noch verlassen konnte.
Soweit dies heute noch rekonstruierbar ist, lief ein Großteil seiner
Kontakte mit der Außenwelt über die handschriftliche Korrespondenz, die er mit ehemaligen Mitstreitern aus dem rheinischen
politischen Katholizismus unterhielt. Seine wichtigsten Briefpartner jener Zeit waren der frühere christliche Gewerkschaftsführer,
Reichs- und Staatsminister sowie preußische Ministerpräsident
Adam Stegerwald und der ehemalige stellvertretende Reichs-
tagspräsident Thomas Eßer.

Eßer lebte zurückgezogen in Euskirchen, nachdem die Nazis
ihn bald nach der „Machtergreifung" in ‚Schutzhaft' genommen
und auch anderweitig juristisch belangt hatten. Ähnlich wie Pieper hatte er nach den erdrutschartigen Wahlerfolgenden der
NSDAP im September 1930 innerhalb des Zentrums dafür plädiert, die Nazis durch Einbindung und Beteiligung an der Regie-
rungsverantwortung zu domestizieren.[82] Gegen Ende der 30er
Jahre korrespondierte Eßer ausführlich mit Stegerwald, aber auch
mit süddeutschen Zentrumspolitikern, die ebenso wie er selbst
über die Ansichten Stegerwalds „zum Verhältnis von Staat, Kir-

---

[82] Vgl. R. K. WEITZ, Eßer (wie Anm. 80), S. 10-22. – Wie Pieper war auch er
der Meinung, dass die Doppelstrategie des Zentrums vom Arrangement mit
dem politischen Gegner bei Beibehaltung der eigenen Prinzipien schon im
Kulturkampf gegen den Liberalismus und in der Revolution von 1918/19
gegen den Sozialismus erfolgreich gewesen sei. Daher könne diese Taktik zu
Anfang der 1930er Jahre auch beim NS erfolgversprechend angewendet
werden. Vgl. auch oben Anm. 34.

che und Gewerkschaften konsterniert"[83] waren. In diese kontroverse Diskussion innerhalb des Zentrums gehört auch die Korrespondenz zwischen Pieper, Stegerwald und Eßer aus den Jahren 1941/42.[84]

Konkret ging es bei dieser Auseinandersetzung um das Problem, wie weit die katholische Kirche dem Nationalsozialismus entgegenkommen – oder entgegentreten – solle bei der Neugestaltung des Verhältnisses von Kirche und Staat.[85] Eßer glaubte, dass Stegerwald den Nazis dieses Feld praktisch kampflos überlasse und dabei prinzipienlos Positionen des politischen Katholizismus räume, zumal dieser ihm im Sommer 1940 eröffnet hatte, dass er selbst inzwischen trotz einiger Einwände insgesamt „positiv zum gegenwärtigen Staat eingestellt" sei.[86] Nach einer längeren Korrespondenz mit Stegerwald teilte Eßer Pieper mit, er habe „den Briefwechsel mit Adam Stegerwald [...] abgebrochen, weil er unfruchtbar war". An eine „Wiederannäherung" könne er nicht mehr glauben, und er legte Pieper noch einmal seinen „richtigen Standpunkt" dar: „In würdiger Zurückhaltung dem jetzigen Staate und seiner Führung geben, was ihnen zukommt, aber keineswegs [...] in geißlerischer Selbstkritik alles verdammen, was uns früher heilig war und bei dem wir selbst mitgearbeitet

---

[83] R. K. WEITZ, Eßer (wie Anm. 80), S. 38. – Nach Stegerwalds Brief an Eßer vom 18.2.1941 sollte ihr Briefwechsel ein Gedankenaustausch über die „Grundeinstellung zu Volk, Nation und Staat" sein: zit. EBD., S. 39.

[84] Eßers Briefe an Pieper befinden sich in NlP, Nr. 81, Stegerwalds Briefe an Pieper in NlP, Nr. 176. – Wenn nicht anders angegeben, wird im Folgenden nach diesen beiden Akten zitiert.

[85] Dieses und weitere damit zusammenhängende Probleme wurden damals in diversen Zirkeln national eingestellter deutscher und österreichischer Theologen diskutiert: vgl. Lucia SCHERZBERG, Das kirchenreformerische Programm pro-nationalsozialistischer Theologen, in: dies., Hg., Theologie und Vergangenheitsbewältigung. Eine kritische Bestandsaufnahme im interdisziplinären Vergleich, Paderborn u.a. 2005, S. 56-70.

[86] Stegerwald an Eßer, 10.7.1940, zit. nach B. FORSTER, Stegerwald (wie Anm. 81), S. 611.

haben."[87] Stegerwald würde ein „Scherbengericht" über die Zentrumspolitik der Vergangenheit halten und seine früheren Positionen „würdelos" verraten.[88] „Sowohl in weltpolitischer als auch in kirchenpolitischer Hinsicht" könne er seinen ehemaligen Parteifreund daher nicht mehr verstehen.[89] Er habe mit Stegerwald verabredet, gemeinsam Pieper in Paderborn zu besuchen, um „ in eingehender Beratung mit [Pieper] eine gemeinsame Basis für unsere politischen Erinnerungen zu finden"[90].

Stegerwald sah die Dinge anders. Er teilte Eßer unverblümt mit, dass dieser mit A. Pieper, dessen Meinungen über den NS-Staat und die katholische Kirche er kannte, „über das Wetter plaudern" könne, aber ansonsten wusste er Pieper auf seiner Seite. Offensichtlich hatten die beiden ehemaligen Zentrumspolitiker bei ihren schriftlichen und mündlichen Kontakten – Stegerwald hatte den kranken Pieper z.B. 1938 in Mönchengladbach mehrfach besucht – eine Reihe von Übereinstimmungen in ihrer Einschätzung der außen- und kirchenpolitischen Lage, der Natur des Nationalsozialismus und des Verhältnisses von katholischer Kirche und nationalsozialistischem Staat festgestellt.[91] Beide begrüßten den „Anschluss" Österreichs und die aggressive Politik Hitlers in der Sudetenkrise des Jahres 1938. Auch in der Einschätzung des anfänglich erfolgreichen Krieges, in welchem sie eine berechtigte Revision des ‚Versailler Diktates' sahen, sowie des erwarteten Sieges, welcher den Einfluss von England und Frankreich in Kontinentaleuropa zugunsten des Großdeutschen Reiches zurückschneiden würde, stimmten beide überein. Gerade angesichts der außenpolitischen Erfolge des Jahres 1938 warf Stegerwald den deutschen Bischöfen unkluges Verhalten gegenüber dem NS vor, zumal er, genau wie Pieper, seit dem Gewerk-

---

[87] Eßer an Pieper, 19.5.1941.
[88] Eßer an Pieper, 17.6.1941.
[89] Eßer an Pieper, 1.2.1941.
[90] Eßer an Pieper, 13.3.1941.
[91] Vgl. zum Folgenden B. FORSTER, Stegerwald (wie Anm. 81), S. 611-618.

schafts- und Integralismusstreit vor dem Ersten Weltkrieg ein
tiefsitzendes Misstrauen gegen die politische Betätigung des
deutschen Episkopats hegte und eine stärkere Berücksichtigung
von Laien auch bei innerkirchlichen Entscheidungsprozessen
befürwortete. Da Pieper seit 1939 in Paderborn lebte, forderte
Stegerwald seinen Freund mehrfach auf, Stegerwalds Vorschläge
für eine Neujustierung des Verhältnisses zwischen katholischer
Kirche und NS-Staat zunächst an die Fuldaer Bischofskonferenz,
ab Herbst 1941 an den neuen Erzbischof von Paderborn Lorenz
Jaeger, weiterzuleiten, wobei es allerdings punktuell zu unterschiedlichen Beurteilungen der Lage gekommen zu sein scheint.

Dennoch stimmten Stegerwald und Pieper in der Einschätzung der kirchenpolitischen Situation in Deutschland im Zeitraum 1938-1942 insgesamt weitestgehend überein.[92] Stegerwald
konzedierte zwar, dass „das religiöse Erziehungsmonopol der
Kirche in Gefahr" sei, aber die katholische Amtskirche – und da
rannte er bei Pieper offene Türen ein – trage daran ein gerütteltes
Maß an Schuld. Sie könne mehr Einfluss auch im „totalitären
Staat" gewinnen, „wenn die Kirche das deutsche nationale Ein-
heitsstreben, das bei Gott allen anderen Großvölkern bereits Realität ist, begreift und sich in dieses Streben politisch einschaltet.
Daß sie das bei den einmaligen Vorgängen von 1938 nicht getan
hat, war ein großes Versäumnis und hat sich bereits in den letzten Jahren verhängnisvoll ausgewirkt."[93] Auf diesen wunden
Punkt kam er in seiner Korrespondenz mit Pieper immer wieder
zurück. In seinem Exposé vom Juni 1940 verurteilte er die Stellungnahme der Fuldaer Bischofskonferenz als „schärfste[n] Hir-

---

[92] So formulierte Stegerwald z.B. in einem Briefentwurf (o.D., wahrscheinlich
1941/42): „Pieper steht 150 % auf meinem Standpunkt – er geht weiter als
ich – und sagt, die gegenwärtigen Auseinandersetzungen müssen auch im
Interesse der Läuterung und Bewährung der Kirche bis zum bitteren Ende
ausgetragen werden, sonst kämen wir nie aus Halbheiten heraus." ACDP,
Nl Stegerwald 011/2, Nr. 1199, Bl. 6.
[93] Stegerwald an Pieper, 15.3.1941.

tenbrief, der jemals von deutschen Bischöfen zur Verlesung auf
deutschen Kanzeln herausgegeben worden ist"[94]. Dadurch sei
„die letzte innenpolitische Bremse gegen die kulturpolitischen
Radikalinskys [in der NSDAP; WN] zerbrochen" worden, und
die Schuld an diesem Dilemma sah er eindeutig bei den deutschen Bischöfen: „Deutschland hat z. Zt. keinen führenden Bischof, der die Kraft besitzt für die Neugestaltung dieser Dinge.
Von Laien lassen sich die deutschen Bischöfe nichts sagen. Und
so nimmt das Verhängnis seinen Lauf."[95] Auch von Eßers prinzi-
piellen Bedenken gegen das nazistische Neuheidentum ließ er
sich nicht von seinen Überzeugungen abbringen: „Mit statischer
Juristerei ist indes in säkularen revolutionären Wendepunkten,
großen dynamischen Zeitströmungen und Bewegungen, wie der
Nationalsozialismus eine solche darstellt, nicht beizukommen."[96]
Wie Pieper ging Stegerwald davon aus, dass Deutschland den
Krieg gewinnen würde, und *nach* einem solchen Endsieg würden
es die Nazis nicht mehr nötig haben, in irgendeiner Form auf die
Kirchen Rücksicht zu nehmen.[97] Daher war Pieper wie Steger-
wald der Meinung, die katholische Kirche müsse *während* des
Krieges mit dem NS ein für sie akzeptables Abkommen über
kirchlich-religiöse Rechte aushandeln, denn Hitler könne „auf der
Höhe des Krieges [...] daran liegen, daß er eine Handlung der

---

[94] Stegerwald an Pieper, 2.6.1940, in: ACDP, Nachlass Adam Stegerwald,
014/3, Bl. 5 (Hervorhebung im Original).
[95] Ebd., Bl. 6.
[96] Stegerwald an Eßer, Ende 1941, zit. bei H. J. SCHORR, Stegerwald (wie
Anm. 81), S. 274.
[97] Stegerwald an Pieper, 17.12.1940. Diese Sicht war zum Teil durchaus richtig, denn z.B. Hitler und Goebbels wollten angesichts des Protests in Teilen
der katholischen Bevölkerung gegen den „Klostersturm" und das Eutha-
nasieprogramm weitere Maßnahmen gegen die katholische Kirche vor dem
Hintergrund des Krieges gegen die Sowjetunion auf die Zeit nach dem Krieg
zurückstellen. Vgl. Wolfgang STÜKEN, Hirten unter Hitler. Die Rolle der
Paderborner Erzbischöfe Caspar Klein und Lorenz Jaeger in der NS-Zeit,
Essen 1999, S. 132-135.

Hochherzigkeit vollzieht".[98] In diesem Punkt wollte Pieper daher gegenüber den Nazis wahrscheinlich nicht ganz so weit gehen wie Stegerwald, der offensichtlich bereit war, der NS-Führung weiter entgegen zu kommen, da die Vergangenheit gezeigt habe, dass kirchliche Prinzipienreiterei und klerikales Beharren auf früheren Positionen nur negative Folgen gehabt hätten. Zu Piepers 75. Geburtstag gratulierte er diesem und bestärkte ihn in seiner Meinung, er habe schon vor 1933 die richtige Strategie gegen den NS empfohlen, sei aber vom klerikalen Establishment übergangen worden, was sich nun räche:

> „Bischöfe und Klerus wollten allmählich von dem lästigen Mahner nichts mehr wissen. Nun kam das Gewitter, gegen das auch von der Kirche keine ausreichenden Vorbereitungen und Vorkehrungen getroffen wurden. Und nun macht alles in hilflosen und resignierten Pessimismus. Der ebenso falsch ist wie das bisher Verabsäumte falsch war."[99]

An Eßer gerichtet formulierte er seinen diesbezüglichen Standpunkt: „Mit bloßer Untätigkeit und mit Ressentiments ist nur eins sicher: daß alles umgekehrt läuft."[100] Da er sich mit Eßer über die

---

[98] Pieper an Stegerwald, o.D., im Zusammenhang mit seinem *„Entwurf einer Erklärung der katholischen Kirchenführung"*, um die ihn Stegerwald gebeten hatte, um diesen dann in überarbeiteter Form dem Paderborner Erzbischof Lorenz Jaeger über Pieper zuzuleiten. Vgl. zum gesamten Vorgang die Korrespondenz zwischen Stegerwald, Pieper und Jaeger in NIP 176 sowie B. FORSTER, Stegerwald (wie Anm. 81), S. 613-618.

[99] Stegerwald an Pieper, 15.3.1941.

[100] Zit. nach SCHORR, Stegerwald (wie Anm. 81), S. 277; SCHORR, ebd., S. 275, ist der Meinung, dass auch Stegerwald glaubte, „die Kirche könnte in einer Zeit größter kriegerischer Anspannung durch Verhandlungen mit der nationalsozialistischen Führung einen unpolitischen Raum eigenständigen Wirkens aushandeln". Das scheint jedoch sowohl Piepers als auch Stegerwalds Position zu beschreiben: vgl. oben Anm. 94 u. 95. Daher ist Schorrs Einschätzung, Piepers „Einfluß auf Stegerwald [sei] als ungünstig" anzusehen, m. E.

Frage des Verhältnisses zum NS entzweit hatte und seine früheren Versuche, den deutschen Bischöfen in deren Augen akzeptable Entwürfe für das angestrebte bessere Zusammenleben von katholischer Kirche und nationalsozialistischem Staat vorzulegen, in den Jahren 1939-40 erfolglos geblieben waren[101], bat Stegerwald Pieper um einen schriftlichen Vorschlag für einen neuen Entwurf zum Verhältnis von Staat und Kirche, den er überarbeiten und dann dem neuen Paderborner Erzbischof Lorenz Jaeger zuleiten wollte.[102] In Piepers Nachlass befindet sich nur ein undatierter, fünf Punkte enthaltender, sehr devoter Entwurf, der an Forderungen lediglich den Punkt der Parität der Katholiken forderte, denn diese wünschten, „in Reich und Gemeinde als gleichberechtigte Bürger und Volksgenossen zugezogen zu werden bei allen Arbeiten für das Gemeinwohl".[103]

In einem ebenfalls undatierten handschriftlichen Exposé im Nachlass Stegerwalds[104] geht Pieper kaum über schon vorher Gesagtes hinaus. Der NS habe, ablesbar an den Wahlergebnissen von 1933, in den Augen der Mehrheit der Deutschen allein die

---

nicht haltbar. Stegerwald hatte seine Position zum Verhältnis von NS-Staat und katholischer Kirche offensichtlich schon vor seiner diesbezüglichen Korrespondenz mit Pieper eingenommen.

[101] Vgl. B. FORSTER, Stegerwald (wie Anm. 81), S. 615f.

[102] Stegerwald hielt den gerade ernannten Paderborner Erzbischof auch deshalb für einen geeigneten Ansprechpartner, weil ihm A. Pieper mitgeteilt hatte, der frühere Soldatenseelsorger Jaeger habe „sich bestens eingeführt durch seine Lebendigkeit, Lebensnähe und wahre Offiziertugend in seiner Rede". Die Jugend sei von ihm begeistert, und Jaeger distanziere „sich auch schon von dem geistigen Leerlauf im Klerus". Briefentwurf Stegerwalds, o.D., in: ACDP, Nl Stegerwald, Nr. 1199, Bl. 6.

[103] NIP Nr. 176, o.D. (wahrscheinlich Frühjahr 1942), Punkt 4. – Vgl. den Abdruck dieses „Entwurfs" im → Quellenteil B: Nr. 9, dieses Buches.

[104] „Das Dritte Reich als totalitärer Nationalsozialismus wertet die christlichen Kirchen als private Vereine staatstreuer Bürger. Es untersagt ihnen jede Bekämpfung der vom Reiche betätigten naturalistischen Weltanschauung." ACDP, Nachlass Stegerwald 011/2, o.D. [wahrscheinlich Frühjahr 1942].

Kraft aufgebracht „zur Verhütung der Herrschaft des Bolschewismus im deutschen Volke". Da „der Klerus sich nachdrücklich
gewehrt" habe gegen die Herrschaft des NS, dürfe er „sich nicht
darüber wundern, daß nun das Dritte Reich die Kirchen nicht als
öffentliche Mächte" behandele und mit ihnen keine „Freund-
schaftsbündnisse" schlösse. Interessant ist eine vermeintliche
Parallele, die Pieper in der Geschichte des Verhältnisses zwischen
Kirche und Staat in Deutschland zwischen Kaiserreich und Drit-
tem Reich zieht:

„Demgegenüber sollte der Klerus, welcher heute dem Dritten
Reiche die kalte Schulter zeigt, sich erinnern, daß im Kulturkampfe Windthorst in Übereinstimmung mit Papst Leo XIII.
Bismarck zur Einstellung der scharfen Kampfmaßnahmen gegen die Katholische Kirche moralisch zu nötigen suchte dadurch, daß die Katholiken in den Parlamenten sich unentbehrlich zu machen suchten zur rückhaltlosen Mitarbeit an der Erfüllung nationaler Lebensnotwendigkeiten."[105]

Die Tatsache, dass Pieper und Stegerwald „bei diesem Vergleich
Bismarck als den Gegner Windthorsts auf eine Ebene mit Hitler
stellte[n], verdeutlicht, von welch unrealistischen Voraussetzun-
gen [sie] ausging[en]."[106]

Im Anhang an ein weiteres Schreiben vom 13.2.1942 schlug
Pieper für Stegerwalds Exposé für die Bischöfe außerdem noch
vor, die „hunderte von harmlosen Geistlichen und Laien", die
nur aus Unkenntnis der Natur des Nationalsozialismus „Kampf-
methoden" des Kulturkampfes angewendet hätten und daher

---

[105] Dieser Gedanke, dass die Katholiken mit dem NS kooperieren sollten wie
sie das zu Kulturkampfzeiten unter der Führung Windthorsts auch mit dem
Bismarckreich getan hätten, findet sich auch in mehreren Briefen Stegerwalds in den Jahren 1940/41: vgl. B. FORSTER, Stegerwald (wie Anm. 81), S.
614, Anm. 40.
[106] EBD., S. 614.

nun im Gefängnis wären, zu erwähnen. Es möge der nationalsozialistische Staat diesen Katholiken die Freiheit schenken, da die
Einkerkerung für beträchtliche „Gewisssensbedrängnis" im katholischen Kirchenvolk geführt habe.[107] Aber selbst diese maßvol-
le Bitte ging Stegerwald zu weit. Am 2.4.1942 schrieb er daher an
Pieper, dass er dessen Vorschlag im Hinblick auf Freilassung
katholischer Regimegegner zwecks Vermeidung von Unruhe im
katholischen Kirchenvolk nicht folgen könne, wobei dem in Berlin lebenden Stegerwald noch immer beste Verbindungen zu politischen und kirchlichen Kreisen bei seiner Einschätzung der
Lage zugutekamen:[108]

„Der Vorschlag hinsichtlich des Aufruhrs wird sich z. Z. nicht
realisieren lassen. Ihnen ist anscheinend nicht bekannt, daß,

---

[107] *„Bekenntnis eines kirchlich denkenden Laien"* im Anhang zu Piepers Schreiben an Stegerwald, 13.2.1942, in: ACDP, Nl Stegerwald, 011/2, Bl.1 (vgl. die
Textdokumentation im → Quellenteil B: Nr. 8).
[108] Stegerwald an Pieper, 2.4.1942, ACDP, Nl Stegerwald, 011/2. – Seit der
Fuldaer Bischofskonferenz vom August 1940 herrschte auch bei den dort
anwesenden Bischöfen Uneinigkeit über die den Nazis gegenüber einzu-
schlagende Taktik. Während der Berliner Bischof Konrad von Preysing bereit war, öffentlich das gläubige Kirchenvolk zu mobilisieren, stand die
Mehrheit der Bischöfe hinter dem vor einem Konflikt mit dem NS-Regime
zurückscheuenden Breslauer Kardinal Adolf Bertram: Vgl. Antonia LEUGERS,
Gegen eine Mauer bischöflichen Schweigens. Der Ausschuß für Ordensan-
gelegenheiten und seine Widerstandskonzeptionen 1941 bis 1945, Frankfurt
a.M. 1996, bes. S. 83-106; DIES., Positionen der Bischöfe zum Nationalsozialismus und zur nationalsozialistischen Staatsautorität, in: Rainer Bendel,
Hg., Die katholische Schuld? Katholizismus im Dritten Reich zwischen Arrangement und Widerstand, Münster, 2. erw. Aufl. 2004, S. 122-142, hier S.
124-133; Heribert GRUß, Erzbischof Lorenz Jaeger als Kirchenführer im Dritten Reich. Tatsachen – Dokumente – Entwicklungen –Kontext – Probleme,
Paderborn 1995, bes. S. 139-199; Wolfgang STÜKEN, Hirten unter Hitler. Die
Rolle der Paderborner Erzbischöfe Caspar Klein und Lorenz Jaeger in der
NS-Zeit, Essen 1999, S. 152-155. – Auf die kontroverse Diskussion der Rolle
Jaegers kann hier nicht weiter eingegangen werden.

nachdem im August 1938 der bekannte scharfe Hirtenbrief erschienen war, die deutschen Bischöfe allmählig selbst zu der Überzeugung gelangten, daß wieder ein Ausweg gesucht werden müsse. Zu diesem Zweck hat der Präses der deutschen Bischofkonferenz 1½ Jahre später und zwar im April 1940 aus Anlaß des Geburtstages des Führers, diesem einen Brief geschrieben, in dem all das gesagt worden ist, das sie in ihrem Aufruf für erforderlich halten. Die Antwort des Führers war im Ganzen nicht ungünstig. Trotzdem [...] wurden [...] keine Folgerungen gezogen. Bei solcher Sachlage hat z. Z. ein ähnlicher Aufruf keine Wirkung."

Postwendend stimmte Pieper zu und nahm seinen Vorschlag, eventuell die vermeintliche Gunst der Kriegszeit für eine stärker fordernde Position gegenüber dem NS einzunehmen, zurück: „Die Darlegungen waren mir neu und rechtfertigen die Ablehnung meines Vorschlages, der durch frühere Vorgänge überholt ist. Bleiben Sie deshalb den von Ihnen eingeleiteten Schritten treu."[109] Stegerwald wartete auf eine Einladung des Paderborner Erzbischofs Lorenz Jaeger, um zu einem Gespräch nach Paderborn zu kommen und dabei auch Pieper zu besuchen. Die Kontaktaufnahmen Stegerwalds, der mehrere Exposés über das ihm vorschwebende Verhältnis von Staat und katholischer Kirche an Pieper geschickt hatte und denen dieser „vollauf" zustimmte,[110] um sie dann durch seine Schwester anonym im „Bischofshause" abgeben zu lassen,[111] erwiesen sich allerdings als äußerst schwierig. Erzbischof Jaeger zeigte kaum Interesse an Stegerwalds Vorstellungen einer Neuausrichtung der katholischen Kirche in ihrem Verhältnis zum nationalsozialistischen Staat. Zwar wünsche auch er eine „vertrauensvolle Zusammenarbeit" zwischen Staat

---

[109] Pieper an Stegerwald, 4.4.1942, in: ACDP, Nl Stegerwald, 011/2, Nr. 1197.
[110] Vgl. Pieper an Stegerwald, 13.2.1942; 22.2.1942, ebd., Nr. 1196.
[111] Pieper an Stegerwald, 22.31942; 4.4.1942, ebd., Nr. 1197.

und Kirche, aber er fügte skeptisch hinzu: „Nur sieht niemand
mehr heute einen Weg dazu, nachdem das gegenseitige Mißtrau-
en so abgrundtief geworden ist und jede Brücke zu einer Verständigung abgebrochen zu sein scheint."[112] Auch Stegerwalds
erneute Vorschläge zur Reorganisation der katholischen Kirche in
Deutschland, zu verstärkter Einflussnahme von Laien sowie –
erneut – zum Verhältnis von Staat und Kirche wies er in einem
langen Schreiben detailliert zurück und weigerte sich weiterhin
Stegerwald zu empfangen.[113] In der Zwischenzeit hoffte Stegerwald, mit dem in Kirchendingen gemäßigten Flügel der NSDAP
im Gespräch zu bleiben, was angesichts des von den deutschen
Bischöfen an den Tag gelegten Verhaltens allerdings schwierig
sei, da in der NSDAP „gegenwärtig der radikale Flügel das Feld
beherrsch[t]", wie er im Sommer 1942 August Pieper – kurz vor
dessen Tod – mitteilte:

„Meine Bestrebungen gingen seit Jahren dahin, die Kirche
möge durch ihr Verhalten den gemäßigten Flügel im anderen
Lager stärken und damit einem kirchenpolitischen modus vi-
vendi entgegensteuern. Das Entgegengesetzte ist geschehen,
so daß im Augenblick alles festgefahren ist. In neuerer Zeit
war meine Konzeption: Die Kirche möge den ungeheuren Fehler wieder korrigieren, den sie gelegentlich der Sudetendeut-
schen Krise im Herbst 1938 begangen und womit sie dem radikalen Flügel sehr stark Wasser auf die Mühle geleitet hat.
Dazu bestand vor einigen Monaten ein äußerer Anlaß, der,
trotz Anregung und ausgearbeiteten Unterlagen, wieder nicht
genutzt worden ist. Wenn die gegenwärtige Offensive im Os-
ten gelingt, dann bedeutet dies voraussichtlich die Kriegsentscheidung, wenn auch noch nicht das Kriegsende. Nach einer

---

[112] Jaeger an Stegerwald, 17.3.1942, Kopie im NlP, Nr. 176.
[113] Jaeger an Stegerwald, 20.4.1942, in: ACDP, Nl Stegerwald, 011/2, Nr.
1200; vgl. auch B. FORSTER, Stegerwald (wie Anm. 81), S. 618, Anm. 52 u. 54.

Kriegsentscheidung sehe ich vorerst keinen Weg, wie die ver-
paßten Gelegenheiten wieder ausgeglichen werden sollen.
Näheres mündlich."[114]

Zu diesem hier angekündigten Gespräch zwischen Adam Stegerwald und August Pieper ist es nicht mehr gekommen. In seinem letzten Brief an Pieper teilte Stegerwald dem in Paderborn
ans Bett gefesselten Freund mit, er würde nicht nach Paderborn
kommen, da ihn Erzbischof Jaeger noch immer nicht eingeladen
habe und er „eine neue Niederlage in der erörterten Angelegenheit", d.h. eine schriftliche Fixierung der Vorstellungen der Bischöfe über das Verhältnis zwischen katholischer Kirche und NS-
Staat, vermeiden möchte.[115] Wenige Wochen nach Erhalt dieses
Briefes starb August Pieper und wurde auf dem Friedhof seines
Geburtsortes Eversberg beigesetzt. Auch die Pläne Stegerwalds in
Richtung eines noch regimefreundlicheren Kurses des deutschen
Episkopats verliefen angesichts seiner immer stärker werdenden
Isolierung im Kreise seiner ehemaligen politischen Weggefährten
im Sande.[116]

---

[114] Stegerwald an Pieper, 14.7.1942.
[115] Stegerwald an Pieper, 4.8.1942.
[116] Vgl. T. FORSTER, Stegerwald (wie Anm. 81), S. 619ff.

Dr. August Pieper (1866-1942), Altersbildnis – Repro: Dr. M. A. Sorace

6. Gründe für Piepers partielle Identifizierung
mit dem Nationalsozialismus ab 1933

Wenn wir uns abschließend fragen, warum Pieper in seinem letzten Lebensjahrzehnt ins Lager des NS überlief, bieten sich zwei – sich teilweise berührende oder überschneidende – Erklärungsbündel an.

Zum *einen* kann man versuchen, A. Piepers persönliche Lage, seinen Gesundheitszustand, seine Sozialkontakte und Befindlichkeit zu analysieren. Dazu werden hier einige autobiographische Skizzen aus seinem Nachlass herangezogen, die relativ eindeutige Einblicke in seine Gefühlswelt erlauben.[117] Dennoch ist an dieser Stelle zuzugeben, dass aus Mangel an Kenntnissen des Verfassers auf eine psychologische oder gar psychoanalytische Deutung verzichtet wird.

Um mit einer profanen Feststellung zu beginnen: Ganz offensichtlich hielt Pieper seine finanzielle Altersversorgung angesichts seines Lebenswerks für unangemessen, als er 1934 festhielt: „Mein Bischof bewilligte mir eine Vikarspension"[118], und an einer anderen Stelle sprach er sogar von „Almosen"[119].

Eine Ursache, dass er keine Pfarrstelle antreten konnte, lag in seiner Sehschwäche, die im Laufe der Zeit so gravierend wurde,

---

[117] Am 1.11.1934 schrieb er in seinem Manuskript „Gnädige Fügungen in meinem Leben" (NlP Nr. 21, S. 4): „Zur Verständlichmachung meiner Lebensarbeit lasse ich einige Schriften folgen."

[118] Ebd., S. 2.

[119] NlP, Nr. 21, „Die Entwicklung meines geistigen Lebens", Zusatz vom 5.3.1934, Bl. 13. – In der Tat gab es einen Schlüssel, nach welchem 11 Diözesen jährlich Geld in einen Fonds einzahlten, aus welchem Pieper monatlich 300 Reichsmark bezog: vgl. Klein (wie Anm. 7), S. 298, Anm. 10. Allerdings stellte ihm der Volksverein kostenlos eine Dienstwohnung in Mönchengladbach zur Verfügung. – Pieper hatte es versäumt, nach der Hyperinflation von 1923 Beiträge in die Pensionsversicherung bzw. Ruhegehaltskasse einzuzahlen: Ebd. S. 298, Anm. 9.

dass er seit 1934 das Haus kaum noch allein verlassen konnte.[120] Nach dem Tode seines Freundes Johannes Giesberts im Jahre 1938 zog er im März 1939 nach Paderborn, wo er bis 1937 zahlreiche Artikel im Bistumsblatt „Leo" veröffentlicht hatte, dessen Schriftleiter sein ehemaliger Volksvereinsmitarbeiter Johannes Hatzfeld war. Dort verschlechterte sich sein Gesundheitszustand weiter, er litt an Gallenbeschwerden und Herzschwäche, so dass er täglich nur noch kurze Zeit arbeiten konnte, bis ihn ab Januar 1941 ein Oberschenkelhalsbruch bis zu seinem Tode an das Bett fesselte.[121]

Als wenigstens ebenso schwerwiegend wie seine körperlichen Gebrechen erwiesen sich seine psychosozialen Probleme. Er erkannte richtig, dass seine Positionen nach dem Weltkrieg im Volksverein nicht mehr akzeptiert worden waren: „Man hat mich überhört, behindert, kaltgestellt."[122] Auch seine Einschätzung, dass die Erfolgsgeschichte des Volksvereins unwiderruflich ein Ende gefunden habe, ist zutreffend: „Nun ist die Welt, der ich diente, versunken."[123] Weniger sicher scheint mir zu sein, ob auch sein Zusatz: „Dank der Gnade Gottes [...] trage ich mein ‚Scheitern' ruhig", zutrifft, denn man kann viele seiner Ausarbeitungen auch als Protest gegen dieses in seinen Augen unverdiente „Scheitern" verstehen. Die Schuld an diesen „Mißerfolgen [s]einer Lebensarbeit im Volksverein",[124] wo er nach eigener Einschätzung „auf einem harten, oft felsigen Boden"[125] gearbeitet hätte, trügen die deutschen Bischöfe sowie die „vom Vatikan

---

[120] T. DAHMEN, Pieper (wie Anm. 2), S. 14, Anm. 27.

[121] H. HEITZER, Pieper (wie Anm. 16), S. 132.

[122] NIP, Nr. 21, 23.2.1934: „Die Entwicklung meines geistigen Lebens", Zusatz vom 5.3.1934, Bl. 12.

[123] NIP, Nr. 21, 1.11.1934: „Gnädige Fügungen in meinem Leben", Bl. 4.

[124] NIP, Nr. 7, 11.6.1939: „Die Mühsal meiner Lebensarbeit im Volksvereinshause", Bl. 18.

[125] Ebd., Bl. 1.

geforderte Katholische Aktion".[126] So tröstete er sich, indem er
sich einredete, seine Arbeit sei kein „gänzlicher Mißerfolg" gewesen, denn er sei der „Vorläufer der Erneuerung von Volksgemeinschaft geblieben", und diese Tatsache mache ihn „innerlich
unendlich reich"[127]. Dennoch war er in seinen Briefen an Adam
Stegerwald ehrlich genug, seine soziale und intellektuelle Isolierung in Paderborn zuzugeben. Im Frühjahr 1941 beklagte er, dass
in Paderborn keine Gesprächspartner vorhanden seien, mit denen
er seine Gedanken austauschen könne: „Hier ist niemand, der sie
verstehen könnte." Ein knappes Jahr später hielt er fest: „Ich fin-
de hier niemanden, mit dem ich mich über die Zeitfragen austauschen kann."[128] Auch sein Lieblingsthema stieß mitten im Krieg
auf wenig Interesse in seiner neuen Umgebung: „Noch niemand
hat mich hier, wo ich drei Jahre wohne, auf meine Lebensarbeit in
Volksgemeinschaft und Staatsnation angesprochen."[129]

Es gab noch einen weiteren Bereich, der ihn im Alter zunehmend frustrierte: Zeit seines Erwachsenenlebens hatte sich der
Verfasser zahlreicher Bücher nicht nur als Volksvereinsfunktio-
när und Zentrumspolitiker, sondern auch als Sozialwissenschaftler und Intellektueller verstanden. Zwar versuchten seine Briefpartner, ihn in dieser Sicht zu bestätigen[130], aber schon im Jahre

---

[126] Ebd., Bl. 3.

[127] NIP, Nr. 7, 11.6.1939: „Die Mühsal meiner Lebensarbeit im Volksvereinshause", Bl. 18, 20.

[128] ACDP, Pieper an Stegerwald, 22.3.1941; 22.2.1942: Nl Stegerwald, 011/2,
Nr. 1196.

[129] Pieper an Stegerwald, 12.5.1942, zit. nach Helmut J. Schorr, Stegerwald
(wie Anm. 81), S. 281.

[130] Vgl. z.B. Thomas Eßers Komplimente in seinen Briefen an Pieper vom
27.8.1938 und 1.2.1941 in: NIP, Nr. 81, und Stegerwalds hymnischen Lobge-
sang auf Pieper, dieser sei einer „der tiefschürfendsten und nüchternsten
Gesellschaftswissenschafter, den das katholische Lager in Deutschland seit
langer Zeit hervorgebracht" habe: NIP, Nr. 176, Stegerwald an Pieper,
15.3.1941. – Dagegen bleibt festzuhalten, dass spätestens seit Beginn der

1934 stellte er dennoch resigniert fest, dass die „Bücher, die ich
nach 1919 schrieb", nur noch in einigen wenigen Büchereien
stünden und ansonsten in einigen Antiquariaten als Staubfänger
dienten: „Heute sind sie völlig tot, unverstanden."[131]
Zusammenfassend kann man August Pieper am Ende seines
Lebens als schwer kranken, einsamen, teilweise verbitterten, sich
unverstanden fühlenden Greis sehen, der verzweifelt versuchte
sich einzureden, dass er schon frühzeitig jene ‚Volksgemeinschaft' gefordert habe, welche die Nazis in seinen Augen dann
nach 1933 durchsetzten.[132] Dabei klammerte er realitätsblind alle
jene gar nicht zu übersehenden Elemente der NS-Diktatur aus,
die mit seinen teilweise naiven politischen und gesellschaftlichen
Vorstellungen der 20er Jahre unvereinbar waren.[133] Was Bernhard Forster über Adam Stegerwald schreibt, trifft auch auf August Pieper zu:

„Seine umfangreichen Exposés und Briefe zum Verhältnis von
Staat und Kirche glichen über weite Strecken einer therapeuti-
schen Auseinandersetzung mit seiner eigenen Biographie, für
deren zahlreiche Niederlagen er in einseitiger Verengung
vermeintliche Widerstände des katholischen Klerus verantwortlich machte."[134]

1930er Jahre Piepers Schriften nicht mehr als sozial*wissenschaftliche* Arbeiten
angesehen werden können.

[131] NlP, Nr. 21, Text 3, Zusatz vom 5.3.1934, Bl. 17.

[132] Auch hierin wurde er von Eßer („Es wird die Zeit kommen, daß Ihre
Arbeit für die Gesundung des deutschen Volkes und des christlichen Lebens
in Volk und Staat als wegweisend anerkannt wird": 1.2.1941, NlP, Nr. 81)
und Stegerwald („Ich kenne keinen zweiten Menschen in unserem ehemaligen Freundeskreis, der durch die Vorgänge der Gegenwart so hundertpro-
zentig gerechtfertigt ist, wie Dr. P.[ieper]": 15.3.1941, NlP, Nr. 176) unterstützt.

[133] Vgl. H. HEITZER, Pieper (wie Anm. 16), S. 131; D. GROTHMANN, „Verein"
(wie Anm. 8), S. 448.

[134] B. FORSTER, Stegerwald (wie Anm. 81), S. 615.

Es gibt noch einen *zweiten* Bereich, der A. Piepers Anfälligkeit für Elemente der NS-Ideologie erklären kann. Seit Ernst-Wolfgang Böckenfördes berühmtem ‚Hochland'-Aufsatz aus dem Jahre 1961 steht die These im Raum, dass Elemente des politischen Katholizismus mehr oder weniger große Schnittmengen mit der nationalsozialistischen Weltanschauung aufweisen.

„Um das Jahr 1933 war in weiten Kreisen des deutschen Katholizismus eine ideologische Befangenheit und Wirklichkeitsferne erreicht, die auch in der NS-Bewegung, nur weil sie sich sehr betont als antiliberalistisch und antimarxistisch begriff und sich zahlreicher Vokabeln des ‚organischen' Denkens bediente, einen willkommenen Bundesgenossen im Kampf gegen den ‚liberalen Ungeist' und für eine christliche, die ‚volle Verwirklichung des Naturrechts' bringende Ordnung sehen ließ. Wo immer man in der NS-Terminologie gleiche Vokabeln fand, wie etwa ‚naturhafte Volksordnung', ‚ständisch-organischer Staatsaufbau', ‚Gemeinschaftsgebundenheit', ‚Volkstum', ‚Autorität', ‚Reich', setzte man auch die gleiche Sache voraus und glaubte, den Anbruch einer neuen und besseren – Jahrhunderte alte Irrtümer korrigierenden – Ordnung zu erleben. Das Mißverständnis zur geschichtlichen Realität konnte nicht größer sein."[135]

Diese „Affinitätsthese" hat sich trotz aller Kritik[136] als äußerst fruchtbar für die Forschung erwiesen, wie zahlreiche Lokal- und

---

[135] Ernst-Wolfgang BÖCKENFÖRDE, Der deutsche Katholizismus im Jahre 1933. Eine kritische Betrachtung, in: Hochland 53. Jg. (1961), S. 215-239, wiederabgedruckt in: ders., Der deutsche Katholizismus im Jahre 1933. Kirche und demokratisches Ethos. Mit einem historiographischen Rückblick von Karl-Egon Lönne, Freiburg 1988, S. 39-69, Zitat S. 66f.
[136] Vgl. Ernst-Wolfgang BÖCKENFÖRDE, Der deutsche Katholizismus im Jahre 1933. Stellungnahme zu einer Diskussion, in: ebd., S. 71-104, bes. S. 71, Anmerkung 1.

Regionalstudien beweisen.[137] Nicht zuletzt – und dies sei hier nur am Rande vermerkt – kannte August Pieper das Verführungspotential der NS-Ideologie für Katholiken anhand der Aktionen seines eigenen Bruders Lorenz, der als überzeugter Propagandaredner für Hitler und die NSDAP in katholischen Kreisen Münchens, Oberbayerns und Schwabens 1923 für Aufsehen gesorgt hatte.[138] Die Attraktivität gewisser Elemente der NS-Ideologie[139] für August Pieper lässt sich spätestens anhand seiner Schriften aus der Zeit ab 1933 belegen. Dabei ist jedoch sogleich darauf hinzuweisen, dass bestimmte hier angesprochene Ideen, Weltbilder und ideologische Versatzstücke nicht einzig und allein vom Zentrum, der politischen Rechten oder den Nazis vor 1933 vertreten und postuliert wurden.

Dies gilt z.b. für Piepers Lieblingsidee seit dem Ende des Kaiserreichs, die Schaffung einer nationalen ‚Volksgemeinschaft'. Über kaum ein anderes Problem der wissenschaftlichen Analyse des Nationalsozialismus ist in jüngster Zeit so viel Tinte vergos-

---

[137] Vgl. z.b. Günter PLUM, Gesellschaftsstruktur und politisches Bewußtsein in einer katholischen Region 1928-1933. Untersuchung am Beispiel des Regierungsbezirks Aachen, Stuttgart 1972, bes. S. 165ff.; Gerhard PAUL, Klaus-Michael MALLMANN, Milieus und Widerstand. Eine Verhaltensgeschichte der Gesellschaft im Nationalsozialismus. Widerstand und Verweigerung im Saarland 1935-1945, Bonn 1995, bes. S. 56ff.; Oded HEILBRONNER, Die Achillesferse des deutschen Katholizismus, Gerlingen 1998, bes. S. 146ff. (für Südbaden); für das Sauerland vgl. Ottilie KNEPPER-BABILON, Der Kreis Meschede, in: Hochsauerlandkreis, Hg., Widerstand gegen die Nationalsozialisten im Sauerland, Brilon 2003, S. 15-100, bes. S. 23ff.
[138] Vgl. Derek HASTINGS, How „Catholic" was the Early Nazi Movement? Religion, Race, and Culture in Munich, 1919-1924, in: Central European History, 36/2003, S. 383-433; DERS., Catholicism and the Roots of Nazism. Religious Identity and National Socialism, Oxford 2010, bes. S. 119ff.; 126ff.
[139] Ohne Anspruch auf Vollständigkeit seien hier nur die Schlagwörter Antimodernismus, Antiliberalismus, Antiparlamentarismus, Antibolschewismus, Antijudaismus, Volksgemeinschaft, Reichsmystik und Führeridee genannt.

sen worden wie über die Untersuchung verschiedener Aspekte der vermeintlichen NS-Volksgemeinschaft.[140] Im Rahmen dieses Aufsatzes wird bewusst darauf verzichtet zu untersuchen, ob die postulierte ‚Volksgemeinschaft' – auch ohne Berücksichtigung von Angriffskriegen, Terror, „Euthanasie" und Holocaust – ihre tatsächliche Entsprechung in der sozialen Realität des NS-Staates fand.[141]

Dabei ist zu berücksichtigen, dass der Appell zur Bildung einer ‚Volksgemeinschaft' seit dem späten 19. Jahrhundert in der Rezeption von Ferdinand Tönnies' Buch *Gemeinschaft und Gesellschaft* (zuerst erschienen 1887) nicht nur von politisch rechts zu verortenden Parteien und Personen ausging.[142] Zwar hatten im Ersten Weltkrieg besonders völkisch-nationale Gruppierungen immer wieder die Herstellung einer in ihren Augen echten

---

[140] Allein fünf kürzlich erschienene Sammelbände enthalten Dutzende von Texten mit der jeweiligen Spezialliteratur: Detlef SCHMIECHEN-ACKERMANN, Hg., „Volksgemeinschaft": Mythos, wirkungsmächtige soziale Verheißung oder soziale Realität im „Dritten Reich"? Zwischenbilanz einer kontroversen Debatte, Paderborn u.a. 2012; Dietmar VON REEKEN, Malte THIEßEN, Hg., ‚Volksgemeinschaft' als soziale Praxis. Neue Forschungen zur NS-Gesellschaft vor Ort, Paderborn u.a. 2013; Hans-Ulrich THAMER, Simone ERPEL, Hg., Hitler und die Deutschen. Volksgemeinschaft und Verbrechen, Dresden 2010; Frank BAJOHR, Michael WILDT, Hg., Volksgemeinschaft. Neue Forschungen zur Gesellschaft des Nationalsozialismus, Frankfurt a.M. 2009; Manfred GAILUS, Armin NOLZEN, Hg., Zerstrittene „Volksgemeinschaft". Glaube, Konfession und Religion im Nationalsozialismus, Göttingen 2011.

[141] Vgl. hierzu neben der in Anm. 140 genannten Literatur Michael SCHNEI-DER, In der Kriegsgesellschaft. Arbeiter und Arbeiterbewegung 1939 bis 1945, Bonn 2014, bes. S. 871-893.

[142] A. Pieper selbst gibt zu, von Tönnies' Werk beeinflusst worden zu sein: vgl. „Die Entwicklung meines geistigen Lebens", in: NIP Nr. 21, 23.2.1934, Bl. 6f. – Zur sozialwissenschaftlichen Diskussion um Gemeinschaft und Gesellschaft vgl. Paul NOLTE, Die Ordnung der deutschen Gesellschaft. Selbstentwurf und Selbstbeschreibung im 20. Jahrhundert, München 2000.

‚Volksgemeinschaft' gefordert,[143] doch in den von militärischer
Niederlage, Revolution, Bürgerkrieg und separatistischen Bewegungen gekennzeichneten Anfangsjahren der Weimarer Republik
appellierten auch und gerade demokratische Parteien an das Ideal einer zu schaffenden nationalen und sozialen ‚Volksgemeinschaft'.[144]

Aber besonders rechte Parteien, Gruppen und Kulturkritiker
stellten der modernen bürgerlichen *Gesellschaft* , die in ihren Augen charakterisiert war von kapitalistischer Arbeitsteilung in
industriell geprägten Großstädten mit ihren entwurzelten Individuen, modernen Medien und Konsummöglichkeiten, die von
Bauern und Handwerkern geprägte vermeintlich ‚heile Welt'
vormoderner agrarischer *Gemeinschaften* mit ihren traditionalen
Familienstrukturen, ständischen Produktionsgenossenschaften
und religiösen Bindungen gegenüber. Dieses Denken war gerade
bei national-konservativen Katholiken um das Jahr 1933 weit
verbreitet, und ohne Zweifel gehörte August Pieper ins Lager der
„Gemeinschaftsapostel", wobei er jedoch – und das gilt für ihn
bis zu seinem Tode im Jahr 1942 – konsequent die Augen davor
verschloss, dass seine Gemeinschaftsrhetorik notwendigerweise
die Inklusion der Mehrheit des Volkes, das er nie genau definierte und differenzierte, einer ebenfalls nie benannten Minderheit

---

143 Vgl. Steffen BRUENDEL, Volksgemeinschaft oder Volksstaat. Die „Ideen
von 1914" und die Neuordnung Deutschlands im Ersten Weltkrieg, Berlin
2003; Gunther MAI, „Verteidigungskrieg" und „Volksgemeinschaft". Staatliche Selbstbehauptung, nationale Solidarität und soziale Befreiung in
Deutschland in der Zeit des Ersten Weltkrieges (1900-1925), in: Wolfgang
Michalka, Hg., Der Erste Weltkrieg. Wirkung, Wahrnehmung, Analyse,
München 1994, S. 583-602.
144 Jörn RETTERATH, „Was ist das Volk?" Volks- und Gemeinschaftskonzepte
der politischen Mitte in Deutschland 1917-1924, Berlin u. Boston 2016; Wolfgang HARDTWIG, Volksgemeinschaft im Übergang. Von der Demokratie zum
rassistischen Führerstaat, in: Detlef Lehnert, Hg., Gemeinschaftsdenken in
Europa. Das Gesellschaftskonzept „Volksheim" im Vergleich 1900-1938,
Köln u.a. 2013, S. 227-253.

gegenüberstellte, die von dieser Gemeinschaftsmehrheit (aus welchen Gründen auch immer) ausgeschlossen werden musste.[145] Die unabweisbare Logik, dass völkische Inklusion immer auch Exklusion bestimmter sozialer Gruppen bedeutete, hat der frühere Sozialwissenschaftler Dr. A. Pieper nie gesehen; für ihn war opferbereite Hingabe des Einzelnen und Aufgehen des Individuums im „Volksgemeinschaftskörper" der Garant einer verheißungsvollen nationalen Zukunft. Die nationale Einheit des Volkes hatte den Vorrang vor der individuellen Freiheit einzelner Bürger.

Das Ideal dieser „Volksgemeinschaft" war in August Piepers Augen ursprünglich ein freiheitlich-sozialer Rechtsstaat gewesen, der durchaus in einer monarchischen Staatsform organisiert werden konnte. Da aber das deutsche Volk sich in seinen Augen auf Grund von kleinstaatlichem Denken, klassengebundenen Parteien und klerikaler Interessenpolitik als unfähig erwiesen hatte, sich freiheitlich zu organisieren, blieb aus Piepers Sicht nur ein autoritärer ‚Führerstaat', der die von ihm ersehnte ‚Staatsvolksgemeinschaft' herbeiführen sollte. Natürlich gilt es auch hier zu differenzieren, denn allein aus der Tatsache, dass Pieper das von ihm herausgegebene Blatt für die Präsides des Volksvereins

---

[145] Vgl. hierzu die Ausführungen bei Michael WILDT, Volk, Volksgemeinschaft, AfD, Hamburg 2017, S. 58-78; Thomas SANDKÜHLER, Krieg, Kampf um ‚Lebensraum' und Vernichtung. Der nationalsozialistische Krieg, in: H.-U. THAMER, S. ERPEL, Hg., Hitler (wie Anm. 140), S. 122-129, hier S. 124f.; Dietmar SÜß, Winfried SÜß, „Volksgemeinschaft" und Vernichtungskrieg. Gesellschaft im nationalsozialistischen Deutschland, in: dies, Hg., Das „Dritte Reich". Eine Einführung, S. 79-100, hier S. 81-83. – Bereits Mitte der 1930er Jahre hatte Ernst Fraenkel in seinem Buch ‚Der Doppelstaat' darauf hingewiesen, dass das Volksgemeinschaftskonzept „die höchste Stelle im nationalsozialistischen Wertsystem" einnehme und „jede Gruppe, die sich zu anderen Werten als der Volksgemeinschaft bekenn[e]", als „desintegrierender Faktor betrachtet" und daher als „Gefahr" bekämpft werde: zit. nach M. GAILUS, A. NOLZEN, Einleitung, in: dies., Hg., „Volksgemeinschaft" (wie Anm. 140), S. 18f.

„Führer-Korrespondenz" nannte und während der Weimarer Republik von Akademikern forderte, sie sollten sich als ‚echte Führer des Volkes' engagieren,[146] lässt sich noch nicht ableiten, dass er schon zu dieser Zeit Anhänger eines Führerstaates gewesen sei, wie er sich ab 1933 herausbildete. Aber die Zeit der Weimarer Republik wurde – nicht nur von A. Pieper – seit der militärischen Niederlage und Revolutionszeit von 1918/19, seit ‚Ruhrkampf' und Hyperinflation von 1923 und den ab 1929 alles dominierenden Folgen der Weltwirtschaftskrise als nationale Krisenzeit wahrgenommen, bei deren Überwindung die herkömmlichen und bereits ausprobierten Lösungsstrategien versagt hatten, so dass der Rekurs auf andere, radikalere Therapien legitim erschien, die zu normalen Zeiten kaum eine Chance gehabt hätten.[147]

So ist auffällig, dass Pieper bei aller partiellen Kritik am Nationalsozialismus bereits 1931 der Idee des charismatischen Führers anhing. In seinen Augen bildeten die verunsicherten Massen die „Gefolgschaft" dieser „geborenen Führer", „weil sie an die geborenen Führer glauben; denn sie finden ihr eigenes bestes Wollen in dem Wollen der Führer wieder, hören von ihnen klar ausgesprochen, was sie aus sich selbst nur dunkel ahnen."[148]

---

[146] Vgl. August PIEPER, Wie wird der Akademiker ein Führer des Volkes? M. Gladbach 1924. – Vgl. allgemein zum Problem „Führer" und „Masse" im Volksverein: H. HEITZER, Volksverein (wie Anm. 10), S. 228-263.

[147] So sind nach Hans-Ulrich Wehler „Umbruchzeiten die Stunde des Mythos, der Stabilisierung und Legitimität verspricht, zugleich aber auch mit seiner dramatisierenden Deutung des Umbruchs eine tiefgreifende Änderung verlangt." Hans-Ulrich WEHLER, Nationalismus. Geschichte – Formen – Folgen, München, 2. durchges. Aufl. 2004, S. 27.

[148] [A.P.,] Der Nationalsozialismus debattiert nicht, sondern er mobilisiert den Willen zur Tat, in: Führer-Korrespondenz, 44. Jg. (1931), S. 40-44, Zit. S. 43; vgl. auch [DERS.], Politische Partei, Diktatur und nationaler Staatsgedanke, ebd., S. 115-116. – Zur Diskussion um charismatisches Führertum im Hinblick auf den Nationalsozialismus vgl. die unterschiedliche Einschätzung bei Hans-Ulrich WEHLER, Deutsche Gesellschaftsgeschichte, Bd. 4: Vom

Gerade in diesem Zusammenhang haben seit Ernst-Wolfgang Böckenfördes oben bereits erwähntem ‚Hochland'-Aufsatz aus dem Jahre 1961 zahlreiche Historiker u.a. auf die auffälligen Schnittmengen zwischen NS-Ideologie und Elementen des politischen Katholizismus insbesondere im Hinblick auf antiliberales Denken, Führermythos und Autoritätsgläubigkeit aufmerksam gemacht und auf entsprechende Beispiele hingewiesen. So formulierte z.B. der Vorsitzende der Zentrumspartei Prälat Kaas zum Jahreswechsel 1932/33: „Woher Deutschland der Retter kommt, weiß Gott allein. Jeder von uns, gleich welcher Konfession und Weltanschauung, würde neidlos und dankbar sich dem Führertum dessen beugen, der durch wahre Größe [...] der Sehnsucht der Massen Erfüllung bringen würde."[149]

Genau dies hatten Teile des Katholizismus und A. Pieper ab 1933 getan, der einige Jahre später die NS-Ideologie lobte, „die

---

Beginn des Ersten Weltkriegs bis zur Gründung der beiden deutschen Staaten 1914-1949, München 2003, S. 542-580, sowie Ludolf HERBST, Hitlers Charisma. Die Erfindung eines deutschen Messias, Frankfurt a. M. 2010.

[149] Zit. nach Olaf BLASCHKE, Die Kirchen und der Nationalsozialismus, Stuttgart 2014, S. 54. Bereits auf dem Freiburger Katholikentag von 1928 hatte Kaas ähnliche Gedanken formuliert: „Niemals ist der Ruf nach einem Führertum großen Stils lebendiger und ungeduldiger durch die deutsche Volksseele gegangen als in diesen Tagen, wo die vaterländische und kulturelle Not uns allen die Seele bedrückt," und anschließend gefragt: „Wo ist der große begnadete Staatsmann, der mit dem Heroismus des Helden das Gewissen eines Heiligen verbindet, um in freiwillig anerkannter Autorität [...] den Kurs zu steuern, der uns vorwärts und aufwärts führt?" Zit. nach Olaf BLASCHKE, „Wenn irgendeine Geschichtszeit, so ist die unsere eine Männerzeit". Konfessionsgeschichtliche Zuschreibungen im Nationalsozialismus, in: M. Gailus, A. Nolzen, Hg. „Volksgemeinschaft" (wie Anm. 140), S. 34-65, hier S. 56f. – Zu Führermythos und Führererwartung in der Weimarer Republik und frühen NS-Zeit vgl. Thomas MERGEL, Führer, Volksgemeinschaft und Maschine. Politische Erwartungsstrukturen in der Weimarer Republik und dem Nationalsozialismus 1918-1936, in: Wolfgang Hardtwig, Hg., Politische Kulturgeschichte der Zwischenkriegszeit 1918-1939, Göttingen 2005, S. 91-127.

allein unter allen bisherigen politischen Parteien einen Mythos
besitzt und gipfelt in dem Glauben an die Führerpersönlichkeit,
sodann an die vitalen Lebenserneuerungskräfte: Rasse, Blut, Boden, Geschichte"[150].

Auch hier fällt die nahezu unglaubliche Naivität auf, mit welcher der erfahrene Parlamentarier und Sozialwissenschaftler August Pieper die Augen verschloss vor den Gefahren eines in seinen Augen nur „autoritären" Volksstaates mit einem charismatischen Führer an der Spitze. Zunächst kann man auch hier konze-
dieren, dass sich Pieper anfangs der 1930er Jahre noch irren konnte in seinem Glauben, den NS ähnlich einhegen zu können, wie
das der politische Katholizismus und der Volksverein vor dem
Ersten Weltkrieg in seinen Augen erfolgreich mit dem Sozialismus vorexerziert hatten.[151] Aber dem Glauben an die letztendlich
positiven Chancen des Führerstaates für die Volksgemeinschaft
hing er auch noch an, als die katastrophalen Folgen der kriminel-
len innen- und außenpolitischen Gewaltherrschaft des Nationalsozialismus nicht mehr zu übersehen waren. Ganz offensichtlich
machte ihn die ersehnte Einigung der deutschen Stämme und
Stände durch einen autoritären Führer betriebsblind für die sich
daraus ergebenden Gefahren für Staat, Gesellschaft und Kirche.

Hand in Hand mit dieser Fixierung auf einen charismatischen
Volksführer war auch im politischen Katholizismus eine Reichs-
ideologie weit verbreitet, die sich ebenfalls als Einfallstor für die
NS-Ideologie erweisen konnte.[152] Zwar gelten auch hier die be-

---

[150] NIP, Nr. 7, 20.11.1936, Bl. 75.

[151] Vgl. dazu seine Ausführungen in der ‚Führer-Korrespondenz', 44. Jg.,
H.1/1931, S. 36.

[152] Grundlegend hierzu Klaus BREUNING, Die Vision des Reiches. Deutscher
Katholizismus zwischen Demokratie und Diktatur (1929-1934), München
1969. Vgl. auch Elke SEEFRIED, Das Reich zwischen Mythisierung und Heils-
erwartung. Katholische Deutungen des Heiligen Römischen Reiches und des
Habsburgerreiches in Deutschland und Österreich 1919-1933/1938, in:
Thomas Pittrof, Walter Schmitz, Hg., Freie Anerkennung übergeschichtli-

reits mehrfach geäußerten Einschränkungen, dass allein von se-
mantischen Ähnlichkeiten („Gottesreich – Drittes Reich") nicht
automatisch auf eine inhaltliche Ähnlichkeit zu schließen sei.
Aber anhand der Manuskripte seines Nachlasses lässt sich auch
für Pieper für die Zeit nach 1933 festhalten, dass „Umfang und
Intensität der katholischen Reichsideologie vielen Zeitgenossen
den Blick dafür getrübt [habe], die achristliche Usurpation der
Reichsidee [durch den NS] rechtzeitig zu durchschauen"[153]. Ganz
offensichtlich hatte Hitler in seiner Berliner Sportpalastrede vom
10. Februar 1933 nicht vergebens an den gläubigen Teil seiner
Zuhörer appelliert, als er den Segen Gottes erbat für das „gemeinsam geschaffene, mühsam erkämpfte, bitter erworbene neue
deutsche Reich der Größe und der Ehre und der Kraft und der
Herrlichkeit und der Gerechtigkeit. Amen"[154].

Es ist bereits darauf hingewiesen worden, dass Pieper durchaus zutreffend den NS als eine Antibewegung gegen Liberalismus, Parlamentarismus, Pazifismus, Kapitalismus und Sozialismus auffasste.[155] Auch noch in seinem letzten längeren Manuskript verteidigte er den deutschen Angriffskrieg auf die Sowjetunion als „Widerstand [...] gegen den Einbruch des russischen,
autoritär geleiteten Bolschewismus."[156] Damit ist der in den Augen der römischen Kirche und des politischen Katholizismus in
Deutschland wohl wichtigste ideologische Gegner nach 1917 benannt: der Bolschewismus.[157] Auch in Piepers Schriften und Manuskripten finden sich zahlreiche Hinweise auf die Gefahren des

---

cher Bindungen. Katholische Geschichtswahrnehmung im deutschsprachi-
gen Raum des 20. Jahrhunderts, Freiburg 2010, S. 107-130.

[153] K. BREUNING, Vision (wie Anm. 152), S. 321.

[154] Zit. nach Ian KERSHAW, Hitler (wie Anm. 65), S. 575.

[155] Vgl. oben Anm. 45.

[156] NIP, Nr. 19, Der Sinn des Krieges (o.D.), S. 10.

[157] Vgl. Horstwalter HEITZER, Deutscher Katholizismus und „Bolschewis-
musgefahr", in: Historisches Jahrbuch 113 (1993), S. 355-387; O. BLASCHKE,
Kirchen (wie Anm. 149), S. 59ff.

Sozialismus, aber er wehrte sich in seiner aktiven Zeit im Vorstand des Volksvereins dagegen eine Rolle als „Sozialistentöter"[158] einzunehmen, wie sie zahlreiche Bischöfe und andere katholische Kleriker während des Integralismus- und Gewerkschaftsstreites vor und nach dem Ersten Weltkrieg eingenommen hatten. Dennoch kann an seinem Antibolschewismus kein Zweifel bestehen, auch wenn dieser nicht rassistisch aufgeladen war wie bei den Nationalsozialisten.

Es gibt noch einen weiteren Grund, der August Pieper veranlasst haben könnte, ab 1933 in das nationalsozialistische Lager abzudriften. Wie oben bereits erwähnt, hatte sich sein Bruder, der katholische Priester Dr. Lorenz Pieper, bereits zu Beginn der 1920er Jahre zu einem begeisterten Anhänger Adolf Hitlers und der NSDAP entwickelt. Daher war er nach mehreren Verwarnungen 1932 vom Paderborner Generalvikariat suspendiert worden und hatte zeitweilig im Stadtarchiv Münster gearbeitet. Vor seinem Tode im Jahre 1942 hatte ihn August Pieper als seinen Nachlassverwalter eingesetzt, und im Jahre 1950 hatte Lorenz Pieper den von ihm geordneten Nachlass seines Bruders dem damaligen Staatsarchiv Münster mit strengen Benutzungsauflagen übergeben. Allerdings enthielt dieser Nachlass, der aus Hunderten von Exposés und Briefen August Piepers bestand, kein einziges Dokument aus dem Briefwechsel der beiden Brüder. Auch die Unterlagen im Heimatmuseum Eversberg, in welchem Lorenz Pieper nach dem Krieg jahrelang ein- und ausging, enthalten keinerlei Schriftstücke, in denen politische Ansichten von August oder Lorenz Pieper aus der NS-Zeit deutlich werden. Es ist daher höchst wahrscheinlich, aber eben nicht zu beweisen,

---

158 So formulierte er selbst z.B. in „Der Sinn des Krieges 1940 -": in NIP 19, Bl. 10; allerdings warnte er auch bereits 1931, undifferenziertes Vorgehen gegen die NSDAP sei vergleichbar mit der von ihm abgelehnten „Sozialistentöterei" des Kaiserreichs: [A.P.], Leitgedanke und Lebenswille des nationalen Sozialismus, in: Führer-Korrespondenz, 44. Jg. (1931), S. 27-32, S. 31 (Text dokumentiert im →Quellenteil B: Nr. 3).

dass Lorenz Schriftstücke, die auf seine eigenen politischen Ansichten oder die seines Bruders schließen lassen könnten, vernichtet hat, denn es ist nicht vorstellbar, dass die beiden Brüder in den Jahren zwischen 1933 und 1942 keinerlei schriftlichen Kontakt hatten, zumal sich August in seinen Briefen z.B. an Adam Stegerwald immer wieder beschwerte, er langweile sich zu Tode und habe niemanden, mit dem er sich austauschen könne.[159]

Insgesamt wird man festhalten können, dass die bei August Pieper schon vor 1933 anzutreffende Zustimmung zu Volksgemeinschafts-, Führer- und Reichsideologie einerseits sowie die Ablehnung von Liberalismus, Parlamentarismus und Parteienstaat, Sozialismus und Bolschewismus andererseits eine ideologische Mixtur ergab, die sich zu weiten Teilen mit der NS-Ideologie überschnitt und Pieper anfällig machte für die Verlockungen dieser Weltanschauung.[160] Seine verbandspolitische und soziale Isolierung sowie sein sich verschlechternder Gesundheitszustand werden dann dazu beigetragen haben, dass er sich einredete, geistiger Wegbereiter der von ihm seit Beginn der Weimarer Republik herbeigesehnten ‚Volksgemeinschaft' zu sein. In dieser realitätsblinden Einseitigkeit, die ihn auch die schlimmsten Verbrechen des Nationalsozialismus ignorieren ließ und in der er von langjährigen politischen Weggenossen noch bestärkt wurde, liegt eine gewisse Tragik; aber auch diese entschuldigt nicht Au-

---

[159] Auch K. GRANNEMANN, Lorenz Pieper (wie Anm. 27), S. 138, Anm. 16, hält über Lorenz Piepers Behandlung von August Piepers Nachlass fest: „Hier kann nur spekuliert werden, ob er auch manche Stücke zurückhielt."
[160] Nach neueren Ergebnissen der Forschung zu Wahl- und Mitgliederverhalten der NSDAP gilt dies für weite Teile des politischen Katholizismus: „Während der politische Katholizismus in den Bewegungsjahren der NSDAP also noch einen stark immunisierenden Effekt ausübt, fällt dieser nach Beginn und Etablierung der NSDAP-Herrschaft [...] vollständig weg": Alexander RÖCKL, Politische Tradition und NSDAP-Beitritt, in: Jürgen W. Falter, Hg., Junge Kämpfer, alte Opportunisten. Die Mitglieder der NSDAP 1919-1945, Frankfurt a. M. 2016, S. 217-243, hier S. 237.

gust Piepers starrsinnige Weigerung, die grundsätzlich falschen
Überzeugungen seiner Volksgemeinschaftsideologie und deren
fatale Konsequenzen zu sehen. Da er schon vor 1933 bei allen
punktuellen Differenzen wesentliche Aspekte der NS-Ideologie
befürwortete, gehört er zu den „geistigen Brückenbauern"[161], die
den ‚Übergang' zwischen Weimarer Republik und katholischer
Kirche einerseits und dem Nationalsozialismus anderseits forderten und förderten. Erst recht ließ die „Machtergreifung" der Nationalsozialisten bei ihm noch vorhandene Bedenken schwinden,
und bis zu seinem Tode hielt er an seinem Glauben fest, der NS-
Staat bilde die Verwirklichung der von ihm seit langem erhofften
‚Volksgemeinschaft'.

---

161 Christoph KÖSTERS, Christliche Kirchen und nationalsozialistische Diktatur, in: Dietmar Süß, Winfried Süß, Hg., Das „Dritte Reich". Eine Einführung, München 2008, S. 125.

Dr. August Pieper (1866-1942)
Stadtarchiv Mönchengladbach 10-42306

B.
QUELLENDOKUMENTATION:
AUS SCHRIFTEN AUGUST PIEPERS

Die Textdokumentationen in dieser Abteilung eröffnen zunächst das Angebot, sich über Auszüge aus den beiden Büchern „Der deutsche Volksstaat und die Formdemokratie" (1923) und „Der Staatsgedanke der deutschen Nation" (1928) mit dem Denken August Piepers während der Weimarer Jahre vertraut zu machen (→B: Nr. 1, Nr. 2). Hierbei geht es um die unmittelbare „Vorgeschichte" zum Gegenstand meiner Untersuchung „August Pieper und der Nationalsozialismus".

Ab 1931 beteiligt sich August Pieper mit Vorträgen und Aufsätzen an der vom Mönchengladbacher „Volksverein für das katholische Deutschland" betriebenen Aufklärung über den Nationalsozialismus. Die hierzu dargebotene, durchaus repräsentative Textauswahl (→B: Nr. 3, Nr. 4) zeigt die Ambivalenz in der Haltung A. Piepers, der zur gleichen Zeit Warnungen formuliert und schon einen ‚Brückenbau' hin zum Nationalsozialismus vorbereitet.

Für den Zeitraum der Jahre 1933 bis 1942 wird in der vorliegenden Publikation auf der Grundlage von bislang unveröffentlichten Schriften nachgezeichnet, wie August Pieper nach der sogenannten Machtergreifung seinen „Frieden mit dem Nationalsozialismus" gemacht hat. Aus den im Nachlass gesichteten Manuskripten wird im Verlauf der Darstellung (→A) reichhaltig zitiert; einige aussagekräftige Texte dieses Zeitabschnitts sind im Folgenden jedoch auch vollständig nachzulesen (→B: Nr. 5 bis Nr. 9).

Werner Neuhaus

[Nr. 1]

Aus „Der deutsche Volksstaat und die Formdemokratie"

(1923)

August Pieper: Der deutsche Volksstaat und die Formdemokratie. M[önchen].Gladbach: Volksvereins-Verlag 1923.

Die nachfolgend abgedruckten Auszüge aus dem bereits 1923 erschienenen Buch Piepers wurden aus mehreren Gründen ausgewählt: Zum einen taucht hier der für Pieper spätestens seit dem Ende des Ersten Weltkrieges zentrale Wunsch nach einem echten Volksstaat auf, den es im Gegensatz zur Weimarer reinen ‚Formdemokratie' erst noch zu schaffen gelte. Hand in Hand mit dieser grundsätzlichen Forderung nach der organisch im Volksstaat organisierten Volksgemeinschaft gehen einzelne politische Hoffnungen und Forderungen, die zumindest ansatzweise bereits ideologische Positionen einnehmen, an die A. Pieper ab 1933 anknüpfen konnte. Dazu zählen die Bewunderung für „Geist und Herz staatsschöpferischer Führer", die Ablehnung des ‚mammonistischen' Geistes des Kapitalismus, die Zurückweisung „geistiger Entartung" als Abweichung vom angestrebten Zustand, in welchem der Einzelne „als Glied in dem geistigen Blut- und Kräfteumlauf des seelischen Verwachsenseins" mit seinem Volke angesehen wird. Drittens vermittelt bereits die Sprache, die in dieser frühen Schrift verwendet wird, einen Eindruck vom völkisch-sakralisierenden Sprachgebrauch („Heiligtum der Muttersprache"; „heilige Heimatscholle"), von jenen sich wiederholenden abstrakten Formulierungen und irrationalen Behauptungen, die typisch sind für August Piepers „Staatsmystik" (Oswald von Nell-Breuning).

(1.) DER DEUTSCHE VOLKSSTAAT ALS AUFGABE

[S. 9] Durch die politische Gewalttat der Revolution vom November 1918 ist im Deutschen Reiche die Staatsform des konstitutionellen Staates, der überwiegend monarchischer Obrigkeitsstaat
war, nach kurzer Diktatur des Proletariats in die einer unbe-
schränkten Volksherrschaft umgewandelt. Durch die National-
versammlung von Weimar ward ihr die Verfassung des demokratischen Volksstaates gegeben, die aber mehrfache Ansätze
einer sozialistischen Gemeinwirtschaft und sozialistischen Gesellschaft aufwies.

[S. 10-12] Hätten alle bürgerlichen Parteien sich am Aufbau des
neuen Staates beteiligt und sich bemüht, die schöpferischen Gedanken des Freiherrn vom Stein zeitgemäß zu verwirklichen, so
wären die einzelnen glücklichen Gedanken eines Volksstaates,
welche der Verfassungsentwurf der Regierung aus der Verfassungsgeschichte des deutschen Volkes herübergenommen hatte,
nicht in so weitem Maße bloße Ansätze und Anläufe geblieben;
vor allem hätten sie in dem politischen Bewußtsein, Sinnen und
Denken vorab der nichtsozialistischen Bürger mehr Blutwärme
und Keimkraft erhalten. Da aber ein guter Teil derselben im
Trotz- oder Schmollwinkel steht, statt das Chaos zu bewältigen,
stehen die Dinge so, daß die geistige Beeinflussung der neuen
Volksregierung überwiegend bei der Sozialdemokratischen und
der Demokratischen Partei liegt, die beide in der individualistischen, atomistischen, mechanischen Staats- und Gesellschaftsauffassung aufgewachsen sind. [...] Sie begnügen sich mit der Aufrichtung einer formalen, in der Nothaftigkeit und Nützlichkeit
äußerer Rechts- und Freiheitsordnung steckenbleibenden Demokratie, die wir kurz Formdemokratie nennen. [...] Diese individualistische, mechanische Auffassung kann in dem bloßen
Zweckstaate nicht den deutschen Volksstaat erwachsen lassen,
den bis zum Einbruche des Nationalismus unsere Vorfahren aus

der Macht ihres irrationalen deutschen Genossenschaftsgeistes
aufbauen wollten.

Das ist die *tiefste seelische Not des deutschen Staatsvolkes*, in dessen Staats- und Gesellschaftsleben die individualistische Lebens-,
Staats- und Gesellschaftsauffassung durch den politischen Absolutismus und den wirtschaftlichen Geist des Kapitalismus die
letzten Folgerungen der Gedanken und des Handelns gezogen,
damit sich aus- und überlebt hat; infolgedessen brach das Staatsvolk seelisch zusammen. Damit fiel wie das geistige, so das staatliche und gesellschaftliche Leben des deutschen Volkes geistig in
einen leeren Raum, aus dem es nun mit der ganzen Anspannung
eines neuen geistigen, staatlichen und gesellschaftlichen Lebenswillens sich herausarbeiten muß. Dieses schwere Schicksal des
deutschen Volkes in der auch äußerlich harten Gegenwart lastet
am erschütterndsten auf der Seele des Sozialismus, der glaubte,
mit vollen Segeln in das erträumte goldene Jahrtausendreich hin-
einfahren zu können, sobald er durch die Gewalttat der Revolution die politische Macht gewonnen habe. Dieses Schicksal stürzte
andererseits den größten Teil der an der alten Staats- und Gesellschaftsordnung festhaltenden Bürgerkreise in jene dumpfe seelische Lähmung und Erstarrung, in der sie haltlos und tatenlos
dem fortschreitenden äußern und innern Zusammenbruch gegenüberstehen. Aus dieser geistigen Not des deutschen Staatsvolkes vermag die organische, aus deutschem Genossenschafts-
geiste erwachsende Staats- und Gesellschaftsauffassung den Weg
zu zeigen. Zu ihr führt auch die seit der Jahrhundertwende zu-
kunftsfroh sich erhebende Geistesbewegung, die in Lebensfragen
des Menschen dem Irrationalen wieder den Vorrang vor dem
Rationalen zuweist.

[S. 14-15] Gewiß, die Bestimmung der Staatsform als zweckmäßi-
ge Gestalt der Staatsanstalt mit ihren Mitteln der Gesetzgebung,
Regierung und Verwaltung überließ der Schöpfer des Menschengeschlechtes dem Erklügeln und Finden der Bürger; die Staats-

form mag, wenn sie sich überlebt hat, wechseln. Der Staat aber, als die im Gehäuse der äußern Staatsanstalt lebende Volksfamilie, als Volk unter Völkern, ist ewig; er lebt fort in den Tagen einer Revolution, die das alte Staatsgebäude zerstört. Zu diesem lebendigen, ewigen Staat als Volksfamilie und zu seiner Nation als Volkspersönlichkeit hat der Bürger ein seelisches Verhältnis der Treue und Liebe, die sich dann auch auf die Staatsform überträgt, weil sie mit dem Staatsvolk innerlich verwächst als Verkörperung des Staatsgedankens und Staatswillens.

(2.) DIE WESENSVERSCHIEDENHEIT VON ORGANISCHEM VOLKSSTAATE UND INDIVIDUALISTISCHER FORMDEMOKRATIE

[S. 17 und 19] *Die individualistische Formdemokratie.* Sie hat zum Ausgangs- und Richtpunkte das geistig *absolute, selbstherrliche Individuum*, das sich im Fürsichsein selbst genug ist, nur um äußerer Notwendigkeiten und Nützlichkeiten willen sich im Staate eine äußerliche Sicherheitsanstalt schafft, zur Sicherung der persönlichen Freiheit als innerer Ungebundenheit durch möglichste äußere Ungebundenheit. […] So *bleibt* der Staat der individualistischen Formdemokratie *am Äußerlichen haften*, im Äußerlichen stecken, dem Innenleben der Persönlichkeit fremd.

[S. 23-24] Es ist die Tragik der individualistischen Formdemokratie, daß sie den an sich gesunden Gedanken einer gleichgewichtigen Beteiligung aller Bürger am Leben eines Volksstaates zuschanden bringt, daher den Staat vergewaltigt und zusammenbrechen läßt, wenn er das überlieferte Volksgut an Lebensgemeinschaftskräften aufgezehrt hat. Ein antiindividualistischer, aus den Lebensgemeinschaftskräften der Volksfamilie naturhaft erwachsender Volksstaat bietet dagegen alle Gewähr dafür, daß er jene Gefahren beseitigen kann. Damit ist heute der Formdemokratie das Urteil gesprochen, daß sie in sich unfähig ist, den

Neubau des innerlich zusammengebrochenen deutschen Staates zu
vollenden. Der Sozialismus ist in seinem tiefsten Lebensgrunde
als Lebenswille zu einer neuen, vollkommeneren Volksgemeinschaft der schroffe Widerwille wie im Wirtschaftsleben gegen den
individualistischen Geist des Kapitalismus, so auch im Staatsleben gegen den individualistischen Staat der Formdemokratie;
seine Tragik liegt aber darin, daß er jenen neuen sozialistischen
Lebenswillen zu einer auf das stärkste gebundenen Volksgemeinschaft in den rationalistischen Theorien und Programmen eines
Massenindividualismus durchzuführen sucht, die er vom privatindividualistischen Geiste des Kapitalismus und der Formdemokratie als gläubiger Schüler einer aufklärerischen, materialistischen Wissenschaft übernahm. Es ist dieselbe naturwissenschaft-
lich rein kausal denkende Wissenschaft, die das Rüstzeug des
privatindividualistischen Kapitalismus und des die Herrschaft
des Liberalismus und der Formdemokratie aufrichtenden Individualismus wurde. So stellt sich heute der Sozialismus, der politisch zunächst wenigstens sich zur Formdemokratie bekennt, als
eine Mischform von Massenindividualismus und Willen zur
höchstgebundenen Gemeinschaft dar. Das besagt, daß auch er in
seiner jetzigen Gestalt nur als eine Übergangsform von Staats-,
Gesellschafts- und Wirtschaftsverfassung gelten kann. Will er
einen auf organischer, antiindividualistischer Gesellschaftsauffassung erwachsenden echt germanisch-genossenschaftlichen
deutschen Volksstaat aufbauen helfen, so muß er grundsätzlich
mit der individualistischen Gesellschaftsauffassung brechen, in
deren Bann er heute noch gefangen ist.

[S. 26-28] Die Verwirklichung des Sinnes der Volksfamilie im
Volksstaate befriedigt im völligen Gegensatze zur Formdemokratie die tiefsten, nichts anderm mehr untergeordneten Strebungen,
ein um seiner selbst willen wertvolles volksfamilienhaftes Le-
bensgefühl und einen staatsbildenden Lebenswillen. Deshalb
sagten wir, daß vor Einbruch der Aufklärung in das Geistesleben

des deutschen Volkes dieses Staaten gegründet hat, wie man innerhalb derselben Familien gründete. Mythos, Sage, Lied, Nationalepos, Religion und Sitte sind dessen Zeugen. Man glaubte wie in Ehe und Familie, so im Volksstaate als in der organisierten Volksfamilie einen Gottesgedanken zu verwirklichen, einen göttlichen Auftrag des Schöpfers an die Menschheit zu erfüllen, gegeben zu ihrer Vollendung und zu ihrem Glücke. Der Sinn der Ehe und Familie liegt darin, daß hier durch innigste Lebensgemeinschaft, durch ein wahrhaftiges leibliches und seelisches Miteinanderverwachsen Menschen innerste *Lebensergänzung* und *Lebenserhöhung* suchen und darin finden, daß sie durch innigste selbstlose Hingabe [...] einer sich im andern wiederfinden. Darum geben sie kraft der Treue und der Liebe sich rückhaltlos mit ihrem ganzen Sinnen und Denken, sich selbst verschenkend an die Lebensgemeinschaft hin [...]. Der naturhafte, irrationale, stammelnde Ausdruck dessen lautet: „Nimm mich hin! Laß mich ganz dein eigen sein! Ich liebe dich, und kein Opfer für dich kann mir zu groß sein!" Gleiche Lebensergänzung und Lebenserhöhung ist der Sinn der Volksfamilie im Volksstaate. In beiden Fällen stehen wir vor dem *Lebensgeheimnisse der geistigen Ganzheit, in der die Einzelnen Glieder sind* [...].

[S. 28] So ist der organische Volksstaat von der Natur gewollte, von aller Willkür freie Lebensgemeinschaft und Schicksalsverbundenheit, ein irrationales, letztlich unzweckhaftes geistiges Ganzes; der Bürger wird als Glied hin[ein]geboren, lebt zuerst für die Ganzheit seiner Volksfamilie in Staat und Nation, weiß sich aber in ihr wohlig gebettet, rein menschlich aufgehoben, gehegt, gepflegt, geschützt. Er nennt sie sein Volk und sein Vaterland, weiht sich ihr mit Herz und Hand. Er feilscht und marktet nicht mit ihr und seinen Volksgenossen, seinen Mit-Gliedern. Vielmehr denkt er zuerst daran, als lebendiges Glied sein Staatsvolk, seine Nation zu fördern, zu hegen, zu schützen, dafür zu arbeiten. Er ist stolz auf sein Bürgertum, das ihm Lebensberuf und Amt ist.

Durch das Bürgerrecht fühlt er sich mündig geworden, wie der junge Germane mündig erklärt ward durch die Verleihung der Waffe, mit der er Volk und Land zu verteidigen von nun an als berufen galt; damit erhielt er auch die Vollmacht, unter seinen Volksgenossen Recht zu finden und dadurch für den innern Frieden im Gau zu sorgen.

[S. 32-34] Es kam [1918] zur Revolution durch die Sozialdemokratie und zur Aufrichtung des *demokratischen Freistaates*, der alle Schwächen der Notgeburt und Frühgeburt trägt, eine Mischung von individualistischen Formen und noch ganz ungeklärten, organischen, volksgenossenschaftlichen Strebungen darstellt. Seine hauptsächliche Schwäche ist, daß er im parlamentarischen Kompromisse, geboten durch die Not des Staates infolge der Diktatur des Proletariats, in der Eile vorerst mechanisch aufgebaut, von außen her an die Bürger herangebracht, von oben nach unten gebaut wurde. [...]

[...] Darum muß im sozialen Volksstaate auch im staatlichen Leben die organische Staatsauffassung Geltung haben. Und zwar trotzdem die Sozialdemokratie infolge ihrer massenindividualistischen theoretischen, gedankenmäßigen Einstellung, dank ihres vorherrschenden Einflusses auf die Gestaltung der Verfassung des Volksstaates, eine äußerlich echte Formdemokratie schuf. Denn der tiefste Lebenswille des deutschen Sozialismus sucht eine die Menschen auf das innigste verbindende höhere Volksgemeinschaft, was am deutlichsten zum Ausdruck kommt in ihrem tiefinnerlichen Hasse gegen den liberalen Geist des Kapitalismus und gegen den Geist des politischen Liberalismus.

(3.) Der organische Aufbau
des deutschen Volksstaates

[S. 36-37] Es ist der Grundfehler der mechanischen *Formdemokratie*, *daß* sie glaubt, *den Staat machen zu können und zu sollen*, indem sie die Staatszwecke sorgsam erforscht, die zweckmäßigen Mittel zu diesen Zwecken ausklügelt, deren Zweckmäßigkeit den Staatsbürgern, welche für sich die Staatszwecke erstreben, als annehmbar nachweist und zuletzt die Mehrheit darüber abstimmen läßt, welche Staatsverfassung für alle verbindlich sein soll. Sie bleibt damit an der Außenfläche, dem Gehäuse des Staates haften und übersieht das darin lebende Geistige, den Sinn des Staates als irrationale Lebensgemeinschaft der Volksfamilie, die durch das Geben und Empfangen der Lebensgefühle des Vertrauens, der Treue, der Hilfsbereitschaft und gütigen Liebe im Miteinander- und Füreinanderleben der Bürger diesen Lebensergänzung und Lebenserhöhung, damit ein höchst irdisches Glück bringen soll. [...] Wie Ehe und Familie, so ist auch die im Leibe des Staates verkörperte Volksfamilie ein Reich der Seele. Die Formdemokratie schafft mit ihrer bloßen Staatsbaumeisterei das leere Gehäuse, eine seelenlose Staatsanstalt, läßt darum das Sehnen der Bürger danach, sich in einer Volksfamilie, in einem Staatsvolke wiederzufinden, ungestillt, läßt die Bürger nicht zur beglückenden innern Ruhe, zum Frieden kommen. Es macht nichts aus, ob man diese Staatsbaumeisterei mit diesen oder jenen idealen Zielen äußerlich verbrämt; das Wesen des formalen Staates wird dadurch nicht gewandelt.

Vor dem Eindringen der rationalistischen, mammonistischen, später sogar materialistischen Auffassung der Lebens- und Lebensgemeinschaftsfragen hat man dagegen *Staaten als organisierte Volksfamilien gegründet, wie man Familien gründete*, das heißt, einen ehrfürchtig erschauten Lebensgemeinschaftssinn, eine lebendige Idee und einen Lebensgemeinschaftswillen liebevoll pflegend, erziehend, leitend.

[S. 38-41] Alle staatlichen Volksfamilien entstanden so als klare, deutliche *Ideen* und als eine große selbstlose *Liebe* in Geist und Herz staatsschöpferischer Führer, die durch deren Offenbarung und durch deren führermäßiges Vorleben den Sinn und das Herz der Gefolgschaft in den Bann ihrer urbildlichen Staatsidee und ihrer vorbildlichen hochherzig tätigen Liebe zum Staate zogen. Sie erweckten, bildeten, erzogen die in der Gefolgschaft schlummernden, urkräftig nach Verwirklichung ringenden Lebensgefühle und den Lebenswillen zur Volksfamilie, schulten sie sodann in der zweckmäßigen staatsbürgerlichen Betätigung durch Schaffen einer Verfassung, in welcher die naturhaften Lebensgesetze des Staates zum Ausdruck kamen, und durch eine fruchtbare, sich an die Volksgenossen familienhaft hingebende Regierung, die möglichst viele Selbstverwaltung der Bürger vorsah und pflegte. Im Miteinander- und Füreinanderleben von Führern und Gefolgschaft gewann die Staatsidee, Staatsverfassung und Staatsgesinnung wie alle Lebensbildungs- und Lebensgestaltungskunst langsam Klärung und Festigung. Äußere Nötigung und innerer Drang arbeiteten darin zusammen. So auch schreitet die geistige Entwicklung des Familienlebens in der Kulturentwicklung aufwärts. Darum die ständige Erscheinung, daß Menschen wie geistig gesunde Familien, so auch lebenskräftige Staaten im naiven Sinnen und Wollen gegründet haben, ehe ein Gelehrter eine wissenschaftliche Staatslehre und Staatstheorie aufstellte. Die weisen Staatsmänner der Vorzeit, welche Schöpfer hochstehender Staaten wurden, haben Völker und Länder, deren Staatsleben erforschend, durchwandert, wie es ein Künstler und Dichter tut, der Ideenbilder und Vorbilder, nicht aber Kunstwissenschaft und Kunstgelehrsamkeit sucht. […]

Wie wir schon ausführten, sind denn auch alle derart aus rationalistischer Staatsauffassung künstlich hervorgebrachten Staatsgebilde bloße Übergangs- und Entartungserscheinungen, die nur schmarotzerhaft so lange sich erhalten, als sie vom überlieferten Volksgute zehren können, das ein aus *irrationalen Lebensgemein-*

schaftskräften erwachsener Staat schöpferisch erzeugt hat. Diesem Schicksale verfiel der Staat des neuen Deutschen Reiches unter der Erdrückung durch die Übermacht der feindlichen Staaten und unter dem innern Drucke der Revolution. [...] Das war doch noch anderes bei der bürgerlichen Erhebung 1848, auch noch bei der Gründung des Deutschen Reiches. Aber wie ist auch seitdem unter dem wirtschaftlichen Aufschwung infolge der mammonistischen Einstellung deutschen Strebens der Rest des Erbgutes des vor hundert Jahren unser Volk führenden deutschen Idealismus vertan! War somit die nächste Folge jenes innern, seelischen Zusammenbruches, daß nun das bis dahin schleichende typhöse Fieber des Mammonismus und des Geistes des Kapitalismus hochgradig wurde und sich auch auf die noch nicht angesteckten Volksgruppen ausdehnte, gleich als müßten vor einer Wendung erst alle Krankheitskeime aufgezehrt und so alle Körperteile gereinigt werden, so ist, abseits des Staubes und Lärmes des öffentlichen Lebens eine Welle erstanden, die fähig ist, uns wieder emporzutragen. Schon vor dem Kriege erhob sich aus dem am wenigsten von jenen Giften angefressenen geistigen Mittelstande ein starker Anhub des unentwegten Kampfes gegen Rationalismus, Materialismus, Mammonismus und für die Vorherrschaft des Geistigen, Irrationalen. [...]

Diese neue Geistesbewegung mahnt auch, daß beim wirtschaftlichen, sozialen und staatlichen Neuaufbau, also auch beim Aufbau des neuen Volksstaates, *zuerst nicht auf neue Zuständeordnung, sondern auf Weckung neuer Geistigkeit und neuen geistigen Lebenswillens zu sehen ist*; und zwar weil die alten Formen Auswirkungen einer geistigen Entartung und eines seelischen Alterns waren, gegen welche sich im vorherrschenden Wirtschafts-, Gesellschafts- und Staatsleben der neue seelische Lebenswille des Sozialismus mit unbändiger, Erfüllung erzwingender Gewalt aufbäumt. Nebenher geht, vor allem in den von jener revolutionären sozialistischen Bewegung nicht ergriffenen Volkskreisen, ein gewaltiges Drängen nach Vertiefung des religiösen Lebenswillens, das sich mit auffälliger Schärfe gegen die Formen und Lebensweisen aller Kirchen wendet. Dieser religiösen Sehnsucht haftet nichts Empfindsames und Gefühlseliges an; in ihr lebt, wie im Sozialismus, ein rücksichtsloser Wille, auf den Grund der höchsten Lebensfragen zu gehen.

[S. 43] Nach den Worten Goethes: „Nichts ist drinnen, nichts ist draußen: denn was innen, das ist außen." Angesichts des uns durch unsere ganze Erziehung und Gewöhnung aufgezwungenen naturwissenschaftlichen kausalen, mechanischen Denkens müssen wir uns diese Mahnung immer wieder vorhalten, soll uns der Sinn der antiindividualistischen, organischen oder universalistischen Staatsauffassung in seiner Eigenart und Lebensfülle nicht verschlossen bleiben. Unsere Vorfahren dachten dagegen über Lebensfragen vorerst in Ideen, nicht in Begriffen, in bildhaften Symbolen und im erschauten Mythos, nicht in verstandesmäßigen Systemen und Theorien. Darum ward es ihnen nicht, wie uns, schwer, lebensschöpferische Idee zu schauen, zu erleben und zu verwirklichen; sie waren darum mehr wie wir lebensmächtig auch im Staatsleben und in dem diesem eingeordneten Gemeindeleben.

(4.) DAS URSPRÜNGLICHE VERWACHSEN DES VOLKSSTAATES
MIT DEM VOLKSTUM

[S. 44-47] I. Der Urstoff des Staates als Staatsvolkes ist das *Volkstum*. Wir meinen damit, Irrationales gleichnishaft deutend, das geheimnisvolle Leben und Weben aller zur Bildung von Lebens- und Schicksalsgemeinschaften treibenden Anlagen und Kräfte, die in einer bestimmten bodenständigen Menschengruppe die vielgegliederte Volksfamilie pflanzenhaft erwachsen lassen. Als gewachsene, nicht erklügelte und gemachte Schöpfungen dieser Volkstumskräfte in der Vorzeit nennen wir die äußere Dorfsiedlung, die bäuerliche Dorfgemeinschaft, innerhalb derselben die bäuerliche Familie, die Nachbarschaft. In der Stadt die alte Handwerkerfamilie, die berufsständische Zunft und Gilde als Lebensgemeinschaft derer, die das gleiche Lebensschicksal tragen; in gleicher Weise die Gemeindebürgerschaft mit der alle bindenden Sitte als sittlicher, von allen überwachter Lebensordnung, mit von allen gehaltenem Gebrauch und von allen insgemein gefeierten Festen. Dann die Pfarrgemeinde als allgemeine religiöse Lebensordnung und Lebensheiligung. Ferner die weiter greifende Versippung durch Heimatgau, Heimatland und Stammesart, in Mundart, Gebräuchen, geschichtlichen Erinnerungen an hervorragende Personen, Taten und eigenartige Leistungen, deren man sich im engern Kreise oder als ganzes Volk rühmen kann. Was alle diese Schöpfungen des Volkstums, der Volksfamilie als deren Seele, vielfach bis in unsere Zeit lebendig erhielt, ist die seelische Gemeinschaft in geistigen Gemeinschaftsgütern, die einen tief empfundenen Lebens- und Lebensgemeinschaftssinn verwirklichen, dadurch hohe Lebensgefühle befriedigen, dem Leben erhöhenden Inhalt geben. Vor allem aber weiß das im Volkstum verwurzelte Volk, daß es in diesen seinen ureignen, freien, heiliggehaltenen Schöpfungen sich selbst mit seinen eigenartigen Ahnungen, Wünschen, Anlagen und Fähigkeiten darstellt, verkörpert, ehrt; es findet sich darin selbst wieder, wird so vollbewußte Gemeinschaft, Volkspersönlichkeit, bettet sich in diese seine Vollendung wohlig ein. Das ist das Beste, was es sich geben und wünschen kann: Es wird ein Ganzes.

Will der Staat, als Staatsvolk in Fleisch und Blut, die Aufgabe des äußersten, schützenden, hegenden, pflegenden, fördernden, helfenden, lebenserhöhenden Lebensgemeinschaftskreises der Staatsbürger erfüllen, so muß er diese nicht bloß mit ihren äußerlichen Zwecken und Interessen zusammenschließen, sondern auch all jene lebensgemeinschaftsbildenden, schicksalhaften organischen Kräfte und ihre körperhaften Schöpfungen in sich aufnehmen und im Staatsleben zu erhöhter Auswirkung bringen.

Nur dann ist er das erhöhende geistige Ganze aller in ihm aufgegangenen Gliedgemeinschaften. Andernfalls bleibt er diesen eine fremde, von außen herangebrachte Anstalt, Maßnahme und Hilfe, nicht aber wird er der echte Volksstaat, der ein Staatsvolk darstellt, das alle Lebenskräfte der Bürger zur vollen Entfaltung bringt.

Hier stehen wir im Kernpunkte unserer ganzen Erörterungen. Wer individualistisch, rationalistisch im Sinnen und Fühlen erstarrt und verarmt ist, darum diese Erkenntnis nicht miterleben kann, für den haben alle unsere Ausführungen keinen Wert; er wird uns überall mißverstehen und das, was wir als organisches Leben meinen, in das zweckhafte Mechanische herabdrücken, es damit um seinen Lebenssinn und um seine lebengestaltende schöpferische Kraft bringen.

Am deutlichsten wird das, was wir meinen, im alltäglichen Leben des Staates bezeichnet durch den *Unterschied von Volk und Masse*. Jedes Staatsvolk schleppt mit sich Menschen, die von ihm nur äußerlich umfasst werden, die es bloß von außen beherrschen kann; sie haben kein seelisches organisches Verhältnis des Bürgers zu ihrer Volksfamilie; sie sind aller organischen Kräfte im Staate bar; sie unterwerfen sich bloß der Staatsordnung und nutzen sie selbstsüchtig aus. Sie sind eine bloße Menge von anorganisch nebeneinander befindlichen Atomen, ähnlich einem Sandhaufen. Auch diesen nennt man eine bloße Masse. Den gewachsenen Boden eines Ackers dagegen nennen wir den Mutterboden, den Humus der darin verwurzelten Pflanzen, weil er trächtig ist von lebendigen, nährenden Kräften. Verbrennt man ihn zu Asche, läßt man ihn ausdörren, so verliert er seine Keimkräfte. Oder flieht die Seele mit ihren Lebenskräften aus der Pflanze, dem Tiere, dem Menschenleibe, so zerfällt er schnell in Asche und Staub. Aus dem Organismus wird eine tote Masse von Staub. Organische Erzeugnisse, wie Milch, Blut, Pflanzensäfte, kann ich entkeimen, d.h. die darin enthaltenen lebenfördernden Keime zerstören durch anorganische Einflüsse auf dem Wege des Sterilisierens, Denaturierens. So auch wird immer wieder, wenn die individualistische Gesellschafts- und Staatsauffassung die Fähigkeiten und den Lebenswillen zur Bildung der organischen, lebendigen Volksgemeinschaft, kurz, das Volkstum in den Seelen von Menschen zerstört, aus bisherigem Volke eine bloße Masse, die nicht mehr fähig und gewillt ist, die echten Lebensgemeinschaften von Familie, Nachbarschaft, Berufsstand, Bürgerschaft, Heimat, Volk und Vaterland, Staat und Nation aus ihrem Lebensgefühle und Lebenswillen erwachsen zu lassen. In unsern Tagen hat der klassenbildende Kapitalismus und der klassenkämpferische Sozialismus am erfolgreichsten diesen Zerfall von organischem Volke in bloße mechanische, atomhafte Masse herbeigeführt. Beide zogen die letzten Folgerungen der individualistischen, rationalistischen, mechanischen Auffassung von Gesellschaft und Staat, welche der volkstumsfeindliche, weil durch Beherrschen wirken wollende Absolutismus aufnahm; beide zerstörten damit alle Keime des lebenerweckenden Volkstums, bis zur Familie hinab, in wahrhaftem Sinne sie sterilisierend, denaturierend. Sie führten damit in den Lebensorganen der wirtschaftlichen, sozialen und staatsbürgerlichen Volksgemeinschaft eine seelische Aderverkalkung herbei, auf die dann unter dem furchtbaren Drucke von Niederlage und von Revolution der innere Zusammenbruch, das Auseinander- und Zerfallen von Gesellschaft, Staat, Religion, Seelenkultur erfolgte, weil nur ein organisches Volk, eine Volksfamilie, nicht aber eine atomhafte mechanische Masse Träger der Lebensgemeinschaft sein kann. Ein Volksstaat kann also nur aus dem Volkstume seine Kraft saugen, er muß es in sich aufnehmen. [...]

(5.) Das berufsständische Volkstum im Staatsvolke

[S. 69-71] Weil der Berufstätige durch den Berufsgeist über sich
selbst hinauswächst und zum tätigen Gliede der Volksgemeinschaft als Lebensgemeinschaft erwächst, dadurch mit nichtblut-
verwandten Menschen im tagtäglichen Leben verwächst, baut
der Beruf und der Berufsstand als Lebensgemeinschaft der Be-
rufstätigen die soziale, gesellschaftliche und wirtschaftliche
Volksgemeinschaft auf. Da diese aber im Staate gehegt, gepflegt,
geschützt und getragen lebt, ihrerseits wiederum den Staat nährt,
innerlich füllt, strafft und stärkt, schafft auch der *Berufsstand* des
Staates Wohl und Kraft, ist er *staatserhaltend* und nennt sich auch
stolz so. Nicht aber ist er es, wie eine aufklärerisch verflachte Zeit
spöttelte, bloß deshalb, weil seine Glieder als geruhsame, phi-
liströse Bürger die ungestörte öffentliche Ruhe und Ordnung
lieben. Durch den Lebensberuf, in dem der eine dem andern sich
mit persönlicher Hingabe auf die Dauer seines Lebens vornehmlich widmet, verwachsen darum denn auch erfahrungsgemäß die
Bürger im tagtäglichen Leben seelisch am tiefsten miteinander
und mit ihren Mitbürgern in Staat und Gemeinde. Darum gibt
der Berufsgeist oder das Berufsethos eine Berufsfreude, Berufseh-
re, einen Berufsstolz, Anspruch auf allgemeine Achtung und Ehre
für Person und Stand unter den Volksgenossen, in Gemeinde und
Staat, kurz auf Bürgerehre und Bürgerrecht, auf das Tragen der
Bürgerverantwortlichkeit und Bürgerpflichten. Denn der Lebensberuf ist Vertrauensamt, Dienst aus rein menschlichem Wohlwollen. Man geht darin auf mit seiner Persönlichkeit, mit seiner
Treue und seinem Wohlwollen, nicht mit bloßem Trachten nach
Geldverdienst. Ich möchte auch wissen, wie ich dem soll öffentliche Ehre und Anerkennung zollen können, der mich nur auf-
sucht, um an mir ein gutes Geschäft zu machen. Bei alledem weiß
der aus Berufsgeist Tätige, daß er mit diesem Aufgehen in die
Lebens- und Schicksalsgemeinschaft seiner Volksfamilie, seiner
Gemeinde und seines Staates ebensosehr auch vor der öffentli-

chen Gemeinschaft und vor ihrem Rechte Anrecht hat auf Sicherung seines Auskommens und Fortkommens, auf die „gesicherte Nahrung", wie es in der alten Handwerkerzunft hieß. Treue um Treue, Dienst um Dienst! [...]

Aus alledem ergibt sich, daß der echte Volksstaat, will er alle staatserhaltenden und das Wohl des Staatsvolkes hegenden und pflegenden Kräfte seiner Bürger in freudiger Selbstbetätigung sich entwickeln sehen, dem Volkstum nicht bloß im Füreinanderleben der gemeinnützigen Volkswohlfahrts- und Volkspflege, sondern auch in dem gemeinnützigen Füreinanderleben der berufsständischen Gemeinschaft den Platz im Staatsleben zuweisen muß. Richtiger gesagt, *der Volksstaat muß dem berufsständischen Volkstum Raum, Licht und Luft lassen*, ihm auch *verständnisvolle Beihilfe leisten*, wo immer es naturtriebhaft aus dem Sinnen und Denken der Bürger berufsständische Gemeinschaft erblühen läßt.

[S. 75-76] Zwar muß das Meiste und Größte in der seelischen Wiedergeburt jener, viele Aufgaben echter Berufsstände beanspruchenden Arbeitsgemeinschaften zu berufsständischen Gemeinschaften von denen ausgehen, die sie als lebendige Glieder aufbauen, richtiger aus ihrem Sinn und Herzen, aus ihrem Gemeinschaftsethos erwachsen lassen sollen. [...] Vorbildlich ist darin vorgegangen die rheinisch-westfälische Handwerkerbewegung in ihrer berufsständischen Gemeinschaftsarbeit. In dieser lebt der echte berufsständische Gemeinschaftsgeist in einer Standeskultur, die zuallererst Bildung des Handwerkers zu einem Menschen erstrebt, dem die fachlichen, wirtschaftlichen und beruflichen Aufgaben des Handwerks nicht bloß innerlich vertraut, sondern dem ihre einsichtige und liebewolle Bewältigung auch Lebensaufgabe, Berufs- und Standesaufgabe in dem Sinne geworden ist, den wir oben darlegten. Nur in so gebildeten, erzogenen, geschulten Handwerkern wird das Standesbewußtsein als Rechts- und Pflichtbewußtsein lebendig, das sie die Schicksalsverbundenheit aller Standesgenossen wie auch die Verknüpfung ihres Standesinteresses mit den Lebensinteressen der Volksgemeinschaft und des Staatsvolkes erleben läßt. Darin werden alle irrationalen Lebensgemeinschaftskräfte des germanischen, insbesondere deutschen Genossenschaftsgeistes lebendig.

(6.) STAATSBÜRGERLICHES UND NATIONALES VOLKSTUM
IM VOLKSSTAATE

[S. 104-107] [Solche] Verantwortung gegen sein Staatsvolk kann der Bürger nur tragen aus einer *großen Liebe* zu seinem Volke als seiner Volksfamilie, als deren Glied er geboren ist, die für ihn vom ersten Augenblick an sich schützend, hegend und pflegend einsetzte. Dies deutsche Volk schließt in sich: das Heiligtum der Muttersprache, die heilige Heimatscholle, die Gemeinsamkeit des Schicksals in Vergangenheit, Gegenwart und Zukunft, das familienhafte Miteinander- und Füreinanderleben. Diese große Liebe zu seinem Volke braucht der Bürger sich nicht mit verstandesmäßigen Beweisgründen einzureden, anzuquälen; sie ist vom Schöpfer ebenso als Keim und Drang in sein Herz eingepflanzt, wie in der häuslichen Familie Vater-, Mutter- und Kindesliebe. Man muß sich nur an diesen Drang hingeben, weil man im Leben, auch im Staatsleben, eine Aufgabe des Lebenschaffens, nicht das Ziel des bloßen Lebensgenusses sieht. Man muß nicht Mammonist, sondern Gemeinschaftsmensch sein, nachdem man aus der Lebensgemeinschaft seines Volkes als Glied geboren und herangewachsen ist, darum auch als Glied für sie leben muß aus dem *Tatwillen*, der den lebendigen Menschen vom toten unterscheidet.

Dem Bürger muß also in seinem Gewissen und Herzen sein *Bürgertum als Beruf* aufgehen, erlebt und geliebt werden. Dann erwächst auch die Berufsfreude am Bürgerwirken, vor allem an dem stillen, nicht in der Öffentlichkeit beschrienen Bürgerwirken von dem Platze aus, an den Gott und das Schicksal jedweden in seiner Gemeinde und in seinem Staate gestellt hat. Jeder Bürger braucht nur die Augen und Ohren auftun, um zu finden, was sein eignes Bürgertum gerade im besondern von ihm verlangt und gebieterisch fordert. Das Bürgergewissen meldet das schon an. Die Mitbürger, die Obrigkeit, die Partei, die Sorgen und Nöte des Gemeinwesens, die heute zum Himmel schreien, bezeichnen schon jedem Bürger seine Aufgaben. Er muß nur Gewissen, Liebe und Zeit zum Besinnen und Nachdenken haben. Das ist ja die wunderbare Eigenart der Lebens- und Schicksalsgemeinschaft, daß man in ihr nicht als Fremdling ein abgeschlossenes Sonderleben führt, sondern als Glied in den geistigen Blut- und Kräfteumlauf des seelischen Verwachsenseins einbezogen ist. Über seine Geschäftsunternehmungen, die Gemächte des überlegenden Verstandes sind, muß man rechnend, kalkulierend, Schlüsse machend nachgrübeln; in der Lebensgemeinschaft gehen einem in der gläubig erschauten Idee und in der hingebend umfaßten Liebe die besten Gedanken und der schaffensfreudige Tatwille von selbst auf. [...]

Als Künder und Erwecker solchen religiösen Staatsbürgerethos müssen in jedem Volke von Zeit zu Zeit Propheten aufstehen, welche die Gewissen aufrütteln, das geistige Auge mit Licht erfüllen, den Stand und Dunst des selbstsüchtig werkelnden Alltagslebens verscheuchen. Für unser Geschlecht steht als solcher Prophet, der uns alles Tiefe zu sagen hat, der *Freiherr vom Stein* da, neben ihm sein Weggenosse Ernst Moritz *Arndt*, dann Johann Gottlieb *Fichte*. An ihnen sollen wir uns erwecken und aufrichten zu staatsmännischem Denken, Fühlen, Wollen und Handeln aus Ehrfurcht vor unserm Volke und unserm Staate als unsere höchste irdische Lebensgemeinschaft, auch als unser größtes irdisches Schicksal. Alle Lebensgemeinschaft und alles Schicksal stammt unmittelbar aus Gottes Hand, ist über uns waltendes Lebensgeheimnis; nur durch die Ehrfurcht als Pforte führt der Weg zu einem ahnungsvollen Erschauen, Erleben, Lieben und Erfüllen. Hier wird vollauf offenbar, daß nicht die mechanische rationale

Formdemokratie, sondern nur der organische Volksstaat als irrationale Lebens- und Schicksalsgemeinschaft der Idee von Staat und Nation gerecht wird. An dieser religiösen Ehrfurcht vor dem Volksstaate kann der noch verkümmerte nationale Staatsgedanke und Staatswille der Deutschen sich aufrichten und stark werden; an ihm kann unser politisches Parteiwesen gesunden und die viel zu vordringliche, auf den Bedarf der Stunde eingestellte, im Kleinkram des Alltags versinkende Tagespolitik sich zur Staatspolitik des neuen Volksstaates erheben.

[Nr. 2]

Aus „Der Staatsgedanke der deutschen Nation"

(1928)

August Pieper: Der Staatsgedanke der deutschen Nation. M[önchen].Gladbach: Volksvereins-Verlag 1928, S. 109-121. [Im Original gesperrte Textpassagen werden nachfolgend kursiv wiedergegeben.]

In seinem 1928 erschienenen Buch *Der Staatsgedanke der deutschen Nation* greift Pieper zentrale Gedanken seiner oben zitierten Schrift über den Gegensatz zwischen reinen ‚Formdemokratie' und dem von ihm angestrebten ‚Volksstaat' wieder auf.

Noch stärker als in seinen früheren Schriften arbeitet er hier mit Versatzstücken einer biologistisch-nationalistischen Sprache. So ist die Rede davon, dass Völker „abblühen und sterben" und dass das Staatsvolk eine „politische Lebensgemeinschaft des Blutes" sei. In diesem Zusammenhang betont er „männliche" Werte wie Mut, Tapferkeit und Kampfbereitschaft: echte Männer haben in seiner Sicht „Eisen im Blut" und „Stahl in den Nerven", was sie prädestiniert, für „die nationale Ehre und Freiheit" zu sterben, während „mütterliche Vaterlandsliebe" nicht die Robustheit der „väterlichen Kraft des starken nationalen Staatsgedankens" erreicht.

Weiterhin fällt bereits hier die (schein)theologische Rechtfertigung möglicher Kriege auf: Wenn „Ehre und Freiheit" der Nation auf dem Spiele stehen, muss nach Pieper das „Gottesurteil des Kampfes" angerufen werden, denn Gott habe „immer wieder Menschen in den Tod [ge]schickt um des Kampfes für die Selbstbehauptung höherer geistiger Güter und Werte willen". Diese Kriegstheologie nimmt bereits Gedanken vorweg, die er später nach dem deutschen Überfall auf die Sowjetunion äußerte (vgl. „Der Sinn des Krieges 1940 -"; Textdokumentation in diesem Anhang →Nr. 7).

„DER STAATSGEDANKE DER NATIONALEN EHRE UND FREIHEIT"

[//109//] Im Laufe der Weltgeschichte erhoben sich über das Gewimmel der Staatsvölker, wie hohe Berge über die Hügel und Tiefebene, die Staatsnationen, welche als Staatsvolk-Persönlichkeiten aus Ehr- und Freiheitsbewußtsein zur Erfüllung der Höchstleistungen der Menschheit emporstrebten. Sie sind die Herren und Führer der in ihrem Bereiche liegenden, aus Schwäche und Schwerfälligkeit in der geistigen Dumpfheit verharrenden bloßen Stammes- oder Zwergvölker geworden. Sie haben sie mit sich emporgerissen zum Ringen um die vollkommene Menschwerdung in Staatsvolk, Wirtschaftsvolk und Kulturvolk, haben oft auch ihr religiöses Leben bestimmt.

Sie allein haben Unvergängliches, Unsterbliches für die Menschheit geleistet, das Erbe der vorangegangenen Nationen bereichert und, wenn sie als Einzelvölker gemäß dem Menschenschicksale abblühten und starben, ihr unsterbliches Erbe nachfolgenden Nationen überliefert. Sie allein haben die Weltgeschichte mitbestimmt, selbst eine Geschichte gehabt.

Die Kraft zu solcher Sendung an Mitwelt und Nachwelt gab ihnen der nationale Staatsgedanke, der Freiheitssinn und das Ehrbewußtsein einer Staatsvolk-Persönlichkeit. Alle Persönlichkeit ist die Gipfelung der menschlichen Fähigkeiten, Anlagen und Strebungen dadurch, daß sie zu dem hellen *Selbstbewußtsein* der eignen Selbständigkeit und zu dem unbeirrbaren *Lebenswillen zur Selbstbestimmung, Selbstverantwortung* und *Selbstbehauptung* erhoben wurde. Dadurch hat die Persönlichkeit Halt in sich selbst, steht sie auf sich selbst, weil sie ihr vom Schöpfer verordnetes Lebensgesetz *frei, aus Ehre* bejaht, es sich selbst gibt und seine Durchführung vor sich selbst und vor allen andern selbst verantwortet. Sie wird durch solche Autonomie oder Eigengesetzlichkeit selbständig, unabhängig, ihr eigner Herr, frei, hochgemut, hochherzig und drängt, um sich selbst genugzutun, zur höchsten Entfaltung aller Kräfte und Anlagen, zur vollkommenen Verwirklichung ihres Gottesgedankens. Dadurch wird sie groß.

Ebenso wird ein Staatsvolk von einer bloßen Staatsvolk-Familie als korporative politische Lebensgemeinschaft des Blutes, der Heimat, der Bildung und Gesinnung, des Stammes- oder Volksschicksals zur Staatsvolks-Persönlichkeit oder Nation, wenn es *aus dem Drange des Ehrbewußtseins und Freiheitssinnes* zum hellen [//110//] Selbstbewußtsein der Selbständigkeit im Handeln, zum Glauben an seine Sendung unter den Völkern, zum Lebenswillen der Selbstbestimmung, Selbstverantwortung und Selbstbehauptung seiner Seinsverwirklichung in Höchststeigerung aller Anlagen und Kräfte erwacht. Es richtet dann seine Unabhängigkeit und Eigenherrlichkeit in der eigengesetzlichen, autonomen *Staatshoheit* oder Souveränität auf. Erst in deren geistigen Macht strebt er dahin, etwas Eigenartiges, Unvergleichliches und Unvergängliches unter den Nationen in Staat, Wirtschaft, Kultur zu leisten, mit einer hochgemuten, tapfern Kraftentfaltung, die eine in der Traumwelt hindämmernde Staatsvolk-Familie niemals aufzubringen vermag. Damit löst die Nation den Funken des Gottesgedankens vom Staatsvolke zur Tat aus, nähert sie sich, ähnlich wie die echte Einzelpersönlichkeit, dem hohen Ziele der Gottebenbildlichkeit. Sie wird damit zu einem erlesenen Werkzeuge des Weltlenkers, reich an genialer Begabung. Die großen Führer der heidnischen Nationen wurden daher als Gottessöhne verehrt, göttlicher Verehrung für würdig erachtet.

Die Nation vermag solches zwar nicht allein aus der Kraft des nationalen Staatsgedankens zu leisten, sondern nur in Vermählung mit der mütterlichen Fruchtbarkeit der Staatsvolk-Familie, die in einem stillen Innenleben, aus Idee und Liebe, reichste Anlagen und Fähigkeiten erweckt, geht und pflegt. Beide ergänzen und erhöhen einander *als väterliche und mütterliche Lebenshälfte*. Sie stehen in polarischer Spannung zueinander, streben darum nach Vermählung. Die Nationen sterben, wenn die Fruchtbarkeit des Mutterschoßes der Staats-Volksfamilie erschöpft ist. Die Deutschen stehen unübertroffen da in inniger heimatlicher Vaterlandsliebe, haben aus ihr bisher die Kraft geschöpft zur Einigkeit trotz alles innern Haders, zur Abwehr jeder Fremdherrschaft; die meisten unter ihnen sind aber über diese mütterliche Vaterlandsliebe, auf deren Feier die meisten das Deutschtum besingenden Lieder sich beschränken, nicht emporgestiegen zu der hingebenden Pflege der väterlichen Kraft des starken nationalen Staatsgedankens. Darin liegt begründet das tragische Schicksal des jahrhundertelang vergeblichen Ringens der Deutschen um das Aufsteigen zur Nation. Nach der jüngsten Niederlage im Weltkriege, angesichts der unerhörten Verdemütigung durch das Versailler Friedensdiktat, angesichts der völlig neuen Aufgabe, die der durch eine Revolution herbeigeführte deutsche republikanische Volksstaat stellt, ist die Erweckung und Stählung des nationalen Staatsgedankens als der väterlichen Lebenskraft und seine Fruchtbarwerdung aus dem reichen vaterländischen Volksfamiliengeiste unsere große Aufgabe, von deren Lösung oder Nichtlösung Sein oder Verderben des staatlichen Volkes abhängt. Nur dann, wenn wir aus diesem Verhängnisse den Anruf des Weltschicksals zur vollen, starken Nationwerdung heraushören und ihm mit Anspannung aller Kräfte Folge leisten, ist der Sinn der [//111//] furchtbaren, willig gebrachten Opfer im Felde und daheim, der ertragenen Entbehrungen und Verdemütigungen der Kriegszeit und Nachkriegszeit erfüllt, behaupten die Deutschen ihre Sendung und ihren Platz in der Weltgeschichte, beugen sie in der Zeit des Ringkampfes der Großmächte ihrer Verwerfung aus der Reihe der freien Völker und der Nationen vor.

Der nationale Staatsgedanke wirkt im handelnden Staatsvolke, ähnlich dem Eisen im Blute, dem Stahl in den Nerven, als Geist der Mannhaftigkeit und Ritterlichkeit, des heldenhaften Sinnes, Mutes und Tatwillens. Es ist adeliger Geist und Lebenswille, erhebt ein Staatsvolk zum Edelvolke einer Nation. [...]

[//112//] Das stolze Selbstbewußtsein, einer vollgültigen Nation anzugehören, gibt dem Bürger den unerschütterlichen *Glauben* an die Berufung seines Volkes zu einer eigenartigen, unvergleichlichen *Sendung unter den Völkern*. Solcher tatfrohe Glaube ist eine moralische Würde, die sich selbst durchsetzt, eine Macht, die geistigerweise Berge versetzt. Es gibt ein ungeschriebenes Hoheitsrecht auf die Anteilnahme an der Führerschaft in der Völkerfamilie, an der Herrschaft dort, wo Nationen Herrschaftsrechte beanspruchen.

Das Bewußtsein der nationalen Ehre und Freiheit gibt dem Staatsvolke auch die *Hoheitswürde* über dem Wirtschaftsvolke und Kulturvolke, den beiden andern Teil-Lebensgemeinschaften in der Volksgemeinschaft.

Die nationale Ehre und Freiheit ist dem Deutschen ein *heiliger Wert*; sie ist dem Christen ein Ausfluß der Ehre und Freiheit der Kinder des Vaters im Himmel, worin der höchste Adel des Christen, seine Kraft besteht, in der er nicht aus bloßer Furcht vor dem Herrn des Himmels und der Erde, sondern aus Gottesliebe und Bruderliebe den Gottesgedanken seines Lebens verwirklicht. Darum weiht sich der Deutsche der nationalen Ehre und Freiheit seines Volkes mit allen Sinnen und Trachten, für sie opfert er Gut, Blut und Leben.

2. Aus dem nationalen Staatsgedanken erwächst der *nationale Staatswille*, den Persönlichkeitswert der Nation selbst zu behaupten gegen alle Hemmungen von innen und außen. Er schließt deshalb den *Willen zur Macht* ein. Was will er besagen?

Jedem Geschöpfe ist vom Schöpfer das *Gebot der Selbsterhal-*

tung und *des Sich-zur-Geltung-Bringens* gegeben; nur so kann es bestehen und den Sinn seines Daseins erfüllen. Darum ward den leblosen Dingen und den Pflanzen die Widerstandskraft gegeben. Den Tieren wurden die Mittel und Kräfte der Verteidigung gegeben: die Schutzfarbe, die Schale oder Wohnhöhle, die Schnelligkeit der Füße oder Flügel zwecks Erleichterung der Flucht, die Waffen der Zähne, Krallen, Hörner, der Hufe, des Giftstachels, der List. Der Mensch soll sich leiblich selbst behaupten durch Körperkraft, nötigenfalls unter Anwendung von äußern Abwehrmitteln; er soll seine Ehre und Freiheit selbst behaupten durch die moralische Macht der Würde in Ehrenhaftigkeit, Rechtlichkeit, überlegener Bildung und Gesittung.

[//113//] So ist es auch Gebot der Selbsterhaltung der Nation, daß sie ihre Ehre und Freiheit zur Geltung bringt und gegen jede freventliche Verletzung behauptet. Das ist ihre *unweigerliche Pflicht*. Auf äußere Güter und Lebensnotwendigkeiten kann der einzelne im Notfalle verzichten; die Geltung seiner Ehre und Freiheit darf er nicht verletzen oder zerstören lassen. Denn mit ihr steht und fällt die einzelne Persönlichkeit und die Nation. Darum muß diese das Leben, Gut und Blut ihrer Bürger für ihre Ehre einsetzen. Diesen nationalen Staatswillen haben die deutsche Dichtung und der deutsche vaterländische, nationale Gesang, alle künstlerische Sinnbildgestaltung nationalen Denkens und Wollens zu allen Zeiten ehrbewußt bekannt und gefeiert; alle schweren Verteidigungs- und Befreiungskämpfe haben ihn in heldenhaftem Opfersinn bewährt.

Eine Nation kann sich aber nur durch *Machtentfaltung* zur Geltung bringen und selbst behaupten. Eine dreifache Macht steht ihr dafür zur Verfügung: die moralische, staatspolitisch-diplomatische und wehrhafte Macht der Befehls- und Zwangsgewalt im Innern, der Waffengewalt nach außen. [...]

[//115//] Unentbehrlich ist zurzeit noch die *kriegerische Wehrmacht*, und zwar um so mehr, als es noch keine mit Befehls- und Zwangsgewalt ausgerüstete Rechtsordnung über den Nationen gibt. Je grauenhafter aber der neuzeitliche Krieg geworden ist, je mehr der Ausdehnungsdrang der Nationen mit dem Eintritt in die Weltpolitik und Weltwirtschaft geworden ist, je breiter und tiefer die Bildung und Gesittung gepflegt wird, um so mehr müssen alle Nationen dahin wirken, daß der allgemeine moralische Zwang zur Verständigung und zum friedlichen Verkehre der Völker gestärkt, dazu die Kriegsführung menschenwürdiger geordnet wird. Nach beiden Seiten hin ist von Jahrhundert zu Jahrhundert Großes erreicht; das muß uns bestärken in dem ernsten Willen, den Krieg weiterhin einzuschränken und zu zivilisieren.

Inzwischen ist *die Bereithaltung der kriegerischen Wehrmacht* als des letzten Mittels der Selbstbehauptung der nationalen Ehre und Freiheit in der Notwehr weiterhin notwendig. Gegen unerträgliche Verletzungen ihrer Ehre und Freiheit bleibt der Nation letztlich nur die Anrufung der Entscheidung durch *das Gottesurteil des Kampfes* übrig, wenn die friedliche Geltendmachung der moralischen und staatspolitisch-diplomatischen Machtentfaltung beim Gegner versagt. Und versagen können alle Schiedsgerichte und Völkerbünde, die nur soviel halten können, wie die freiwillig sie aufrechterhaltenden Völker zu leisten vermögen in der Bändigung der dämonischen Mächte der Machtgier, des Hasses und Neides, der ererbten Vorurteile. Solange diese Mächte innerhalb jeder Nation unter den eignen Volksgenossen hemmungslos sich auswirken in wirtschaftlichen Interessen- und Klassenkämpfen, in politischen Parteikämpfen, in konfessionellen und weltanschaulichen Kämpfen, im Hasse und Neide von Verwandten und Nachbaren, solange sie dort moralisch Menschen verwunden und morden, ist nicht zu erwarten, daß Völker, die sich seit Jahrhunderten fremd und vorurteilsvoll, mit entgegengesetzten Interessen gegenüberstehen, letztlich den Frieden dem Kriege vorziehen. An diesen Wurzeln der Machtgier, des Neides, der Selbstüberhebung im eignen Volke gilt es anzusetzen, wenn wir den Krieg unter fremden Völkern zunächst einzudämmen versu-

chen durch Verbreitung der Friedensstimmung, durch Verpflich-
tung zur Anrufung zwischenstaatlicher Schiedsgerichte, durch
Beschränkung der Rüstungen. Wollen wir aus echtem Wirklich-
keitssinne in solcher Art dem Frieden die Wege bahnen, dann
müssen wir unser Augenmerk zuerst richten auf die Bändigung
der mammonistischen [//116//] Wirtschafts- und Lebensgesinnung, deren stärkster Träger der in alle Volkskreise eingedrungene Geist des Kapitalismus ist. Sie sieht den Zweck und Inhalt
des Lebens im rücksichtslosen Wettbewerbe der einzelnen um
den größtmöglichen Gewinn und Genuß der äußern Güter aus
bloßem Erwerbsgeiste, statt den Sinn des Lebens zu setzen in die
Veredlung alles Arbeitens und Strebens durch den Berufsgeist als
Geist des Dienstes an den zu betreuenden Menschen, in die Veredlung alles Wettbewerbes unter einzelnen, Ständen und Völkern
durch den Geist der Lebensgemeinschaft, die allen Gliedern Lebensergänzung und Lebenserhöhung bringt. (Vgl. A. Pieper, Be-
rufsgedanke und Berufsstand im Wirtschaftsleben.) Als Imperia-
lismus hat diese mammonistische Lebensauffassung den Völker-
haß gezüchtet und den Ausbruch des Weltkrieges beschleunigt,
seinen Umfang erweitert, das gehässige Friedensdiktat herbeigeführt; es [sic] hält heute noch die Friedlosigkeit der Welt aufrecht.

Zum andern gilt es, den nationalen Gedanken zu veredlen
und aus den Fesseln des macht- und eroberungsgierigen Nationalismus zu befreien. Eine Friedensbewegung, die nicht vorerst
diese Wurzeln auszurotten sucht, begnügt sich mit Lufthieben.

Bleibt somit zunächst die Notwendigkeit der Wehrmacht als
des letzten Mittels der Selbstbehauptung der Nation, das so lange
wie möglich als moralisches Druckmittel zu benützen ist, so ist
die Reinheit seines schicksalsnotwendigen Zweckes dadurch zu
gewährleisten, daß man mit ergriffener Ehrfurcht vom Kriege
denkt. Er bleibt der Anruf eines *Gottesgerichtes* aus dem reinen
Gewissen, die Pflicht der Selbstbehauptung der Nation zu erfüllen. Darum wird kein gewissenhafter, ehrenhafter Staatsmann als
Beauftragter seiner Nation ohne Zittern und Beben sich für An-

wendung des Krieges entscheiden. [...] Wer immer daher, von den idealen Forderungen der Menschlichkeit ausgehend, glaubt, grundsätzlich und für allemal über die Erlaubtheit oder Nichterlaubtheit des Krieges urteilen zu können, möge nicht vergessen, zweierlei in Erwägung zu ziehen. Einmal, daß der verantwortliche Leiter eines Staatsvolkes sich von Gott berufen erachten muß, die Pflicht der Nation zur Selbstbehauptung ihrer Freiheit und Ehre auch mit dem Opfer von Gut, Blut und Leben zu erfüllen; er hat nicht das Recht, diese furchtbare Pflicht abzulehnen, wenn er sich dadurch der Gefahr aussetzt, darob die Ehre und Freiheit der Nation preiszugeben, damit seine [//117//] Nation dem schrecklichen Elende zu überantworten, das einer vernichteten Nation harret, die nicht leben und sterben kann. Zum andern soll er beachten, daß Gott immer wieder Menschen in den Tod schickt um des Kampfes für die Selbstbehauptung höherer, geistiger Güter und Werte willen. Alle Propheten hat Gott in den Tod geschickt, und unter Hinweis auf sie hat Christus sein Leben im Kampfe für seine Sendung geopfert. Im stillen Einzelleben treten zu allen Zeiten ungezählte edle Menschen um ihrer höhern Pflichterfüllung im Befolgen ihres Berufes als Rufes Gottes willen in den Kampf mit dem Einsatze ihres Gutes, Blutes und auch des leiblichen Lebens. Christus hat von seinen Jüngern diesen Einsatz gefordert, und er hat ihnen nicht in Aussicht gestellt, daß die Menschheit zu jener vollkommenen Geistigkeit und Sittlichkeit aufsteigen werde, die den Einsatz von Blut und Leben überflüssig machen würden. Es ist also nicht so, daß das Opfer von Blut und Leben gottlos, widerchristlich sei. Selbstverständlich muß der Preis dafür hoch genug sein. Aber nicht zu hoch dafür ist der Preis der Selbstbehauptung der Ehre und Freiheit der Nation, des höchsten, oberhoheitlichen irdischen Geistesgutes der Völker.

Damit, daß das Friedensdiktat das deutsche Volk gewaltsam entwaffnet, seine kriegerische Wehrmacht zerstört hat, sind wir nicht entbunden von der Pflicht, den *Geist der Wehrhaftigkeit* unter uns zu pflegen. Er ist heute und für die absehbare Zukunft ein Wesensteil des nationalen Staatsgedankens und Staatswillens. Niemand vermag ihn uns zu verwehren. Er ist der Kern der uns genommenen äußeren Wehrmacht. Die andern Völker müßten uns verachten, wenn wir uns durch die gewaltsame Entwaffnung dazu verleiten ließen, auf den Geist der Wehrhaftigkeit und den Willen zur Pflege der kriegerischen Tüchtigkeit zu verzichten. Das dürfen wir um so weniger zulassen, als die Absicht der Kriegsgegner bei der willkürlichen Entwaffnung des deutschen Volkes ist, unser nationales Ehrbewußtsein zu schwächen, unsere nationale Ehrenstellung unter den Völkern herabzusetzen, unsere Geltung zu mindern.

Wir müssen diesen Geist der Wehrhaftigkeit als letztes Mittel der äußeren Selbstbehauptung auch darum nicht unter uns verkümmern lassen, weil er unserm weithin sittlich erschlafften, weil der mammonistischen Lebensgesinnung verhafteten, leiblich verweichlichten Geschlechte unentbehrlich ist als edelstes Erziehungsmittel zur leiblich-geistigen Stählung des mannhaften Mutes im Kampfe und Meistern des Lebens, zur erhabenen Zielsetzung des Lebens, zur ritterlichen Gesinnung. Der Geist der Wehrhaftigkeit aus nationaler Ehre und Freiheit, der zuerst nach Wahrung des Friedens durch Aufbringung der moralischen Macht der nationalen Würde trachtet, ist die Probe darauf, ob der nationale Ehr- und Freiheitssinn von einem Volke über alle andern Güter des Lebens gestellt wird. Er ist als Eisen im Blute und Stahl in den Nerven für ein hochstehendes Wirtschaftsvolk und [//118//] Kulturvolk das notwendige Gegenmittel gegen die Gefahr der Verweichlichung auf einer Stufe der geistigen und sittlichen Entwicklung, die noch weit entfernt ist von der unbestrittenen Vormacht des Geistes und der Sittlichkeit über die niedern Regungen des leiblich-geistigen Lebenswillen. In dem Kulturkreise, dem wir angehören, gingen alle Wirtschafts- und Kulturvölker in Verweichlichung unter, die den Geist der Bereitschaft zur kriegerischen Wehrhaftigkeit verkümmern ließen. Davor, daß er in kriegerische Rauflust ausartet, muß die hohe Auffassung des nationalen Staatsgedankens bewahren. Nicht minder die religiöse Auffassung desselben, die in allen innern und äußern, friedlichen und wehrhaften Aufgaben des Staatsvolkes keinen Selbstzweck, sondern ein Mittel sieht zur Verwirklichung des geistigen Sinnes des Staatsvolkes, nämlich der höhern innern Menschwerdung während der Zeit, da der unsterbliche Geist im Fleische lebt, an die Sinne und an die Bedürfnisse der äußern Welt gebunden ist. Das Reich der Seele als Reich Gottes in den Seelen aufzurichten durch die Pflege der Ewigkeitswerte in der höhern Sinngebung aller irdischen Aufgaben des Wirtschaftsvolkes, Kulturvolkes und Staatsvolkes, ist dem religiösen Menschen die Lösung des Lebensrätsels. [...]

[...] Der nationale Gedanke schaut ahnend, gläubig den Sinn und Zusammenhang von Vergangenheit und Zukunft, weil ihm der Gottesgedanke der Nation und der schicksalhaften [//119//] Bestimmung ihres Handelns zum klaren Bewußtsein kommt Er weiß sich mit dem von der Nation zu verwirklichenden Gottesplan vertraut, im Bunde mit Gott. Darum haben die bewundernden Völker die Schöpfer und Mahner großer Nationen die Sendlinge Gottes, Diener des Schicksals genannt. [...]

[//120//] [...] *Wer ist national gesinnt?* National gesinnt ist derjenige deutsche Staatsbürger, in dem der nationale Staatsgedanke und Staatswille seines Volkes lebt. Dieser besagt den stolzen Willen des deutschen Volkes, sich unter den andern Völkern als freie Volkspersönlichkeit nach innen und außen selbst zu behaupten. Eine echte Nation will auf eignen Füßen stehen, ihre Angelegenheiten selbständig erledigen, sich darin nicht von Fremden bevormunden und beengen lassen. Sie lehnt deshalb Fremdherrschaft über sich ab, will aber auch nicht über andere Völker eine [//121//] Fremdherrschaft aufrichten, sie nicht beherrschen oder verknechten. Ein Volk, das in der Welt als Nation dastehen will, wacht darüber, daß die andern Völker seine Ehre achten. Es weiß aber auch, daß eine Nation seine Ehre nur selbst sich geben und wahren kann durch die Ehrenhaftigkeit, Rechtlichkeit, Gesittung, durch die Hochachtung vor Gesetz und Ordnung, durch ein hohes Pflichtgefühl und starken Selbstverantwortlichkeitswillen, durch die Entschlossenheit, seine Verbindlichkeiten gegen die eignen Bürger wie gegen andere Völker zu erfüllen durch Arbeitsamkeit und Fleiß.

Durch all das gibt sich eine Nation ihre *Würde* und die *moralische Macht*, die andere Völker wirkungsvoller in den Schranken hält als die bloße Wehrmacht. Das wußten manche Neider, als sie schon vor dem Krieg und ungehemmt während des Krieges wie nach demselben die Ehre und Würde der deutschen Nation herabzusetzen suchten. Heute, da die Deutschen äußerlich wehrlos und machtlos sind, müssen sie um so mehr die moralische, sittliche Macht in ihrem nationalen Sinnen und Handeln pflegen und nach außen zur Geltung bringen. Daran kann sie niemand, als nur sie selbst, hindern; diese moralische nationale Machtentfaltung kann niemand entwaffnen. Diesen nationalen Staatsgedanken und Staatswillen muß jeder Bürger und jede Bürgerin aufbringen. Ein jeder Deutsche muß national bis in die Knochen sein. Dadurch trägt er dazu bei, daß das deutsche Volk Eisen in seinem Blute, Rückgrat und aufrechte Haltung in seinem Volkskörper hat. […]

[Es folgt im gleichen Buchabschnitt eine Abgrenzung vom Nationalismus, zunächst *nach außen* hin: „Im Auslande gibt es einen Nationalismus, der das eigne Volk als das auserwählte, zur Herrschaft über alle übrigen Völker berufene erachtet. Er frönt rücksichtslos seinen Machtgelüsten, schreitet über die Rechte anderer Völker hinweg, sucht sie zu verknechten, versklaven, auszubeuten […]. Solche Weltherrschaft hat das deutsche Volk nie angestrebt; vielmehr hat es jahrhundertelang Mangel an Willen zur Selbstbehauptung als Nation unter andern Nationen bekundet."

Hingegen gelte es *in* Deutschland jedoch einen Nationalismus zu bekämpfen, der in der Frage der nationalen Selbstbehauptung „als *erstes oder gar als alleiniges* [...] *Mittel* [...] den Einsatz der *militärischen Macht"* ansehe (Selbstbehauptung primär durch kriegerische Stärke) und nach innen machtpolitisch „*die Beherrschung der breiten Kreise der Bürger durch ein absolutistisches Regiment* in Hand weniger Bevorrechteter" anstrebe („Feindschaft gegen die Volksfreiheit").]

[Nr. 3]

Aus dem Sonderdruck
„Der Nationalsozialismus"
(1931)

Der Nationalsozialismus. Erstes Heft. (= Sonderabdruck aus
Führer-Korrespondenz Nr. 1/1931.) Volksvereins-Verlag in
M. Gladbach. o.J. [24 Seiten.][1]

Am 19./20. Januar und 17. Februar 1931 fanden im Volksvereinshaus in Mönchengladbach zwei Tagungen statt, in
welchen sich die Referenten mit den Gefahren des in den
Reichstagswahlen von 1930 sensationell erfolgreichen Nationalsozialismus auseinandersetzten. Die dort gehaltenen
Referate wurden in der ‚Führer-Korrespondenz', Jahrgang
44 (1931) veröffentlicht sowie zusätzlich über Sonderdru-
cke, herausgegeben von der Zentralstelle des Volksvereins
für das katholische Deutschland in Mönchengladbach, verbreitet.[2] Einige dieser Texte waren, erkennbar an den Initia-
len A.P., von August Pieper verfasst worden, aber auch einige der nicht namentlich gekennzeichneten Referate wurden von Pieper gehalten, wie zahlreiche inhaltliche und

---

[1] Dieser erste Sonderdruck zum Thema enthält: *Der Rechtsradikalismus der
Nationalsozialisten* (S. 1-8) [zuerst in: Führer-Korrespondenz, 44. Jg., 1931, S.
19-27]; *Leitgedanke und Lebenswille des nationalen Sozialismus* (S. 8-13) [zuerst
in: Führer-Korrespondenz, 44. Jg., 1931, S. 27-32]; *Das nationalsozialistische
Parteiprogramm* (S. 13-20) [zuerst in: Führer-Korrespondenz, 44. Jg., 1931, S.
32-40]; *Der Nationalsozialismus debattiert nicht, sondern er mobilisiert den Willen
zur Tat* (S. 20-24) [zuerst in: Führer-Korrespondenz, 44. Jg., 1931, S. 40-44].
[2] Vgl. hierzu u.a. die Bemerkungen bei Gotthard KLEIN, Der Volksverein für
das katholische Deutschland 1890-1933. Geschichte, Bedeutung, Untergang,
Paderborn u.a. 1996, S. 275f.

sprachliche Eigenheiten zweifelsfrei belegen, und was u.a. auch von dem Zeitgenossen Rudolf Padberg bestätigt wird.[3] – In diesen Texten (vgl. auch →Nr. 4) zeigt sich Piepers Ringen um einen in seinen Augen sinnvollen Umgang mit dem Nationalsozialismus. Zwar kritisiert er scharf dessen verfassungsfeindliche Versuche, die Macht im Staate durch Anwendung von Gewalt und Terror zu erringen, aber er findet auch Anknüpfungspunkte, die in seinen Augen eine Zusammenarbeit zwischen den bürgerlichen Parteien und den gemäßigten Elementen der NSDAP ermöglichen oder sogar erforderlich machen: Solche vermeintlichen gemeinsamen Schnittmengen bilden laut Pieper z.B. das Eintreten des Nationalsozialismus für „die Befreiung des deutschen Volkes von den Fesseln des Friedensdiktats", „die Erweckung des Staatsgedankens der Ehre, Größe und Macht der Nation", die „echten Führerpersönlichkeiten" der NSDAP sowie deren Bereitschaft, durch „ständische genossenschaftliche Gliederung der Wirtschaft" der „Volksgemeinschaft zu dienen". Zwar verurteilt er die „faschistische Staatsordnung" und den „nationalsozialistischen Rassenkampf nach innen und außen", aber er sieht anderseits in Teilen der NS-Bewegung auch das Bemühen um eine „neue Lebensform der Volksgemeinschaft", und diese „radikale junge Generation" ist in seinen Augen „trächtig an Keimen eines Neuen".

---

[3] Rudolf PADBERG, Kirche und Nationalsozialismus am Beispiel Westfalen. Ein Beitrag zur Seelsorgekunde der jüngsten Zeitgeschichte, Paderborn 1984, S. 44-47.

DER RECHTSRADIKALISMUS DER NATIONALSOZIALISTEN

Mit dem Linksradikalismus der Kommunisten hat der national-sozialistische Rechtsradikalismus gemeinsam den Willen, an die Stelle des deutschen demokratischen, volksfreiheitlichen Staates die Herrschaft seiner Partei über den Staat zu setzen. Diese Herrschaft will er nicht auf dem Boden des Parlamentes im Wege eines Mehrheitsbeschlusses erringen, sondern durch den „Marsch auf Berlin", durch die bewaffnete Überrumpelung der bisherigen Machthaber. Die siegreiche Partei wird ihren Führer, Adolf Hitler, mit unbeschränkter, diktatorischer Machtfülle ausstatten. Er verspricht, das mit dem Kopfe oder mit der Faust arbeitende deutsche Volk, die Geistesarbeiter und Handarbeiter, zu befreien erstens auf *nationalem* Gebiete von den die Freiheit der deutschen Nation unterdrückenden Gewaltmaßnahmen des Versailler Diktates, namentlich von den Reparationszahlungen, zweitens auf *sozialem* Gebiete von den sozialen Ungerechtigkeiten, insbesondere durch Brechung der Zinsknechtschaft, der Herrschaft des nur raffenden ausländischen und inländischen Großleihkapitals. Die wirtschaftspolitische und soziale Forderung des Parteiprogramms: „Alle Deutschen bilden eine Werkgemeinschaft zur Förderung der allgemeinen Wohlfahrt und Kultur, bei allgemeiner Arbeitspflicht, unter Anerkennung des Privateigentums sowie der freien Erwerbstätigkeit und der freien Verfügung über den Arbeitsvertrag", soll durch einen neuen Staatssozialismus verwirklicht werden, der berufsständische Kammern der schaffenden Berufe vorsieht, diese aber der Leitung des Diktators unterordnet. An die Stelle von freien Berufsorganisationen treten durch staatliche Anordnung eingeführte Korporationen, die an die Marschroute der den Staat beherrschenden Nationalsozialistischen Partei gebunden sind. Hierin folgt man dem Vorbilde des von Mussolini regierten faschistischen Staates in Italien.

1. Der Nationalsozialismus bekennt sich also zum gewaltsamen Umsturze der in Weimar begründeten und unter vielen in-

neren Widerständen zur Ruhe und Ordnung gelangten Demokratie, des neuen Volksstaates, in dem die Staatsgewalt vom Volke als Gesamtheit ausgeht, und der unter einem frei vom Volke auf bestimmte Zeit gewählten Reichspräsidenten regiert wird. Der erstrebte nationalsozialistische, faschistische Staat ist dagegen eine Diktatur, unter der alle Staatsgewalt nur von der Nationalsozialistischen Partei ausgeht und die gesamte, auch wirtschaftspolitische, Regierung und Verwaltung nur von den Mitgliedern der Nationalsozialistischen Partei [//2//] bestellt, besetzt und kontrolliert wird nach den Bestimmungen und Anordnungen des Diktators, dem alle Parteigenossen blinden Gehorsam schulden. Darin ähnelt der nationalsozialistische Staat auch der von den Bolschewiken aufgerichteten und von den deutschen Kommunisten erstrebten Diktatur des Proletariates. Der Unterschied von dieser besteht nur darin, daß die Bolschewisten und Kommunisten die Diktatur in die Hände des sozialistischen Industrieproletariates legen, die Nationalsozialisten dagegen die Diktatur den erbittertsten Gegnern sowohl des marxistischen Sozialismus wie der Demokratie anvertrauen. Darum bezeichnen sie ihren geplanten Staatsumsturz als die *Gegenrevolution* gegen die „frevelhaften" Errungenschaften der November-Revolution von 1918.

Der Nationalsozialismus ist also ebenso *revolutionär* wie *reaktionär*, das heißt Feind der allgemeinen Freiheitsrechte. Im deutschen Volksstaate haben Kommunisten und Nationalsozialisten das Recht, zum Volksvertreter gewählt zu werden, das Recht der freien Meinungsäußerung, Preßfreiheit und Versammlungsfreiheit. Im Staate der Diktatur besitzen nur die Mitglieder der alleinherrschenden Nationalsozialistischen Partei diese Rechte. Denn jede Äußerung oder Handlung, die den Interessen des Staates der Diktatur zuwider ist, wird als Landesverrat streng bestraft, in zahlreichen Fällen mit Todesstrafe. Die Häufigkeit der Todesstrafe für politische Verbrecher hat das nationalsozialistische Programm mit der Diktatur der Bolschewiken gemeinsam; Mussolini unterdrückt auf das schärfste jede Agitation gegen sein faschistisches Regiment, aber er begnügt sich mit Verbannung auf einsame Inseln.

2. Der Nationalsozialismus erstrebt nicht bloß die Herrschaft über die auswärtige und innere Politik, die Wirtschafts- und Sozialpolitik. Er will auch *kulturelle Ziele* verwirklichen, eine *Lebensreform* herbeiführen, all das natürlich nach dem Diktate der alleinherrschenden, jeden Widerspruch schwer strafenden Nationalsozialistischen Partei. Das Programm sieht vor „die Unterdrückung aller schädigenden Einflüsse in Schrifttum und Presse, Büchern, Kunst und Lichtspiel", „Unterdrückung aller Presseerzeugnisse, die gegen die Belange des deutschen Volkes verstoßen". Dazu sagt das von Hitler mit einem Geleitwort versehene Buch von Gottfried Feder, „Der deutsche Staat auf nationaler und sozialer Grundlage" im Abschnitte Kulturpolitik: „Die kulturpolitische Aufgabe eines großdeutschen nationalsozialistischen Staates wird zunächst eine ungeheure Reinigungsarbeit sein; eine Reinigung unserer Kunst, Literatur und Wissenschaft, Theater, Presse sowie unserer Hochschulen von den verderblichen Einflüssen des jüdischen Geistes" (S. 187). Damit ist der Anfang gemacht mit einem kulturellen Ausnahmegesetze, das eine Parteidiktatur selbstherrlich gibt und ausführt nach ihrer Parteimeinung davon, was „gegen die Belange des deutschen Volkes verstößt". Die Aufgaben der Kultur und des Lebens gemäß dem Geiste deutscher Sittlichkeit darf ein Volk niemals einer Parteidiktatur überlassen, zumal wenn deren Gründer und Agitatoren heute ihre politischen Gegner auf der Straße überfallen und mißhandeln, deren Versammlungen durch Lärm zu sprengen suchen, im Parlamente nach Belieben Lärm schlagen, [//3//] um die Erledigung der parlamentarischen Arbeiten zu hindern. Einer solchen Partei die Diktatur über Kultur, Sittlichkeit, Recht, Wissenschaft zu überlassen, wäre ein Frevel.

3. Die Nationalsozialisten lehnen jeden geistigen Kampf mit ihren Gegnern ab, lassen sich mit diesen nicht einmal ein auf eine sachliche Auseinandersetzung über den Inhalt des nationalsozia-

listischen Programms: Sie wollen ja auch gar nicht abwarten, bis sie durch sachgemäße Empfehlung und Begründung ihres Programms eine Mehrheit im Volke für sich gewonnen haben. Als Weg zur diktatorischen Alleinherrschaft über den deutschen Staat kennen sie nur die *bewaffnete Überrumpelung* der heutigen Machthaber. Diese verspricht nur dann Erfolg, wenn es vorher gelingt, das öffentliche Leben des demokratischen Volksstaates in Verwirrung, in ein Chaos zu stürzen. Dieses Chaos wollen sie vorbereiten, indem sie an den Wahlen teilnehmen einmal in der Absicht, um möglichst viele Wähler durch die bombastischen Versprechen einer sofortigen Rettung des deutschen Volkes aus nationaler und wirtschaftlicher Bedrückung an sich zu ziehen, sie als Überläufer dem Kampfplatze zu entziehen, damit mattzusetzen. Denn die Eroberung der Herrschaft der Diktatur über den Staat erwarten die Nationalsozialisten nicht von einer revolutionären Erhebung der Volksmassen. Die Eroberung ist vorbehalten dem Marsch der Zweihunderttausend nach Berlin; dieser bewaffnete Stoßtrupp von Mutigen, die ihr Leben freudig einsetzen, besorgt schon nach dem Vorbilde der russischen Rotgardisten und der italienischen faschistischen Miliz den Sieg, wenn nur erst die Träger und Anhänger des heutigen Volksstaates seelisch und moralisch zermürbt, vor allem hinreichend terrorisiert sind. Diese *Zermürbung und Einschüchterung* namentlich der bürgerlichen Parteien dient ebenfalls die Teilnahme der Nationalsozialisten an den Wahlen und Parlamenten, und sie hatte mit ihren Gewalttätigkeiten auch überall dort, wo nicht die Anhänger des Volksstaates sich kräftig gegen den Terror zur Wehr setzten, den Erfolg, daß die Gegner der Nationalsozialistischen Partei während des Wahlkampfes in der Öffentlichkeit nicht zur Worte oder doch nicht zur Geltung kamen. Der Wahlkampf gab ferner die Gelegenheit zur Parade und zum Manöveraufmarsche der „Armee Hitlers", zur Bekundung ihres Glaubens an den Sieg. Damit ging Hand in Hand ein Zeitungsfeldzug gegen Skandale in den Reihen der gegnerischen Parteien. Auf Grund einer organisierten gehei-

men Späherei und Zuträgerei wurde nach dem Vorbilde der Re-
volverpresse das Privatleben von führenden Persönlichkeiten
dem Tagesklatsch preisgegeben, vornehmlich auf etwaige „Berei-
cherung auf Kosten der notleidenden Allgemeinheit" unter Anwendung von Verdächtigungen untersucht. Mit der Erörterung
von Belastungsstoff wurde anderen Personen gedroht, falls die
nicht aus der politischen Öffentlichkeit verschwänden. Der
Zweck all dessen ist, von der führenden Beteiligung im bürgerlichen politischen Leben abzuschrecken, so das politische Terrain
für die Nationalistische Partei in Beschlag zu nehmen. Dann wäre
vor dem Volke festgestellt, daß Mut, Tapferkeit, Wille zur Aktivität, Glaube an die eigene Sache nur mehr bei den Nationalsozialisten [//4//] zu Hause sei. Vor diesen Rettern des Vaterlandes
zögen sich ja die Vertreter der Demokratie feige und schuldbe-
wußt zurück.

Deshalb benützt die Nationalsozialistische Partei, wie ihre
heutige Beteiligung an Wahlen und Parlament, so auch ihr *Parteiprogramm* nur als vorübergehendes *Werbemittel*. Es sagt mehr, was
alles unter der Herrschaft der nationalsozialistischen Diktatur
nicht mehr geduldet und vorhanden sein soll, als daß es Aus-
kunft darüber gäbe, was und wie anderes dafür von jener Diktatur aufgebaut werden soll; wie sie z.B. nach Brechung der inneren
„Zinsknechtschaft" noch die uns für die Zukunft zum Schicksal
gewordene kapitalistische Wirtschaftsweise, also die Geldwirt-
schaft, aufrechterhalten will, wie sie ferner ohne Gefährdung des
deutschen Volkes kurzweg die äußere „Zinsknechtschaft" brechen will durch Verweigerung jeder Reparationszahlung und
jeder Zinszahlung für die uns unentbehrlichen Anleihen beim
Auslande. Auf Anfragen aus dem Auslande hat Hitler schon bedeutende Rückzüge von den bisherigen Versprechungen einer
Brechung der Bestimmungen des Versailler Diktates vollzogen
mit der burschikosen, aber wenig imponierenden Begründung.
„Es kommt nicht auf unser Wollen, sondern auf unser Können
an." Im Parteiprogramm fehlt dieser wichtige Satz. Im November

1930 haben denn auch die nationalsozialistischen Vertreter im Auswärtigen Ausschusse des Reichstages nicht gewagt, dem kommunistischen Antrage auf sofortige Einstellung aller Zahlungen aus den Verpflichtungen des Young-Plans zuzustimmen; sie haben sich, da sie gestellt wurden, um Farbe zu bekennen, feige ihrer Stimme enthalten. Auch über die neue Wirtschaftspolitik und Sozialpolitik sagt das nationalsozialistische Programm fast nur Allgemeinheiten. Dagegen sagt das Programm jedem erfahrenen Politiker deutlich, wie verantwortungslos die Nationalsozialisten mit dem außenpolitischen Schicksale Deutschlands, das völlig in den Händen der Siegerstaaten liegt, und mit den geschichtlich gewordenen Grundlagen des Staatshaushaltes und der nun einmal freien Wirtschaft umspringt; denn es sagt revolutionäre Änderungen zu, die nicht einmal fachmännisch geklärt und geprüft sind, geschweige denn irgendwo auch nur in einem engbegrenzten Verwaltungs- und Wirtschaftsgebiete, sich bewährt haben. Dieses Vorgehen erinnert an das Vorgehen sozialdemokratischer Agitation in den Zeiten, als die Sozialdemokratie in der erbitterten Opposition stand. Da fiel, als man jahrelang vertretene sozialdemokratische Programmsätze fallen lassen mußte, das Wort: „Mögen diese Programmsätze auch falsch sein, jedenfalls haben sie gute Dienste getan", nämlich für die Köderung leichtgläubiger Anhänger. Auf jeden Fall wird die Nationalsozialistische Partei, falls sie zur Diktaturherrschaft gekommen ist, selbstherrlich und ohne Rücksicht auf die früher, als man noch werben und den zu Werbenden um den Bart gehen mußte, gemachten Programmversprechungen bestimmen, was dann beliebt wird, bzw. wozu dann die harten Tatsachen zwingen. Man kann dann ja wiederholen: „Es kommt nicht auf unser Wollen, sondern auf unser Können an."

4. Das wirksamste Angriffsmittel der nationalsozialistischen Werbearbeit ist die Anklage, daß die bisherigen Machthaber im Staate, *die Träger* [//5//] *der Demokratie und der parlamentarischen Regierung,* sich ob der Uneinigkeit *unfähig erwiesen* zu einer star-

ken Regierung, und ob ihrer Ratlosigkeit gegenüber offenbaren öffentlichen Mißständen auch unfähig zum Meistern der großen Staats- und Gesellschaftsaufgaben. Das sei auch die dumpfe Überzeugung der zahllosen mit den gegenwärtigen Zuständen Unzufriedenen und vom neuen Volksstaate Enttäuschten. Deren Zahl ist namentlich groß unter den Volksgenossen, die sich um die Politik des Staates nicht kümmern, darum einen kindlichen Aberglauben an die Allmacht des Staates hegen, welche nur deshalb nicht in Bewegung gesetzt werde, weil es den Verantwortlichen an gutem Willen und an kräftigem Zugreifen fehle. Solche unpolitische Leute sind nun die geeignetste Gefolgschaft für eine Diktatur, „die Staatsform von politischen Analphabeten". Ihre Forderung nach Schlußmachen mit allem Kapitulieren vor Widerständen und mit allen Kompromissen, ihrem Verlangen nach einem radikalen Abstellen der schreienden Mißstände kommt der Nationalsozialismus mit seinem martialischen Auftreten, mit Versammlungssprengen und Niederschlagen der Gegner entgegen. Da bewähren sich die ersehnten starken Männer. Da wird im Juden und seinem Großleihkapital endlich der Hauptschuldige für alle Not des Volkes entlarvt; das Staatsbürgerrecht wird ihm abgesprochen, dem Leihkapital der Zins versagt. Das Brechen der Zinsknechtschaft wird als die äußere und innere wirtschaftliche und staatliche Rettung des deutschen Volkes bezeichnet. Es tut keinem Deutschen, sondern nur dem Juden wehe. Ist er einmal durch die Herrschaft des Nationalsozialismus unter Fremdherrschaft gestellt, kann er, soweit sich der jüdische Geist als Krebsschaden an der deutschen Kultur erweist, die Juden als lästige Fremde „abschieben", dann ist der Schaden am deutschen Volke mit der Wurzel ausgerottet. Der Rasseninstinkt ist leicht wild zu machen; mit ihm kann man die dumpfe Masse berauschen. Und mit Gewaltmitteln zu arbeiten ist ja die Stärke des Nationalsozialismus. Zugleich ist der Angriff des marxistischen „jüdischen" Sozialismus auf das Produktionskapital, das Industriekapital, abgelenkt auf das jüdische Leihkapital. So kann sich der Nationalsozialismus als Unternehmerschutztruppe auftuen und sich für die von dem Industriekapital empfangenen Geldunterstützungen dankbar erweisen. Mit Recht hat der Abgeordnete Sollmann am 26. November 1930 zu Köln erklärt: „Wir lassen nicht zu, daß die deutsche Arbeiterklasse im Dienste der Schwerindustrie, des Großgrundbesitzes, abgesetzter Fürsten und reaktionärer Würdenträger nur gegen ein Teilgebiet des Kapitalismus mobil gemacht wird." Denn glüht nach eigenem Bekenntnisse die Nationalsozialistische Partei von Eifer „gegen alle soziale Ungerechtigkeit", dann soll sie nicht die Nutznießer des Leihkapitals als Scheusale schimpfen und ihre Entrechtung fordern, dagegen die Nutznießer des Arbeits- oder Produktionskapitals als Wohltäter des Volkes erheben und die Arbeiter zur Dankbarkeit gegen sie auffordern (vgl. G. Feder a.a.O. 68, 69, 189).

Der Nationalsozialismus spekuliert also mit seinem Radikalismus und seinem Streben nach der Diktatur auf die *Hilflosigkeit* der breiten unpolitischen Massen als den besten Nährboden der Radikalisierung. Jene Hilflosen [//6//] verfallen in kindlicher Naivität dem Banne des überragenden Willens zur Macht, vor allem, wenn dessen Bekenner zugleich gewalttätig vorgehen gegen alle, die ihnen entgegentreten oder widerstehen; sie verfallen den Lockungen der Demagogie, welche die Knechtschaft umschmeichelt und verantwortungslos alles verspricht, was der Spießbürger an Ordnung, Ruhe und Sicherheit sich von oben her, ohne eigenes Mühen und Ringen, bereitgestellt wünscht. Damit rächt sich, daß die bürgerlichen Parteien sich nach der Revolution begnügten mit der Aufrichtung der Formaldemokratie, die von der Bürokratie der Parteiorganisation im Lande und von der Bürokratie der Parlamentsfraktionen verwaltet wird; beide schwebten über den Bürgern, denen sie in volkstümlichen, volksnahen Persönlichkeiten nicht bekannt waren, deren Mißtrauen in dem Maße wuchs, als die Erwartungen der vielen Wähler, die sonderbarerweise nach einem verlorenen Kriege besser als vor dem Kriege leben wollten, enttäuscht wurden. Die enttäuschten, poli-

tisch unmündigen Philister, von Goethe artig verspottet als ein
„Darm, angefüllt mit Furcht und Hoffnung", sind auf dem politischen Kampffeld die rechte Beute für die in Wort und Handeln
radikale nationalsozialistische Politik, hinter der im Hintergrund
die Waffe als letzte staatliche Machtmittel winkt und den politisch entmannten Bürger vor die Wahl zwischen Zuckerbrot und
Peitsche stellt.

Mit der Waffe haben ja auch im November 1918 die Revolutionäre die Macht erobert, die sich gegen den Bürger wandte und
ihn entthronte. Nun soll die Waffe den Bürger wieder zur politischen Macht über den Marxismus und Bolschewismus führen,
denen der Philister nur blöde Angst entgegenzubringen weiß.
Warum sollen da die Knechtseligen nicht dem Nationalsozialismus als dem Retter sich in die Arme werfen? Warum sollen sie es
zum wenigsten nicht einmal mit seiner Politik, die so reiche Versprechungen macht, versuchen? Ist ja „Vaterland und Nation!"
ihre Parole. Man kann als national gelten und dabei enteignende
sozialistische Radikalmittel, wenigsten gegen das Leihkapital,
gründlich in Anwendung bringen, sogar eine Revolution mitmachen. Man würde sich schämen, mit den sozialdemokratischen
und kommunistischen Proletariern revolutionäre Politik zu machen. Aber Industriekapitalisten, Offiziere, Adelige, ja Prinzen
bekennen sich zum Nationalsozialismus. An ihrer Seite kann man
ungescheut den Radikalismus und eine Gegenrevolution mitmachen. Übrigens ist, vom blöden antisemitischen Fanatismus abgesehen, der Nationalsozialismus dem italienischen Faschismus wie
ein Ei dem anderen ähnlich. Und hat dieser nicht den Bolschewismus und die Sozialdemokratie vom Erdboden verschwinden
gemacht, hat er nicht Ordnung im Lande und dem friedlichen
Bürger Ruhe und Sicherheit geschaffen? Hat nicht der Papst mit
Mussolini Friede geschlossen, also seine Machtstellung anerkannt? Erkennt nicht der italienische Klerus manche wohltätige
Wirkungen seiner Herrschaft an? Hat aber der italienische Faschismus anders als durch seine bewaffnete Miliz Ordnung, Ru-

he, Sicherheit, inneren Frieden in Italien herbeigeführt? Mit der bloßen Polizei wäre ihm das nicht möglich gewesen. Gewiß [//7//] hat er alle freien politischen Parteien beseitigt, die Abgeordneten und selbständigen Zeitungen mundtot, die nach seiner Wahlliste gewählte Volksvertretung zu einem Haufen von Ja-Nickern herabgedrückt, der Demokratie und der parlamentarischen Regierung den Garaus gemacht. Aber ist nicht dem politisch Unmündigen die volksfreiheitliche, demokratische Selbstregierung, ohne daß er sie wünschte, in den Schoß gefallen? Er hat doch nicht für sie gekämpft. Und eine Volksbewegung für nationale Erweckung und staatsbürgerliche Bildung und Schulung hat doch auch keine bürgerliche Partei in Deutschland in das Werk gesetzt. Politischer Aktivismus, außer plötzlich bei den Wahlen, haben sie ihren Wählern nicht aufgezwungen, auch nicht zugemutet. Was ist uns also eine über uns schwebende, in den Gemeinderäten, Parlamenten und Zeitungen sich abspielende Demokratie wert, wenn sie ob der Parteieifersucht und immer wiederkehrender Regierungskrisen, ob des gegenseitigen Mißtrauens und Anfeindens keine starke und stetige Regierung aufbringt, nun gar bei der Sanierung der Reichsfinanzen und der Wirtschaft sich hilflos erweist, so daß der Reichspräsident die Vormundschaft übernehmen und in Notverordnungen schaffen muß, was eine rechte Demokratie selbst zu leisten hätte. Die so reden, sind zumeist politisch Verantwortungslose und Unmündige. Wenn das Parlament nicht zur Einheit und Kraft kommt, so liegt die Schuld daran letztlich an der Uneinigkeit des „Volkswillens", den die Volksvertreter darzustellen haben, also an der wachsenden Zersplitterung der Meinungen und vor allem der Interesseforderungen der Wähler, die sich von den geschichtlichen großen Parteien, die schon aus sich auf Einigkeit drängten, absplitterten und eine eigensinnige, kleine Splitterpartei, jedes Grüppchen für sich, in die Volksvertretung schickten. So stammt die Uneinigkeit und teilweise Ratlosigkeit des demokratischen Parlaments von dem Mangel an staatspolitischem Einheitswillen der Wähler, also der

Bürger und Bürgerinnen, von denen nach der Verfassung die Staatsgewalt ausgeht, die also erstlich die Vollmacht und Pflicht des Landesvaters und der Landesmutter ist, die früher dem Fürsten und der Fürstin oblag. Und diese adelnde Vollmacht, diese Statthalterschaft Gottes, des Lenkers der Geschichte der Volksfamilie, wolltet ihr aus Scheu vor der Ehre der staatsbürgerlichen Selbstverwaltung von euch weisen, dem sinnlosen und zerstörenden Radikalismus euch hingeben oder ihm durch eure Tatenlosigkeit den Weg frei machen, damit einer Parteidiktatur, die es in Deutschland noch nicht gab, euch als Sklaven unterwerfen?

5. Soviel zur Kennzeichnung des nationalsozialistischen Rechtsradikalismus, der als staatspolitische und nationale Verirrung, wie eine Springflut neben dem marxistisch-sozialistischen Linksradikalismus sich erhoben hat, begrüßt vom russischen Bolschewismus, der die sozialistische Weltrevolution erstrebt und in dem zu revolutionären Maßnahmen sich bekennenden Nationalsozialismus seine Vorfrucht erblickt; denn er entfesselt den offenen Bürgerkrieg, dessen Vorspiel die täglichen blutigen politischen Schlägereien auf unseren Straßen sind. Ein offener politischer Bürgerkrieg in dem auch wirtschaftlich geschwächten Deutschland würde die Schrecken [//8//] der November-Revolution 1918 wiederholen, das Einschreiten der Siegerstaaten in einer neuen Besatzung zur Folge haben. Der Traum von einer friedlich von dem deutschen Volke hingenommenen Herrschaft der Diktatur eines nationalsozialistischen Faschismus wäre die schwerste alle Selbsttäuschungen, denen die Deutschen zu ihrem schweren Schaden sich leider so oft hingegeben haben. Nehmen wir deshalb den neuerlichen Rechtsradikalismus ernst!

Leitgedanke und Lebenswille des nationalen Sozialismus

1. Bei der Reichstagswahl 1930 ist die Nationalsozialistische Partei wie eine Springflut in die deutsche Wählerschaft eingebrochen. Sie riß 6,4 Millionen Wähler, gleich 18,3 vom Hundert der Gesamtwähler, an sich, teils aus dem bisherigen Bestande der bürgerlichen Parteien, teils aus der Reserve der früheren Nichtwähler und Neuwähler. Zu dem sozialistischen Linksradikalismus der Sozialdemokraten und Kommunisten gesellte sich der Rechtsradikalismus der Nationalsozialisten. Diese drei stärksten Parteien des Reichstages stellen 327 Abgeordnete, während die übrigen sogenannten bürgerlichen, zur alten Gesellschaftsordnung sich bekennenden, insgesamt 14 Parteien, nur 250 Abgeordnete aufweisen.

Die Mehrheit der deutschen Wähler bekennt sich also zum politischen Radikalismus der mehr oder weniger revolutionären Tat, der *Sozialisierung*. Denn die Politik der Anpassung der alten Staats-, Wirtschafts- und Gesellschaftsordnung an die neuen demokratischen und sozialen Forderungen wird von der Mehrheit des deutschen Reichstages verworfen. Gilt den Trägern der alten Anpassungspolitik als Strukturgedanke der Gesellschaft: Jeder einzelne vertritt im Volksganzen seine berechtigten Eigeninteressen im freien Wettbewerb aller gegen alle, wobei er das Gemeinwohl durch den gerechten Ausgleich der Einzelinteressen zu wahren hat, so lautet der gemeinsame Leitgedanke aller Vertreter einer sozialistischen Gesellschaftsordnung: Jeder Volksgenosse ist geborenes Glied der Volksgemeinschaft oder Gesellschaft. An die Stelle der Ichsucht und Selbstsucht hat zu treten der pflichtbewußte Wille jedes Volksgenossen, überall nur dem Wohle des Gesamtvolkes zu dienen. Jeder Bürger muß seine wirtschaftliche, soziale, politische Arbeit als Dienstpflicht am Volke ausüben. Alle seine gesellschaftliche Betätigung ist Erfüllung der Arbeitsdienstpflicht am Volke, das alle Volksgenossen in gleicher Gerechtigkeit und Liebe betreut. Jeder echte sozialistische Bürger ist stolz darauf, aus freiem Entschlusse sich zu dieser Ehrenpflicht zu bekennen und sie freudig zu erfüllen aus dem Lebenswillen zu einer höheren, edleren Volksgemeinschaft der Freien, in der es keine verknechtende und bedrückende Machtherrschaft von Volksgenossen über Volksgenossen mehr gibt.

Daß dieser Leitgedanke und Lebenswille jedes Sozialismus nun von der Mehrheit der deutschen Wähler gebilligt, gewollt ist, so ernst und entschlossen, daß sie als Mittel der Durchführung dieses Willens radikale, revolutionäre Maßnahmen fordern, bedeutet eine *Wende in der politischen Einstellung* [//9//] des deutschen Volkes. Es ist kleinlich, wenn man glaubt, diese Wendung als Folge der Verzweiflungsstimmung ob der Wirtschaftsnöte, also als eine vorübergehende Augenblicksstimmung hinreichend erklären zu können. Wer einmal eine sozialistische Partei unter Ablehnung der bürgerlichen Parteien gewählt hat, der hat mit einer überlieferten politischen Grundanschauung gebrochen und einer radikal gegensätzlichen, zu revolutionären Mitteln sich bekennenden Partei sein Vertrauen erklärt. Er hat eine Lebensanschauung und einen Lebenswillen gewechselt. *Allem verbrämten oder gemäßigten, in gewisse Schranken zurückgewiesenen Individualismus hat er die radikale Absage erteilt*; er hat das Bewußtsein: früher stand ich auf dem Kopfe, jetzt habe ich mich auf meine Beine gestellt. Statt individualistisch, denkt er nun universalistisch, jedenfalls aber kollektivistisch oder massenindividualistisch. Es bedeutet einen schlechten Trost, wenn man darauf hinweist, daß die drei sozialistischen Gruppen sich bitter hassen und bekämpfen in den Ansichten über die Mittel und Wege der sozialistischen Vergemeinschaftung. Überließe man diese feindlichen Brüder ihrem Kampfe um die Macht, lehnte man es auf bürgerlicher Seite ab, den radikalisierten universalistischen Lebenswillen zu einer echten Volksgemeinschaft in allem, was *geistig-organische Lebensgemeinschaft* schafft und einst, in der Jungmannschaft unseres Volkes, auch noch in der vorkapitalistischen Zeit, verwirklichte, nun wiederum zu verwirklichen, so würde die Masse der In-

dustrieproletarier, Arbeiter und Angestellte, also die Mehrheit
der Sozialisten, jedenfalls die Nationalsozialisten, also die Minderheit, an der Durchführung ihrer Pläne hindern, dafür aber
dem Bolschewismus anheimfallen. Denn die demokratische Einstellung der Sozialdemokraten vermag sich gegenüber der Haltung der vom Bolschewismus angesteckten Kommunisten nicht
zu behaupten, wenn die bürgerlichen Parteien nicht die Forderungen einer sozialen Demokratie ernstlich erfüllen, und zwar
vornehmlich in der Beseitigung alles knechtenden, bedrücken-
den, die gesellschaftliche Ebenbürtigkeit der Besitzlosen verleug-
nenden Willens zur Herrschaft von Menschen über Menschen.
Diese seelische Sozialreform kostet kein Geld, ist aber die Haupt-
forderung der gesellschaftlich Aufwärtsdrängenden. Der Gedanke gar, man könne es auf einen Bürgerkrieg der Sozialisten unter
sich, also auf deren gegenseitige Vernichtung ankommen lassen,
ist verblendet und verbrecherisch.

2. Wie der marxistische Sozialismus nur als seelisches Problem
letztlich zu verstehen ist (vgl. A. Pieper, Kapitalismus und Sozialismus als seelisches Problem), so noch mehr der nationale Sozialismus. Ist jener als politische Partei geboren und gewachsen, so
hat der nationale Sozialismus es anfangs abgelehnt, als Partei
aufzutreten, mit der Begründung, er erstrebe vor allem eine *Lebensreform* und sei vorerst eine Weltanschauung. Seitdem er als
Partei an den Wahlen und am Parlamente sich beteiligt, unterläßt
er nicht zu betonen und durch seine Handlungen zu beweisen,
daß ihm Parteileben und Parlament nur eine Plattform ist, von
der aus er die Demokratie und den Parlamentarismus zu verwir-
ren und zu lähmen sucht. Er bekennt sich deshalb als eine *völkische Bewegung* zur Erneuerung der deutschen [//10//] Volksgemeinschaft gemäß den Forderungen der deutschen Sittlichkeit.
Darum spielt das Rassenproblem bei ihm eine führende Rolle.
Deshalb gilt der nationale Geist als die schöpferische Kraft all
seiner politischen, wirtschaftlichen, sozialen und kulturellen Forderungen. Darum bekämpft er in dem marxistischen Sozialismus,

nicht minder in der heutigen Demokratie und in ihrem Parlamentarismus den Geist des Materialismus und Mammonismus. Darum fordert er von seiner Kampftruppe den Heroismus, den Einsatz des eigenen Lebens; er ist der Überzeugung, daß die Vertreter des Parlamentarismus nicht den Mut aufbringen, für ihre Sache mit der Waffe zu kämpfen und auch zu fallen. So steht hinter
der Nationalsozialistischen Partei ein tatbereiter *Lebenswille* zur
Verwirklichung einer mit Ergriffenheit erlebten Lebenswahrheit,
nämlich der von der „Fülle der Zeit" geforderten neuen, menschenwürdigen Volksgemeinschaft. Eine irrationale Lebenswahrheit, die nicht abstrakte logische Wahrheit ist, darum auch den
von ihr ergriffenen Lebenswillen, kann man nicht logisch, abstrakt widerlegen, sondern nur überwinden durch den Erweis der
Lebensfruchtbarkeit eines anderen Lebenswillens zur Verwirklichung einer Lebenswahrheit, die der Forderung der „Fülle der
Zeit" vollauf gerecht wird. Auf diesen Erweis hat Christus, unter
Ablehnung der Schulweisheit der Schriftgelehrten sowie des von
den Pharisäern geforderten Zeichens vom Himmel, die Lebenswahrheit seiner Lehre gestützt. Dem Staatsmanne sagt sein
staatspolitischer Sinn, das schauende liebevolle Verständnis der
Lebensnotwendigkeiten und Lebensmöglichkeiten seines Volkes,
seiner Nation, aus der er sich geboren weiß, welche Politik das
geheimnisvolle Schicksal seiner Nation meistert, also lebenswahr
ist. Er prüft die Lebenswahrheit an dem von Goethe geprägten
Richtmaße: „Was fruchtbar ist, allein ist wahr." Darum kann man
den marxistischen Sozialismus, hinter dessen rationalen Programmsätzen der Lebenswille zur Verwirklichung der Lebenswahrheit einer edleren Volksgemeinschaft lebt und drängt, nicht
totreden, nicht logisch widerlegen (a.a.O. 63). Darum ist er an
dem Versagen mancher wissenschaftlicher Lehrsätze und politischer Forderungen seines Parteiprogramms nicht zugrunde gegangen. Somit kann man auch den Lebenswillen des nationalen
Sozialismus nicht logisch wiederlegen, nicht mit der Kritik seiner
Programmforderungen totreden. Um so weniger, als seine Führer

mit vollem Rechte betonen, sie seien keine Intellektualisten, die ein abstraktes System zu Ehren bringen wollen, sondern Tatmenschen, die eine große Reinigungs- und Erneuerungsarbeit aus dem nationalen Lebenswillen vollziehen wollen und bereit sind, für dieses Wagnis auch ihr Leben einzusetzen. So lehnt auch Mussolini die, übrigens unmögliche, wissenschaftliche Begründung seines nationalen Sozialismus faschistischer Prägung überlegen ab; er hat einem Professor der Soziologie erklärt, die wissenschaftlichen Abstraktionen der Gelehrten seien von aller schöpferischen Lebenskraft entkeimt, sterilisiert, daher unfruchtbar; die Professoren brächten deshalb nie einen heldenhaft wagenden Tatwillen auf, noch weniger setzten sie für ihre Abstraktionen ihr Leben auf das Spiel. Während der wissenschaftliche Sozialismus der Marxisten an dem Aberglauben krankt, das Leben sei exakt-wissenschaftlich [//11//] zu ergründen und darum auch zu begründen, nennt sich der neue, rechtsradikale Sozialismus mit gutem Instinkte national, nicht wissenschaftlich. Die abstrakte Wissenschaft ist zu vielem nütze, nur nicht zur Erweckung und schöpferischen Gestaltung einer Lebensreform, einer Erneuerung des deutschen Volkes. Die Nation ist dagegen kein Abstraktum, sondern Staatsvolkpersönlichkeit, deren Gesetz das Ethos der nationalen Ehre und Freiheit als Selbstverantwortung alles Tuns und Lassen, auch ihres dunklen, geheimnisvollen Schicksals ist, deren Sinnen und Trachten, heldenhaftes Handeln und Leiden nur der Ehre, Größe und Macht der Nation gilt. Deren Bewährung ist die meisterhafte praktische Staatskunst, die man nicht mit schulmäßigem Wissen und Können sich mechanisch aneignen, gar auswendig lernen kann, sondern nur aus schöpferischer, genialer Begabung in sich züchten kann, die man also im geistigen Blute, sozusagen in dem geistigen Augenmaße, in den Fingerspitzen besitzen muß, von der leider die Parteischulen meistens nicht einmal eine Ahnung haben. Darum war der schöpferisch so außerordentlich begabte Otto von Bismarck, darin dem Reichsfreiherrn vom Stein so ähnlich, so erbost gegen jene Gegner in der Volksvertretung, die ihn mit advokatischen Kniffen und Pfiffen oder gar mit Schul- und Buchweisheit glaubten widerlegen zu können. Er ließ die Zeitungen seine Politik benörgeln und bekämpfen; aber er wehrte sich, in allen außenpolitischen Fragen mit vollem Rechte, dagegen, daß im Reichstage, wo folgenschwere Beschlüsse zu fassen waren, ihm engbrüstige Nationalisten und geistige Mechaniker das Werk seines schöpferischen Staatskunstsinns verpfuschen wollten. Ihnen allen fehlte der Staatskunstsinn, der staatspolitische Sinn für nationale Lebenswahrheit, den die englische Volksvertretung so hoch schätzt und so fruchtbar pflegt, während sie den im übrigen mit Respekt behandelten französischen Politikern gerne vorhält, sie gäben sich immer wieder dem Irrtum hin, daß die Politik ihre Logik habe (vgl. die Aufsätze von Anton Heinen. „Die Welt des Abstrakten und die Welt des Konkreten" in der „Führer-Korrespondenz" 1930, zweites und drittes Heft). Und gerade weil unsere heutige Formaldemokratie und ihr Parlamentarismus in Abstraktionen leben, bekämpft sie der nationale Sozialismus aus gesundem nationalen Instinkte so leidenschaftlich und mit so selbstsicherer Überlegenheit. Schade ist nur, daß seinem nationalen, noch chaotischen Lebenswillen die notwendigen Hemmungen fehlen, weshalb er einem wilden, gar oft handgreiflichen Radikalismus verfallen ist.

Umso mehr müssen seine Gegner sich bemühen, dem richtig weisenden universalistischen Lebensdrange zu einer geistig-organischen, korporativ gestalteten neuen Volksgemeinschaft die Wege zu einer schönen und lebenswahren Ordnung tätig vorzuleben, nicht bloß mit Worten entgegenzuhalten. Es ist heute eine Binsenwahrheit, daß die deutschen Katholiken, namentlich im Volksverein, eine sozialpolitische, staatspolitische und nationale Staatskunstweisheit darin bewiesen, daß sie seit den neunziger Jahren, statt die selbst von der Reichsregierung beliebte rationale, mechanische Sozialistentöterei mitzumachen, statt den Sozialismus rein moraltheologisch, dogmatisch-theologisch, philosophisch aus der Welt schaffen zu [//12//] wollen, den starken, vom schöpferischen Logos und Ethos beschwingten Lebenswillen zur aufbauenden, die Gesellschaft und den Staat erneuernden Sozialreform als das letzthin einzig wirksame, also fruchtbare und lebenswahre Mittel der inneren Überwindung des chaotischen Radikalismus im antiindividualistischen, leider erst kollektivistischen, nicht schon universalistischen, Lebenswillen des marxistischen Sozialismus zu einer neuen menschenwürdigen Volksgemeinschaft beharrlich vorlebten. Dadurch haben sie die Sozialdemokratie zur staatsaufbauenden Arbeit, zur praktischsozialen Reformarbeit, zum nationalen Sinn und Lebenswillen schon weithin erzogen. Siehe Braun und Severing! Die gleiche Staatskunstweisheit, vor allem den gleichen starken, *aktivistischen Lebenswillen zur Aufbauarbeit* haben die deutschen Katholiken zu beweisen im geistigen Ringen mit dem rechtsradikalen nationalen Sozialismus. Er bejaht von vornherein die Freiheit des produktiven Privateigentums und der schaffenden Arbeit, die Lebenswahrheit der korporativen berufsständischen Gliederung der Volksgemeinschaft, die stolze Ehre aller gesellschaftlichen Arbeit in der Arbeitsteilung und Arbeitsvereinigung als nationaler Arbeitsdienstpflicht, den Kampf gegen die Wirtschafts- und Lebensgesinnung des Materialismus und Mammonismus. In alledem ist er der Sozialdemokratie heute noch vielfach voraus im Ringen um die menschenwürdige schöne Ordnung unserer, in einer schweren Übergangskrise stehenden Volksgemeinschaft. Uns Katholiken ist er noch etwas voraus in der Erhebung aller gesellschaftlichen Arbeit zur selbstverständlichen, von unserer Ehre uns gebotenen Pflicht des Arbeitsdienstes am Wohle der Volksgemeinschaft, auch in dem Preise der Würde der echten Volksgemeinschaft, die ihm mehr ist als der gerechte Ausgleich der berechtigten Einzelinteressen, namentlich in der Ergriffenheit von dem Ethos des Staatsgedankens der nationalen Ehre und Freiheit, also vom nationalen Bewußtsein und nationalen Lebenswillen.

Auch die Katholiken haben teil an den menschlichen Schwächen. Das Aufsteigen der Sozialdemokratie zu einer staatlichen, wirtschaftlichen, sozialen und weltanschaulichen Macht hat die große Mehrheit der Katholiken erst moralisch zwingen müssen zu einer weitschauenden, vor Widerständen nicht haltmachenden Sozialpolitik; nun tut unserem, der Statik so weithin verfallenen Beharrungswillen der nationale Sozialismus den unfreiwilligen Liebesdienst, daß er, dem dunklen nationalen Drange zahlloser Volksgenossen entgegenkommend, darum zu einer nationalistischen, von gewaltigem Aktivismus belebten Macht geworden, uns moralisch zwingt, einen ebenso starken nationalen Lebenswillen in uns zu erwecken und zu pflegen, wie wir schon einen starken sozialen Lebenswillen uns erarbeiteten.

Erst als Ausdruck seines nationalen und sozialen Lebenswillens hat das Programm der Nationalsozialisten, so unfertig es ist, eine so nebensächliche Rolle es in ihrem Aktivismus auch noch spielt, Bedeutung. Als solchen wollen wir es denn auch würdigen. Es hieße fruchtlose Arbeit unternehmen, wollte man die Auseinandersetzung mit dem nationalen Sozialismus vornehmlich oder allein aufgehen lassen in einer logischen, praktisch-politischen Polemik gegen die vielen „undurchführbaren" Forderungen des nationalsozialistischen [//13//] Parteiprogramms. Voraussichtlich würde sie uns dann keiner ernsten Antwort würdigen; vielleicht würden sie mit Bismarck denken: „Dorüwer lache ik!"

*

[Nr. 4]

„Wie ist der Nationalsozialismus zu werten?"

(1931)

[August Pieper:] Wie ist der Nationalsozialismus zu werten? Der Lebenswille des Nationalsozialismus. Die Träger des Lebenswillens des Nationalsozialismus. Die Mittel der dynamischen Überwindung des radikalen Nationalsozialismus. Die Taktik der bürgerlichen Parteien gegenüber der Nationalsozialistischen Partei. In: Führer-Korrespondenz. Zeitschrift für das soziale Vereinswesen 44. Jg. (1931), 2. Heft, S. 56-67. [UuLB Münster Sign. Z 6245]

Vgl. zu jener Gruppe von Texten A. Piepers, die zuerst 1931 in der Führer-Korrespondenz (44. Jahrgang) erschienen sind, bereits die einleitenden Ausführungen zur vorangegangenen Abteilung (→Nr. 3) dieses Quellenanhangs. Nachfolgend werden fünf – inhaltlich zusammenhängende – Texte aus der Führer-Korrespondenz Nr. 2/1931 dokumentiert, die schon Rudolf Padberg in einer Bibliographie August Pieper zugeordnet hat (R. PADBERG, Kirche und Nationalsozialismus am Beispiel Westfalen, Paderborn 1984, S. 225). Sie sind 1931 zumindest z.T. erneut verbreitet worden über einen von der Zentralstelle des Volksvereins für das katholische Deutschland herausgegebenen Sonderdruck „Der Nationalsozialismus und die Katholiken".

WIE IST DER NATIONALSOZIALISMUS ZU WERTEN?
[Führer-Korrespondenz 44. Jg. (1931), S. 56-59.]

Der plötzliche machtvolle Aufbruch des Nationalsozialismus in der größten Notzeit des deutschen Volkes erinnert den gläubigen, überall Gottes Walten im schicksalhaften Geschehen verehrenden Menschen an das Mahnwort Christi, das er den Führern der Synagoge zurief, sie verständen nicht „die Zeichen dieser Zeit" (Matth. 16,4) zu einer Stunde, da zweifellos in einer „Fülle der Zeiten" (Gal. 4,4) ein Neues werden will. Damals [//57//] sagte der Herr zu seinen aufhorchenden Jüngern über die Pharisäer: „Lasset sie fahren. Sie sind Blinde und Führer von Blinden! Wenn ein Blinder den anderen leitet, so fallen beide in die Grube" (Matth. 15,14).

Blind sind die Deutschen in den Weltkrieg, in die Niederlage, in die Revolution gestolpert, mit ihnen auch die Katholiken. Blind haben wir in den zwölf Nachkriegsjahren Raubbau an der verarmten deutschen Wirtschaft getrieben, zugleich Raubbau am Glauben des Volkes an seinen nationalen Staat. Wir verstanden nicht die Zeichen der Zeit einer Weltwende, als der Sozialismus seinen Aufstieg nahm; wie viele verstehen heute noch nicht seine Sendung. Noch sind wir nicht fertig geworden mit dem Problem des Linksradikalismus im Sozialismus, und schon meldet sich als ein ebenso schweres Problem der Rechtsradikalismus im Nationalsozialismus. Hinter diesen beiden radikalen Volksbewegungen steht die Mehrheit der deutschen Staatsbürger. Im Reichstage vertreten 377 Abgeordnete das Programm der gewaltsamen, durch die Diktatur einer Partei zu vollziehenden Sozialisierung, denen nur 250 Vertreter der Reform der überlieferten Staats- und Gesellschaftsordnung gegenüberstehen.

Diese radikale Mehrheit des deutschen Volkes hat den Glauben an die politische Einsicht der alten bürgerlichen Parteien und noch mehr an ihren Willen zum Tragen der staatspolitischen Verantwortung verloren; verbittert sinnen sie auf gewalttätigen Umsturz der Staats- und Wirtschaftsordnung. Sie wissen, daß sie ein gewagtes Spiel mit ihren noch unerprobten völlig neuen Plänen eingehen; aber sie vertrauen auf deren Gelingen, weil sie überzeugt sind von ihrer schicksalhaften Sendung an der offenkundigen Wende der Zeit, und zwar deshalb, weil sie einen starken Lebenswillen zu ernster Verantwortung und zur Selbstaufopferung im Dienste an der Volksgemeinschaft, vor allem im Dienste am Wohle der Bedrückten und Geknechteten, in sich wissen, dessen die alten bürgerlichen Parteien sich von Jahr zu Jahr mehr und mehr unfähig erwiesen.

Wer geschichtlichen Sinn und staatspolitischen Sinn aus dem Weltgeschehen gelernt hat, wer die Gesetze des Lebens der einzelnen und der Lebensgemeinschaften kennt, der zweifelt nicht daran, daß erstens Gottes Vorsehung mit jenen Gemeinschaftsbewegungen verbündet ist, die einen starken opferfreudigen, tatfreudigen Lebenswillen oder Aktivismus aufbringen und mit ihm gegen Willensschwäche, Tatenscheu, Scheu vor Verantwortung, Eigenbrötelei und Selbstsucht protestieren. Daß zweitens die Vertreter einer werdenden neuen Lebensform der Volksgemeinschaft zum Gewaltmittel des Radikalismus und der Revolution aus tragischer Notwendigkeit greifen, wenn die Vertreter der alten, daher eines Tages naturnotwendig erstarrenden Lebensform der Volksgemeinschaft in Staat, Wirtschaft, Geistesleben sich um die Anerkennung des werdenden, andrängenden Neuen herumzudrücken versuchen. Deshalb sagte Bismarck, alle Revolutionen seien die Folgen von Versäumnissen und Fehlern der bisher im Volke [//58//] maßgebenden Kreise. In ihnen wehre sich die Natur gegen alle Vergewaltigung ihrer Lebensgesetze, ihres Lebenswillens. Die alten bürgerlichen Parteien haben also allen Anlaß, von aller Selbstgerechtigkeit gegenüber dem Links- und Rechtsradikalismus sich freizuhalten, darüber hinaus sich anzuklagen, daß die Unterlassungen und Fehler ihrer Politik einen so riesenhaften Radikalismus möglich und geschichtlich notwendig werden ließen. Sie werden sich prüfen über die Ursa-

chen ihres bisherigen Mangels an Verständnis für das instinkt-
mäßige, naturtriebhafte neue Wollen gerade der regsamsten, tatfreudigen politischen Kräfte im Volke, auch über ihren Mangel an
einem ebenbürtigen politischen Aktivismus. Zum Dritten lehrt
der geschichtliche und staatspolitische Sinn als Staatskunstsinn,
daß man einen vergewaltigten, dadurch radikalisierten Lebenswillen nicht theoretisch widerlegen oder totreden, sondern *nur
dynamisch überwinden kann* durch einen edleren und fruchtbareren
Lebenswillen, der ein reineres Ethos und eine überlegene staatspolitische Kunst im Meistern der Lebenskräfte eines Volkes aufweist. Solcher Erweis der Kraft des Geistes gewinnt innerlich die
Gegner. Zwar nur dann, wenn man geistgewaltiges Ethos der
Ehre und Freiheit, nicht zuerst oder allein buchgelehrte Ethik in
das geistige Ringen einsetzt, und wenn für solches Ethos echte
Bekennerpersönlichkeiten, ganze Männer, sich einsetzen, bereit, für
die Durchführung ihres Tatwillens auch das Leben zu wagen.
Denn nach Dostojewskis Wort kann man nur für das wahrhaft
leben, wofür man auch zu sterben vermag. Er hat damit nur ein
Wort Christi wiederholt. Die Nationalsozialisten rühmen sich,
daß sie darin alle bürgerlichen Parteien beschämen.

Solche dynamische Überwindung, die innere Gewinnung des
Gegners ist, muß aber ausgehen von dem überlegenen Bekenntnisse zu dessen tiefstem Lebenswillen. Ist man darin mit ihm
einig, dann findet man leicht Gehör für vernünftige, sachliche
Erwägungen der Forderungen der Ethik und der gewissenhaften
Wirklichkeitspolitik. Denn in der Staatspolitik handelt es sich
zuerst um Lebenswahrheiten, nicht um logische Wahrheiten. Alle
irrationalen Lebenswahrheiten sollen vorerst einen Lebenswillen
befriedigen, während die bloß rationalen, logischen Wahrheiten
vorerst die Gesetzmäßigkeiten des logischen oder praktischen
Denkens befriedigen sollen. Kurz: alle Staatspolitik ist die praktische Lebenskunst des Meisterns der Lebensgemeinschaftskräfte,
die nicht aus toten, abstrakten, logischen, rationalen Gesetzen,
sondern aus lebendigen, konkreten, dynamischen, irrationalen,

geheimnisvollen Kräften leben. Jene erkennt man mit kausalwissenschaftlich-exaktem Wissen, diese vermag man nur mit liebevoller, an ihrer Fruchtbarkeit geprüfter Schau und vor allem mit dem Gewissen als der praktischen Vernunft zu erkennen. Wir haben denn auch gegenüber dem Linksradikalismus und Rechtsradikalismus kein gutes Gewissen, ebensowenig ein selbstsicheres Bewußtsein der rechten praktischen politischen Vernunft.

[//59//] Beurteilen wir also den Nationalsozialismus nicht zuerst und allein als ein staatliches und volkswirtschaftliches Lehrsystem – welches er durchaus nicht sein will –, sondern vornehmlich in Ergründung und Prüfung seines nationalen und staatspolitischen, dann völkischen und zuletzt erst volkswirtschaftlichen, das ist staatssozialistischen radikal-reformerischen Lebenswillens. Denn an sachlichen Ungereimtheiten, an Utopien und an logischen Widersprüchen in den theoretischen Programmsätzen stirbt der Nationalsozialismus ebensowenig, wie daran die Lebenskraft des marxistischen Sozialismus gestorben ist. Beider Lebenskraft ruht im vergewaltigten und unbefriedigten Lebenswillen zu einer höheren, menschenwürdigeren, edleren Volksgemeinschaft. Ist dieser Lebenswille zu einem Lebenssinn im wesentlichen befriedigt, dann lassen beide über die zweckhaften Mittel zur äußeren Verwirklichung jenes Lebenswillens und Lebenssinnes mit sich reden. Vorher aber nicht. Das ist dem Menschenkenner verständlich. Denn der Lebenswille und sein Lebenssinn ist für beide Volkserhebungen ein absoluter, unbedingter, letzter Lebenswert, während die zweckhaften Programmforderungen für sie nur ein relativer, bedingter Nützlichkeitswert, nicht aber ein Lebenswert sind. In der Werbearbeit einer radikalen Partei tun sie, selbst wenn sie utopisch sind, ihren agitatorischen, aufrüttelnden Dienst und werden eines Tages unbekümmert durch andere ersetzt.

Wir fragen also: Wie tritt der Nationalsozialismus als nationalistisch-staatspolitische Bewegung, als Aktivismus eines Lebenswillens vor unseren geistigen Augen in Erscheinung?

DER LEBENSWILLE DES NATIONALSOZIALISMUS
[Führer-Korrespondenz 44. Jg. (1931), S. 59-61.]

Dieser Lebenswille besagt die *Eroberung der gesetzgebenden und regierenden Staatsgewalt durch einen bewaffneten Staatsstreich;* Aufrichtung der Alleinherrschaft der Nationalsozialistischen Partei, ausgeübt durch den unverantwortlichen[4] Parteiführer. (Faschismus.) Den Rechtsanspruch auf solche gewaltsame Umwandlung der Staatsordnung begründet die Nationalsozialistische Partei mit dem Versagen der bisher an der Staatsregierung beteiligten Parteien in der Erfüllung der nationalen und völkischen, wirtschaftlichen und sozialen Lebensnotwendigkeiten des deutschen Volkes in schwerer Notzeit.

I. *Als Versagen der Erfüllung der nationalen und völkischen Lebensnotwendigkeit* bezeichnen die Nationalsozialisten:

1. Das Nichtaufbringen einer *starken und dauerhaften Staatsregierung.* Die Demokratie komme nicht aus Regierungskrisen heraus ob der Uneinigkeit der sich zur Regierung drängenden Parteien und ob der Ohnmacht gegenüber den Oppositionsparteien auf der rechten und linken Seite.

[//60//] Letzter Grund dieser Uneinigkeit und Ohnmacht sei die Verknechtung der Parteien durch die wirtschaftlichen Interessensverbände, deshalb die Scheu vor einer opferbereiten, daher unpopulären verantwortungsvollen Staatspolitik.

Solche demokratische Mißwirtschaft an der Staatsgewalt durch eine parlamentarische Regierung beseitige in der Wurzel die Alleinherrschaft der Nationalsozialistischen Partei.

2. Das Nichtaufbringen eines von einem starken einigen Volkswillen getragenen *nationalen Widerstandes* gegen die verdemütigende und erpresserische *Fremdherrschaft* der Siegerstaaten.

Die bloßen Proteste der deutschen Staatsmänner im Völker-

---

[4] Wortsinn hier vermutlich: *unverantwortlich* = keinem anderen bzw. keiner anderen Instanz gegenüber verantwortlich.

bunde, ihre fruchtlose weiche Verständigungspolitik habe nur den Übermut der Siegervölker und ihrer Regierung vermehrt.

Demgegenüber will die Nationalsozialistische Partei wenigstens eine einmütige *moralische Volkserhebung* und eine einheitliche auswärtige *Politik des passiven Widerstandes* der Willkürherrschaft der Siegerstaaten entgegensetzen. Gegen solchen nationalen Widerstand sei die bisherige Politik der Siegervölker nicht zu halten. Jedenfalls sei das deutsche Volk eine solche nationale Erhebung seiner Ehre, auch der Ehre seiner wehrfähigen Bürger schuldig.

3. Den mangelnden Willen zur *Ausschaltung* des international gesinnten, undeutschen, auf die Herrschaft der Proletarier bedachten *marxistischen Sozialismus* aus der Gesetzgebung, Regierung und Verwaltung des deutschen Staates.

Die Sozialdemokratie sei ohnmächtig gegen die Forderungen und Drohungen der vom russischen Bolschewismus abhängigen Kommunistischen Partei. Sie trete aus der Koalitionsregierung aus, so oft es gelte, Opfer des ganzen Volkes für den Bestand und die Wiederaufrichtung des Staates zu bringen.

Der italienische faschistische Staat beweise, daß die Niederhaltung des marxistischen Sozialismus durch eine starke Regierung möglich sei.

4. Den Mangel am Willen zur *Stellung aller volksfremden und rassefremden Personen und Richtungen* im deutschen Volke *unter Fremdenrecht*.

Eine solche Ausnahmegesetzgebung fordern die Nationalsozialisten zur Ausrottung des schädlichen Einflusses der Juden auf die deutsche Wirtschaft und Sittlichkeit sowie zur Reinigung der deutschen echt christlichen Religiosität, Sittlichkeit und Kultur von allem undeutschen Wesen der römischen Weltkirche. Sie fordern deshalb eine deutsche Volkskirche nationaler Geistesprägung.

II. *Das Versagen der Erfüllung der wirtschaftlichen und sozialen Lebensnotwendigkeiten* sehen die Nationalsozialisten in der Aufrechterhaltung [//61//]

1. *der ausbeuterischen Herrschaft des Geldbesitzes, des Finanzkapitalismus,* über die schaffende Arbeit der Unternehmer wie der Arbeiter. Sie fordern die Ausschließung des arbeitslosen Einkommens im deutschen Wirtschaftsleben durch Aufhebung der Zinsknechtschaft;

2. *der Herrschaft des Produktionskapitals,* der besitzenden Unternehmer, über die besitzlosen Arbeiter und Angestellten.

DIE TRÄGER DES LEBENSWILLENS DES NATIONALSOZIALISMUS
[Führer-Korrespondenz 44. Jg. (1931), S. 61-63.]

Sie unterscheiden sich als die herrschende und die hörige Gruppe der Nationalsozialistischen Partei.

I. Die *aktivistische Gruppe,* die zum Einsatze von Tat und Leben bereit ist und die Diktatur trägt und vertritt. In ihr sind zu unterscheiden:

1. *Die in den nationalsozialistischen Bünden organisierten Frontsoldaten,* die nach dem verlorenen Kriege den Geist der Wehrhaftigkeit bestätigen wollen in der nationalen Befreiung und völkischen Erneuerung der Deutschen.

2. *Die Anhänger der neuen Generation,* die im Geiste der *radikalen Jugendbewegung* die Gedankenwelt der alten, überlieferten Parteien bekämpfen, ihr die Schuld an den wirtschaftlichen und sozialen, die wirtschaftliche Zukunft der Jugend bedrohenden Mißständen geben, deshalb eine von Grund aus neue Staats- und Wirtschaftsordnung für geboten erachten. Weil dieser neuen Jugend schicksalhaft die Ehrfurcht vor der Überlieferung fehlt, bekennen sie sich zum politischen, wirtschaftlichen und sozialen Radikalismus, der Geisteshaltung der Entwurzelten.

Die Nationalsozialistische Partei hat den politischen Willen dieser bisherigen Nichtwähler und dieser Neuwähler ausgelöst und geformt.

II. *Die Gruppe der Mitläufer und Hörigen.* Zu ihr gehören:

1. Die bunte Menge jener, die durch einen Faschismus mit nationalem und staatssozialistischen Programm die *Niederhaltung
oder Überwindung des marxistischen Sozialismus* erwarten. Hier
stehen die kapitalistischen Geldgeber der Nationalsozialistischen
Partei.

2. Die, welche *aus einem feudalen Herrenbewußtsein* der Kaste
der Besitzenden und Gebildeten die *Herrschaft der Demokratie* und
des Parlamentarismus *durch die Herrschaft eines Einzigen (Faschismus) ersetzt wünschen.* Sie rechnen damit, daß der Diktator der
Besitzenden und Gebildeten als Unterführer in der faschistischen
Herrschaftsordnung bedarf, sie deshalb, ähnlich den Fürsten im
absolutistischen Staate, über die Masse rangmäßig erhöhen wird.

Alle *wirtschaftlich vernichteten oder schwer geschädigten Kleinbürger,* die es unter ihrer Würde halten, sich dem proletarischen Sozialismus anzuschließen, dagegen auf einen *bürgerlichen* [//62//]
Staatssozialismus ihre ganze Hoffnung setzen. Sie wollen vom
starken Staate gestützt und gesichert werden.

4. Alle, die sich *an der nationalen Idee berauschen,* wie ähnlich
die Integralen sich an dem integralen katholischen Gedanken
berauschen.

Alle zur Aktivität, zur Betätigung und Selbstaufopferung im
öffentlichen Gemeinschaftsleben drängenden Deutschen, *die der
staatspolitischen und realpolitischen Bildung und Schulung entbehren,*
von der politischen Verantwortungslosigkeit und Ohnmacht der
alten bürgerlichen Parteien und ihrer Formaldemokratie sich
abgestoßen fühlen und in ihrer eigenen politischen Hilflosigkeit
eine verantwortungsbewußte Staatsregierung nur von der Regierung durch einen starken Mann erwarten.

So ist der Nationalsozialismus in seinem Kerne das *Sammelbe-
cken der aktivsten jüngeren Staatsbürger;* ihre Entradikalisierung
kann den erstarrten bürgerlichen Parteien neues Blut zuführen.

Staatspolitisches Denken fordert daher statt starrer Bekämpfung der Nationalsozialisten die *Zurückgewinnung ihrer aktivisti-*

schen Anhänger für die besonnene Erneuerungsarbeit am Staate, mit dem Ziele, sie für den Eintritt in eine nationale und soziale Regierungskoalition reif werden zu lassen. Deshalb müssen die nationalsozialistischen Abgeordneten in der Volksvertretung immer wieder vor die Forderung, die Verantwortung für Reich und Staat mitzutragen, gestellt werden.

III. *Die Sendung des Nationalsozialismus an das deutsche Bürgertum.*

Die Nationalsozialistische Partei hat bürgerliches, nicht proletarisches Gepräge, denn ihre aktivistische, führende und herrschende Gruppe rekrutiert sich aus den Besitzenden und Gebildeten.

1. Die Nationalsozialisten sind nach ihrer wirtschaftlich-sozialen Artung *keine proletarische Arbeiterpartei*, sondern eine Partei der schaffenden, am Gemeinwohle Dienst leistenden Arbeit zwecks Befreiung von der Knechtschaft des Geldbesitzes, der Nutznießer arbeitslosen Einkommens.

Unter den 107 nationalsozialistischen Reichstagsabgeordneten sind nur 17 Arbeiter und 11 jetzige oder frühere Angestellte. Unter den Parteiangestellten, die als Agitatoren und Schriftleiter im Reichstage sitzen, ist keiner Arbeiter und Angestellter gewesen. Die übrigen 79 Reichstagsabgeordneten sind Besitzende und Gebildete.

2. Das nationalsozialistische Schrifttum *entbehrt jedes Kokettierens mit dem Proletarier*, vor allem *mit dem Klassenkampfe*. Wohl suchen sie den Kampf gegen rassenfremde und gegen den auf arbeitloses Einkommen bedachten reinen Geldbesitz, die Plutokratie. Sie bekennen sich als Freunde des Produktionskapitals, der Unternehmer.

3. *Sie erstreben die Eingliederung der besitzlosen Arbeiter* in eine Volksgemeinschaft, deren Wirtschaftsführer und Kerntruppe die Berufsstände und Gebildeten sein werden. [//63//]

4. *Sie wollen die nationale und wirtschaftliche Erneuerung des echten deutschen Bürgertums*, einschließlich der einzubürgernden

besitzlosen Arbeiter, durch Erweckung und Pflege des Staatsgedankens der Ehre, Größe und Macht der Nation sowie durch Erweckung und Pflege des *genossenschaftlichen Gedankens und der ständischen genossenschaftlichen Gliederung der Wirtschaft* aus dem Gedanken der *Arbeit als Dienst* an der Volksgemeinschaft. Dies soll erreicht werden mittels *Staatssozialismus*, der Ordnung der Wirtschaft durch die Staatsgewalt.

DIE MITTEL DER DYNAMISCHEN ÜBERWINDUNG DES RADIKALEN NATIONALSOZIALISMUS
[Führer-Korrespondenz 44. Jg. (1931), S. 63-64.][5]

1. Aufbringung einer gesamtdeutschen *Volksbewegung für die nationale*, nicht nationalistische *Befreiung des deutschen Volkes von den Fesseln des Friedensdiktats*. Sie muß die moralische Macht der Selbstbehauptung der Ehre, Größe und Macht der deutschen Nation als Staats-Volkspersönlichkeit ohne gehässige Polemik, rein aus Selbstachtung, nach außen und nach innen wirksam machen, dem gleichen Vorgehen unserer Staatsmänner im Völkerbunde Nachdruck geben.

In seinem vom *Erlebnis des Frontsoldaten* beseelten nationalistischen Freiheitskampfe besitzt der Nationalsozialismus die stärkste, weil unverbrauchte, leichtfaßliche, von Parteimeinungen nicht zersetzte, den Deutschen urkräftig ergreifende Werbekraft.

Den verlorenen Krieg und das harte Friedensdiktat kann das wehrlose, von den Siegerstaaten täglich in seinem Ehrbewußtsein verletzte deutsche Volk nur durch diese moralische Machtentfaltung ausmerzen.

---

[5] Erneut im Sonderdruck: ZENTRALSTELLE DES VOLKSVEREINS FÜR DAS KATHOLISCHE DEUTSCHLAND (Hg.), Der Nationalsozialismus und die Katholiken, M. Gladbach 1931, S. 44-45.

2. Aufbringung einer einigen *Volksbewegung für die wirtschaftliche und soziale Befreiung* des deutschen Volkes *von der knechtenden Selbstherrschaft der Plutokratie, des Finanzkapitalismus,* der nur auf spekulative Gewinnung arbeitslosen Einkommens bedacht ist, das Produktionskapital der Unternehmer und die Arbeitskraft der besitzlosen Arbeiter und Angestellten ausbeutet.

Der Leitsatz laute: das spekulative Finanzkapital muß der Produktion dienen, darf sich nicht zum Herrn aufwerfen, nicht eine Willkürherrschaft über Produktionskapital und Arbeit ausüben.

Das Recht der leitenden und ausführenden Arbeit geht vor dem Rechte des Leihkapitals. Dieses darf nicht aus spekulativer Gewinnsucht die Produktion in gemeinschädliche Bahnen leiten.

Das Recht der Arbeit der Wirtschaftsführer und Wirtschaftsgefolgschaft geht vor dem Rechte des Produktionskapitales; dieses muß Dienst am Wirtschaftsvolke leisten, darf nicht aus privater Gewinnsucht auf volkswirtschaftsschädliche Wege geleitet werden. Die Bestimmung der Reichsverfassung [//64//] Art. 153 Abs. 3 ist somit zur Geltung zu bringen: „Eigentum verpflichtet. Sein Gebrauch soll zugleich Dienst sein für das gemeine Beste."

3. Aufbringung eines einheitlichen *Volkswillens für Befreiung* des Volksstaates *von der Herrschaft der Partei- und Fraktionsbürokratie.*

Die Staatsgewalt geht von Volke als Staats-Volksfamilie und Staats-Volkspersönlichkeit als gewachsener Lebensgemeinschaft und Schicksalsgemeinschaft, nicht von selbstherrlichen Wählerindividuen und individualistischen Parteigruppen aus. Sie ist Gemeinsache, nicht Privatsache. Die Parteien sollen Staatspolitik aus dem nationalen Staatsgedanken, nicht Interessen- und Klassenpolitik aus privatem Eigennutzen treiben.

Jeder Abgeordnete soll in seinem Wahlkreise das Vertrauen der Mehrheit der ihn kürenden Bürger erwerben, persönlich sich ihnen verantwortlich wissen. Die heutige Listenwahl führt dazu, daß in geheimer Beeinflussung eines den meisten Wählern unbekannten Wahlkomitees die Interessensverbände ihre Kandidaten auf die Wahlliste bringen.

Die Partei-Fraktionen in der Volksvertretung sollen der vom Reichspräsidenten ernannten Regierung ihr Vertrauen nicht auf tägliche Kündigung, sondern wie der Reichspräsident es tut, für einen Sitzungsabschnitt geben und während desselben nur in dringenden, vom Gemeinwohl erforderten Fällen entziehen. Anderenfalls schädigen sie durch das Herbeiführen von rasch sich wiederholenden Regierungskrisen das Ansehen der Staatsregierung, damit ihr eigenes Ansehen.

4. Aufbringung einer *Volksbewegung für die Abwehr des Faschismus als Staatsordnung der Diktatur.*

Der Staat ist Volksgemeinschaftssache. Die Staatsgewalt darf nicht von einer Partei durch bewaffneten Staatsstreich *in Herrschaftsbesitz genommen* und dem unverantwortlichen Machtwillen eines Einzigen übertragen, also nicht der Kontrolle eines sich voller politischer Freiheit erfreuenden Volkes, der gewachsenen Gemeinschaft aller freien Bürger, entzogen werden.

Faschismus ist politische Knechtschaft, von Bürgern über Bürger verhängt.

Faschismus ist *Unterdrückung der bürgerlichen Meinungsfreiheit,* folgerichtig der religiösen und sittlichen *Gewissensfreiheit.* Er ist die Staatsform der Analphabeten, geistig Unmündigen.

Faschismus ist im Wirtschafts- und Gesellschaftsleben *Staatssozialismus.* Nur die berufsständische Selbstverwaltung des organisch gegliederten Wirtschaftsvolkes entbindet den Willen jedes Wirtschaftenden zur Ehre der Selbstverantwortung, zur Erhebung der Erwerbsarbeit zur Ehre der Berufsarbeit als des Treuedienstes am Wohle der Volksgemeinschaft.

Nur die Berufsstände der Freien im Wirtschaftsvolke, nicht die Staatsregierung, können die Verantwortung für die fruchtbare Entfaltung und Ordnung aller Wirtschaftskräfte des deutschen Volkes tragen. [//65//]

DIE TAKTIK DER BÜRGERLICHEN PARTEIEN
GEGENÜBER DER NATIONALSOZIALISTISCHEN PARTEI
[Führer-Korrespondenz 44. Jg. (1931), S. 65-67.][6]

I. *Aktivierung* des Willens der Führer und Gefolgschaft der *Partei* zur *Selbstbehauptung des angestammten Bestandes* an Anhängern und an staatspolitischem Einflusse.

1. Voraussetzung ist die Entfaltung eines *geistig regen Parteile-bens* in Bildungskursen und Versammlungsaussprachen, vor allem in einer werbenden Vertrauenspersonenorganisation. Zu wichtigen Tagesfragen ist jeweils in Versammlungen Stellung zu nehmen. Jeder nationalsozialistische Terror ist abzuweisen. Dann erweist sich die von arbeitsfähigen Parteien gewählte Volksvertretung als arbeitsfähig.

2. Die *Katholiken der rheinischen Grenzmark*, als der größere Teil der Einwohner, haben *eine nationale Volksbewegung zur Befreiung des deutschen Volkes* von den Fesseln des Friedensdiktats ins Leben zu rufen und zu führen. Hier ist noch alles zu leisten.

---

6 Erneut im Sonderdruck: ZENTRALSTELLE DES VOLKSVEREINS FÜR DAS KATHOLISCHE DEUTSCHLAND (Hg.), Der Nationalsozialismus und die Katholiken, M. Gladbach 1931, S. 45-48. Im ersten Teil des Textes greift Pieper die NSDAP und ihre „faschistische Staatsordnung" scharf an und lehnt auch „den nationalsozialistischen Rassenkampf nach innen und außen" ab, da dieser „folgerichtig zu einem antiklerikalen Kulturkampfe" führen würde. Auch „den Faschismus, den Kern des Nationalsozialistischen Willens zur Alleinherrschaft, [...] ihren Terror, ihre Gewalttätigkeiten" will er „durch die Bereitschaft einer Abwehrtruppe" abwehren. Ergänzt werden soll dies durch eine entsprechende „Aufklärungs-, Werbe- und Abwehrarbeit", welche „im Namen der Volksgemeinschaft getan werden" müsse, und zwar vom Volksverein für das katholische Deutschland, der „die gegebene dienende Organisation [...] mit an erster Stelle" sei, da er „sich in früheren Jahrzehnten die Eignung dazu erarbeitet" habe. Darauf folgt dann Piepers Einschätzung zu Möglichkeiten der Integration und zukünftigen Entwicklung des NS.

3. Die bürgerlichen Parteien *lehnen die faschistische Staatsordnung ab* als einen Hohn auf den Freiheitssinn des Deutschen. Sie machen sich stark dafür, daß der volksfreiheitliche demokratische, parlamentarisch regierte Volksstaat eine starke, arbeitsfähige Staatsregierung aufbringt, daß die dazu notwendigen Reformen der Verfassung bald zustande kommen.

4. Die bürgerlichen Parteien, namentlich die Katholiken, *wahren selbstbewußt ihre bisherige führende Stellung in der Wirtschaftspolitik und Sozialpolitik.* Das um so mehr, als das radikale wirtschaftspolitische und sozialpolitische Programm der Nationalsozialisten sich in unklaren Allgemeinheiten und Oberflächlichkeiten bewegt. Was sie zu dessen Erläuterung und Begründung zu sagen wissen, verrät ihre innere Unsicherheit. Ihr staatssozialistisches Programm widerspricht der Forderung der Freiheit und Selbstverantwortung, welche erst die fruchtbarsten Kräfte des Wirtschaftsvolkes entbinden. Soweit das nationalsozialistische Programm ein neues Eigentumsrecht fordert, ist es utopisch. Eine im Laufe von Jahrhunderten mühsam aufgebaute Eigentumsordnung läßt sich nicht durch einen Gewaltstreich auf völlig neue, unerprobte Grundlagen stellen.

5. Sie wehren ab den nationalsozialistischen *Rassenkampf* nach innen und außen, der folgerichtig zu einem antiklerikalen *Kulturkampfe*, zur Bedrückung der Gewissensfreiheit, damit zum Bürgerkriege führt. Die bürgerlichen Parteien treten ein für eine echte Volksfreiheit, nicht für die Alleinfreiheit einer Partei, die jeden Andersdenkenden verachtet und vergewaltigt.

II. Ein kräftiger *Zuwachs der Partei* ist aus den bisherigen Nichtwählern und aus den Neuwählern, der jungen Generation zu gewinnen. Hier ist bisher vernachlässigte Arbeit nachzuholen.

Die geistige Haltung der bürgerlichen Parteien ward dem Denken und Wollen der jungen Generation nicht gerecht. [//66//]

III. *Unsere Einstellung zur nationalsozialistischen Parteibewegung.*

1. Hier kann uns *Vorbild sein unsere Taktik gegenüber der früheren radikalen Oppositionsstellung der Sozialdemokratie.* Wir vertreten demgemäß auch gegenüber den Nationalsozialisten die entschiedene Reform unter Zurückweisung der Revolution, die Utopien mit einem Gewaltstreiche verwirklichen will.

2. *Wir dürfen uns nicht aus der positiven Arbeitsfront in die polemische Abwehr drängen lassen,* nicht aus der aktivistischen Realpolitik in den unfruchtbaren Zank um blutleere Theorien. Die Staatspolitik ist eine Kunst der praktischen Vernunft, nicht der reinen Vernunft. Alle Literaten sind üble Politiker.

3. *Wir fordern von der Nationalsozialistischen Partei das Mittragen der Verantwortung* für die aufbauende Staatspolitik, deshalb den Willen zur Verständigung mit den Parteien, die bisher diese Verantwortung trugen.

Dieser Forderung müssen wir jedoch starken Nachdruck geben durch die erfolgreiche Selbstbehauptung des Bestandes und politischen Einflusses der staatsbejahenden Parteien einschließlich der Sozialdemokratie, der bisherigen Mehrheit der Volksvertretung. – Die Sozialdemokratie tritt der Nationalsozialistischen Partei mit größter Schärfe entgegen. Diese Haltung dürfen die bürgerlichen Parteien der Sozialdemokratie nicht erschweren.

4. Unerbittlich müssen wir den *Faschismus,* den Kern des Nationalsozialistischen Willens zur Alleinherrschaft, *in der Öffentlichkeit bloßstellen.* Ihren Terror, ihre Gewalttätigkeiten, ausgeübt durch ihre Kampftruppe, weisen wir durch die Bereitschaft einer Abwehrtruppe zurück.

5. Bei aller *Abwehr von Kulturkampfgelüsten* der Nationalsozialistischen Partei ist der Schein zu vermeiden, wir wollten der Auseinandersetzung über das nationalistische und sozialistische Staats- und Wirtschaftsprogramm ausweichen durch Hervorkehrung der Vertretung unserer kirchlichen Interessen.

6. Wir gehen nicht in *nationalsozialistische Parteiversammlungen,*

um dort in Wortgefechten für unsere Partei zu werben, lassen solche Werbearbeit der Nationalsozialisten auch nicht in unseren Versammlungen zu. Wir lassen jedoch zu eine Beteiligung von Mitläufern der Nationalsozialistischen Partei an der von unseren Parteigenossen geführten fachlichen Erörterung. Die Führer sind starrköpfige Verfechter des Machtwillens zur Eroberung der Alleinherrschaft der Nationalsozialistischen Partei. Sie haben darum nicht den Willen zu einer fachlichen Erörterung mit Andersdenkenden.

7. In alledem dienen wir der *Erfüllung unserer nationalen Bürgerpflicht,* die auch durch unsere Schuld dem nationalsozialistischen Radikalismus Verfallenen *zurückzugewinnen.* Damit nehmen wir den Nationalsozialisten [//67//] den Anlaß zu der Unterstellung, wir bekämpften sie um ihrer echten nationalen und sozialen Freiheitsforderungen willen; *Vaterland und soziale Gerechtigkeit ist auch unser Ziel. Nur vertreten wir* es auf dem Boden der Forderung der *Freiheit und Gerechtigkeit für alle,* im Gegensatze zu der nationalsozialistischen Forderung der Herrschaft einer einzigen Partei bei Knechtung aller übrigen Volksgenossen.

8. Alle *diese Aufklärungs-, Werbe- und Abwehrarbeit muß* einheitlich sein, im *Namen der Volksgemeinschaft getan werden.* Die gegebene Organisation ist darum mit an erster Stelle der Volksverein. Er hat sich in früheren Jahrzehnten die Eignung dazu erarbeitet. Er kann auch wirksam im Namen des Volkes auftreten, unterliegt nicht dem Verdachte, daß er Sonderinteressen vertrete.

9. *Fruchtbar ist diese unsere Arbeit nur, wenn sie Ausdruck unseres aktivistischen Lebenswillens ist.* Diesen müssen wir erst noch aufbringen. Wir sind vom Schicksal berufen, nicht zu einer neuen Art von Sozialistentöterei, sondern zur *dynamischen Überwindung* einer radikalisierten nationalen und sozialen Bewegung, in der zum ersten Male der in den nationalsozialistischen Bünden organisierte Lebenswille von Frontsoldaten und der Lebenswille der radikalen jungen Generation zu einer neuen Lebensform der Volksgemeinschaft sich im öffentlichen Leben des deutschen

Volkes parteipolitisch zu betätigen sucht. Diese Gruppen haben den Glauben an die alten bürgerlichen Parteien und an die marxistisch-sozialistischen Parteien verloren, nicht ohne deren Schuld. Wenn diese ernstlich zu einer inneren Erneuerung bereit und eines neuen Aktivismus fähig sind, dürfen sie mit Goethe von dieser stürmisch gärenden Volksbewegung denken: „Wenn sich der Most auch ganz absurd gebärdet, er gibt am Ende doch 'nen Wein." In der Menschheitsgeschichte erstand jeder neue Kosmos aus einem radikalen neuen Chaos. Und jene in den nationalsozialistischen chaotischen Radikalismus hineingerissenen Gruppen sind trächtig an Keimen eines Neuen.

[Nr. 5]

Die Deutsche Revolution 1933

[Handschriftliche Gliederung][7]

Vorwort: Ich machte meinen Frieden mit dem Dritten Reich.

I Die Deutsche Revolution. Probleme des autoritären Staates

1. Die Deutsche Revolution als Werk höherer Mächte
2. Die Deutsche Revolution 1933
3. Erfolge der Deutschen Revolution
4. Die Hitlerbewegung bekennt sich zum Alten Preußischen Staatsgedanken Friedrichs II, nicht zum Staatsgedanken vom Steins
5. Zur Rede Hitlers über die Nationale Arbeitsfront
6. Die autoritäre berufsständische Ordnung der Wirtschaft
7. Zur Würdigung der innenpolitischen Ziele des autoritären totalen Staates
8. Warum wurde der Mittelbesitz und Kleinbesitz der Träger der Deutschen Revolution?
9. Die „Tat" zur „nationalen Revolution"
10. Welche überlieferte Aufbaukräfte will der nat.soz. durch die vordringliche Pflege des Bauernstandes und gewerblichen Mittelstandes stärken?
11. Zum Buche von Möller van den Bruck „Das Dritte Reich".
12. Welche Aufbaukräfte will das Dritte Reich der Deutschen Erhebung dienstbar machen?
13. Welches Eigengut der christlichen Kultur sollen die Tat-Christen dem deutschen Sozialismus geben?

---

[7] Quelle: LAV NRW W, Nachlass August Pieper A 510, Nr. 6.

14. Die nat.soz. Weltanschauung.
15. Unsere Mitarbeit im autoritären Staate
16. Die geschichtliche Sendung der Hitlerbewegung
17. Die schicksalhafte Unfähigkeit der Deutschen zur bürgerlichen Freiheit
18. Die Kraftwurzeln des Klerikalismus
19. Das bisherige unpolitische Denken der Deutschen
20. Die unpolitischen Deutschen
21. Die dringlichste Aufgabe des Deutschen Volkes ist die Stärkung des nationalen Staatsgedankens
22. Die Freiheit in der Bindung an die Gemeinschaft ist das Zentralproblem des nat.soz. autoritären Staates
23. Welche neue politische Haltung erfordert die Mitarbeit der Katholiken im „Staate der nationalen Erhebung["]?
24. Wege zur Mitarbeit im nat.soz. Staate
25. Welches Neue sollen die Katholiken aus der Betätigung der Kräfte der Religion Christi dem neuen Staate geben?
26. Der Nationalsozialismus als Stufe der Arbeiterfreiheitsbewegung

[*Ende des 2. Blattes*]

[Nr. 6]

„Die deutsche Revolution als Werk höherer Mächte"

[*handschriftlich hinzugesetzt*: März 1933][8]

1. Die deutsche Revolution vom März 1933 hat sich durch ihren verblüffenden Erfolg als Grosse Staatsumwälzung erwiesen, ebenbürtig den Staatsumwälzungen in anderen Ländern. Die Deutsche Revolution vom November 1918 war die erste Grosse Revolution des deutschen Volkes; sie war äusserlich ermöglicht durch die Krafterschöpfung des deutschen Volkes während des vierjährigen Weltkrieges und durch den niederschmetternden seelischen Zusammenbruch nach der Niederlage im Felde. Diese Revolution stiess auf völlige Widerstandslosigkeit, setzte sich naturgewaltig [handschriftlich korrigiert aus: *naturgemäss*] durch. Die Deutsche Revolution vom März 1933 war äusserlich ermöglicht einmal durch die Zerrüttung der deutschen Wirtschaft, die das Nachkriegsziel der Siegerstaaten war und durch die Weltwirtschaftskrise verstärkt wurde; sodann durch die Unfähigkeit der zur Demokratie sich bekennenden Parteien, eine arbeitsfähige Staatsregierung zustande zu bringen. Die Revolution als erfolgreiche Staatsumwälzung ward durchgeführt im raschen Handeln einer nach Selbstherrschaft im Staate strebenden politischen Partei.

Will man nach der vollzogenen Staatsumwälzung den geschichtlichen Sinn oder Wert der neuen autoritären Staatsordnung verstehen und ihm zur Verwirklichung verhelfen, so darf man nicht stehen bleiben bei der Frage: Nach welchem Programme, mit Hilfe welcher Kampftaktik haben die Revolutionäre

---

[8] LAV NRW W, Nachlass August Pieper A 510, Nr. 6. [Typoskript]

ihr Ziel erreicht, ihre Gegner geschlagen? Grosse Revolutionen sind erdgeschichtlichen, von Kräften im Erdinnern vorgetriebenen Oberflächenumwälzungen vergleichbar, also vom Menschenwitz nicht zu erfinden, mit Menschenkraft nicht zu machen. Die Revolutionäre vollführen nur die Entbindung der naturgewaltig an das Licht drängenden, die Zeit umgestaltenden, Geschichte machenden Urkräfte im Ablaufe der Wandlungen des Lebens eines Volkes, das stets rätselhaft, geheimnisvoll bleibt.[9] Alle die Geschichte bestimmenden grossen Staatsgründer und Eroberer [//2//] haben den Glauben an das Gelingen ihres gewaltigen Wagnisses aus dem unerschütterlichen Glauben geschöpft, dass sie die Vollstrecker des Schicksals seien, weil Gott wieder einmal durch die Geschichte gehe, sie das Rauschen seines Gewandes hörten und einen Zipfel seines Gewandes erhascht hätten, damit seinen Weg gingen (Bismarck). Nicht minder haben so die grossen Revolutionäre gedacht. Der idealistisch denkende Ferdinand Lassalle rechtfertigte sein Anbahnen der deutschen Arbeiterbewegung mit dem Bekenntnisse zu der *geschichtlichen Sendung* der Arbeiterbewegung. Der materialistisch denkende Karl Marx hämmerte seiner sozialistischen Gemeinde ein den Glauben an die Naturnotwendigkeit oder Schicksalsbestimmtheit der Entwicklung des Kapitalismus zum Sozialismus. Die sozialistischen Arbeiter hätte die in der kapitalistischen Gesellschaft heranwachsende sozialistische, klassenlose Gesellschaft nur zu entbinden durch die Aufrichtung der Diktatur des Proletariates. Eine geschichtliche Sendung beansprucht auch die Hitlerbewegung. Andernfalls hätte sie nicht jenen berückenden und betäubenden Massenglauben erwecken können an die Sendung der Nationalsozialistischen Arbeiterpartei, deren Programm unbestimmt und nur einer Minderheit der Anhänger bekannt ist. Zum anderen erklärt sich daraus die Tatsache, dass die von der Hitlerbewe-

---

[9] Diese irrational-mystische Geschichtsauffassung taucht bei Pieper mehrfach in diesem Text sowie in vielen Manuskripten der 1930er Jahre auf.

gung herbei geführte Revolution auf völlige Widerstandslosigkeit ihre Gegner stiess.

Wir gewinnen also erst dann den festen Boden, von dem aus wir eine wirklichkeitsnahe Beurteilung der jüngsten Deutschen Revolution gewinnen und erkennen können, was wir nunmehr zu tun haben, wenn wir uns die Lebenswahrheit – die nicht logische, denknotwendige Wahrheit ist – einprägen: Diese Revolution ist nicht von Parteipolitikern gemacht, darum nicht schwaches Menschenwerk, sondern sie ist gewachsen *aus dem Weben neuer schicksalhaft entwickelter Ur-Lebenskräfte* des sich stetig wandelnden geheimnisvollen Lebens des deutschen Volkes. Zu deren Erkenntnis führen uns folgende Einsichten.

[//3//] Jede politische Revolution oder Staatsumwälzung ist die Entladung oder gewaltsame Entbindung vergewaltigter, in machtvolle Spannung zu den Beharrungskräften der alten Ordnung getretener Lebenskräfte des Staatsvolkes und in ihm der Volksgemeinschaft.[10] Denn die von Gott geschaffene und getragene Natur lässt sich nicht ungestraft vergewaltigen. Darum gab ihr der Schöpfer den unerbittlichen Lebenswillen zur Selbstbehauptung. Demgemäss revoltiert im Fieber der menschliche Leib gegen eingedrungene Fremdkörper und gegen innere Zersetzungsvorgänge. Aufgabe des Arztes ist, den zum gefährdeten Körperteile herbeieilenden Heilkräften zur Überwindung des Krankheitserregers zu verhelfen. Ebenso bäumt sich im Gesellschaftskörper während einer Übergangszeit der zur Erneuerung von Nation und Volksgemeinschaft sich bekennende, organisierte nationale und soziale oder sozialistische Lebenswille auf,[11] wenn er auf Unglauben, Gleichgültigkeit, selbstgefällige Ablehnung oder sture Selbstgerechtigkeit jener Volksgruppen stösst, welche

---

[10] Die Schaffung der ‚Volksgemeinschaft' war nach Pieper das zentrale Ziel jeglicher verantwortungsvollen Politik, ohne dass er näher erläuterte, wie dies genau zu geschehen habe oder welche politischen Gefahren dies beinhalten könnte.

[11] Auch dieses ‚organizistische Denken' ist typisch für Pieper.

aus Beharrungswillen veraltete wirtschaftliche, soziale und staatliche Richtungen des Wirtschaftslebens und Staatslebens krampf-
haft verteidigen und die gemeinschaftsbindenden Erneuerungs-
kräfte nicht zur Geltung kommen lassen, obwohl alle Welt nach
Reform ruft, weil man die Grundlagen der Gesellschaftsordnung
wanken sieht. Dann erfolgt der Ausbruch einer Staatsumwälzung, weil nur die mit Befehls- und Zwangsbefugnis ausgerüstete
Staatsgewalt grundlegende Wandlungen herbeiführen kann.
Dem gab Bismarck Ausdruck in dem staatsmännischen Ausspru-
che, jede Revolution sei die Folge von schweren Unterlassungen
der im Staate massgebenden Mächte.

Nun hat der Nationalsozialismus als Vollstrecker der Deutschen Revolution in seiner Parole der nationalen Erhebung und
des deutschen Sozialismus sich zu jenem Lebenswillen bekannt,
dem nach dem Zusammenbruch des deutschen Volkes die von
Frontsoldaten gegründete bündische [//4//] Bewegung Ausdruck gab in den Leitworten: Erneuerung von Nation und Volksgemeinschaft.[12] Negativ äusserte er sich in den Stichworten: anti-
liberal, antidemokratisch, antiparlamentarisch, antimarxistisch,
antisozialistisch.[13] In den Bünden sammelten sich, vom Jungdeutschen Orden abgesehen, zumeist die Anhänger des gestürzten
obrigkeitlich-feudalen Staates; sie erstrebten die Restauration,
lehnten eine volksfreiheitliche Reform ab. Leider griffen die im
Volkstum wurzelnden und zur Sozialreform sich bekennenden

---

[12] Die bündische Jugend bestand schon vor dem Ersten Weltkrieg und wurde nicht von Frontsoldaten gegründet. Pieper sah die nach dem Ersten
Weltkrieg agierenden militaristischen und chauvinistischen Kampfbünde
und Verbände ehemaliger Frontsoldaten blauäugig als Ausdruck gesunder
nationaler Gesinnung mit dem Ziel, die von ihm herbeigesehnte Volksgemeinschaft zu schaffen.
[13] Diese Charakterisierung der Ideologie der nationalistischen Wehrverbände in der Anfangsphase der Weimarer Republik ist zutreffend und trifft
auch auf Parteien der völkischen Rechten wie die NSDAP zu. Man könnte
noch die Adjektive „antipazifistisch" und „antisemitisch" ergänzen.

Katholiken die urwüchsige bündische Forderung der nationalen
und sozialen Erneuerung des deutschen Volkes, die geboren war
aus dem Kriegserlebnisse: „Wir kämpfen, bluten und sterben für
ein neues, besseres Deutschland!"[,] nicht auf, lehnte sie vielmehr
aus kirchlichen Bedenken gegen Begleiterscheinungen der bündischen Betätigung ab. Vor dem Stahlhelm und dem Jungdeutschen
Orden warnten kirchliche Behörden. Unabhängig von den Bünden hatten seit dem Kriegsende August Pieper und Anton Heinen im Volksverein für das katholische Deutschland die Parole:
„Erneuerung der Volksgemeinschaft, Stärkung des nationalen
Staatsgedankens" unermüdlich in Wort und Schrift vertreten und
begründet. Ihre Gedanken fanden keinen Boden. Während die
Bünde wuchsen, ging der Volksverein zurück. Man machte ihm
den Vorwurf, er fördere zu sehr weltliche Bestrebungen, lasse es
fehlen an der Vertretung des echt katholischen Gedankens. Darum wurde 1928 dem Volksverein in einer neuen Satzung als
vornehmliche Aufgabe gestellt die Mitarbeit an der Katholischen
Aktion.[14] Die katholischen Standes- und Jugendvereine ignorier-
ten die bündische Bewegung für nationale und soziale Erneuerung. Ebenso die Zentrumspartei. In ihr trat vielmehr in den
Vordergrund die Parole: Politik aus dem katholischen Gedanken.
Die Folge all dessen war, dass die sich überlassene bündische
Bewegung, mit Ausnahme des Jungdeutschen Ordens, in der
Gegnerschaft zur Demokratie und in sozialen Reaktionsbestre-
bungen einseitig ward und volksfremd blieb. (Nach der Revolution [//5//] lehnte der Stahlhelm reaktionäre soziale Bewegungen ab). Als dann die Hitlerbewegung die bündische nationale
und soziale Erneuerungsbewegung, welche Elitebewegung sein
wollte und von der Parteipolitik sich fernhielt, zur Sache der na-

---

[14] Die Katholische Aktion war eine Strategie der deutschen Bischöfe, mit
welcher diese mit Unterstützung des Vatikans das in Hunderten von Vereinen und Verbänden organisierte katholischen Vereinswesen, in welchem
auch Laien wichtige Aufgaben wahrnahmen, straffen und der amtskirchli-
chen Kontrolle unterstellen wollten.

tionalsozialistischen Partei machte und eine laute Massenbewe-
gung einleitete, beschränkten sich die katholische Kirche, die
Zentrumspartei und die katholischen Vereine auf die Abwehr des
nationalsozialistischen Radikalismus. Wie ganz anders, natürlich
positiv, schöpferisch aufbauend, hatten sie sich unter Führung
des Volksvereins vor dem Weltkriege zu der von dem marxistischen Sozialismus eingeleiteten vordringenden sozialistischen
Bewegung eingestellt; damals griffen die Katholiken allen voran
die Erneuerungsidee der nationalen Sozialreform freudig auf.[15]
Als nach der Revolution 1918 der Volksverein die Parole ausgab,
den neuen Volksstaat, der als Formaldemokratie auftrat, durch
die Verwirklichung des nationalen und sozialen oder Volksgemeinschaftsgedankens zu unterbauen, ihm lebendigen Gehalt zu
geben, fand er sich isoliert, stiess er auf Gleichgültigkeit oder
Abneigung. Als dann angesichts der entmutigenden und demo-
ralisierenden Auswirkungen der Kriegsfolgen und der Weltwirtschaftskrise die Krise der Demokratie eintrat, diese eine arbeitsfähige, das Vertrauen erweckende, Autorität besitzende Volksvertretung nicht aufzubringen vermochte, flüchtete, in der Sorge
um die Sicherung ihrer Existenz (Besitz, standesgemässe Nahrung und gesellschaftlicher Vorrang vor den Besitzlosen) die
grosse Mehrheit der Groß- und Kleinbürger in Stadt und Land,
alten und jungen Studierten, Festangestellten, wie einst im alten
Rom beim Ansturm der Diktatur von Julius Cäsar, unter „ein
Regiment, das Ordnung und Sicherheit, wenngleich unter Preis-

---

15 Dies ist einer der Hauptvorwürfe Piepers an den deutschen Episkopat. Da
in seinen Augen die Bischöfe die positiven Aspekte des NS nicht erkannten
und diesen vor 1933 in Bausch und Bogen verdammten, hätten sie eine in
seinen Augen fruchtbare Zusammenarbeit zwischen Katholizismus und
Nationalsozialismus unmöglich gemacht. Weiterhin ist an dieser Stelle typisch für Piepers Argumentation, dass er für den Volksverein für das katholische Deutschland unter seiner Führung in Anspruch nimmt, flexibel auf
die Herausforderungen von Sozialismus und Sozialdemokratie reagiert und
diese damit domestiziert zu haben.

gabe der Freiheit, verhiess". (Th. Mommsen, Römische Geschichte 3. Bd. S. 199) Viele nichtorganisierte Arbeiter schlossen sich jenen Mittelständlern an. Unter allen wurde [//6//] eine Zukunftsstaatsstimmung wach, wie sie im letzten Drittel des 19. Jahrhunderts die erwachenden sozialistischen Arbeiter gehegt hatten. Nur mit dem Unterschiede, dass man jetzt vom Dritten Reiche die Bändigung der Demokratie und Arbeiterbewegung erhoffte. So konnte die Deutsche Revolution 1933 auf verfassungsmässigem Wege und widerstandslos den Sieg erringen.

3. Welche Aufgaben haben nun diejenigen, welche sich 1919 zum sozialen und nationalen Volksstaate der Volksfreiheit bekannten, nach dessen Sturze im neuen autoritären Staate, dessen Schicksal das Schicksal des deutschen Volkes ist? Die Antwort kann nur lauten: Hingebende Mitarbeit an der Verwirklichung des von ihm vertretenen nationalen und sozialen oder Volksgemeinschaftsgedankens, damit eine dem germanischen Freiheitsgedanken[16] gemässe Verwirklichung des nationalen Staates und des „deutschen Sozialismus", der weitgehenden Vergenossenschaftung des Wirtschaftslebens und Volksgemeinschaftslebens. Die Lösung dieser letzteren mühevollen Aufgabe erfordert die Mitarbeit aller Kreise des Wirtschaftsvolkes. Sie besagt die seelische Vergemeinschaftung der bislang in Interessensorganisationen nur vergesellschafteten, darum seelisch entfremdeten, im Interessens- und Klassenkampfe verfeindeten Volksgenossen.[17] Der Weg dahin geht über den Ausbau der Selbstverwaltung aus Selbstverantwortung. Diese erwächst nur in Freien, die Halt in sich haben, für sich selbst einstehen. Was das bedeutet, weiss vor allem die katholische Werkjugend. Die christlich-nationale Arbei-

---

[16] Auch diese Denkfigur des vermeintlich typisch germanischen Freiheitsstrebens taucht bei Pieper – wie bei anderen national und völkisch argumentierenden Ideologen – häufig auf.

[17] Mit der Gegenüberstellung von Volksgemeinschaft und in Klassen zerfallende Gesellschaft benennt Pieper ein typisches soziales Interpretationsmuster rechtsnationaler Gesellschaftstheoretiker der Weimarer Republik.

terbewegung, die sich zur Standwerdung bekennt, hat als junge Bewegung einen geistigen – jungfräulichen Boden an unverbrauchter Kraft in die Arbeit an der nationalen und sozialen Volkserneuerung einzubringen. Hier hat sie die Echtheit ihres nationalen und sozialen oder Volksgemeinschafts-Lebenswillens zu bewähren in der Stärkung des Standesgemeinsinns aus [//7//] Standesehre.[18] Praktisch bewähren sie ferner die Echtheit und Kraft ihres nationalen Lebenswillens durch die Verwirklichung des Vorrangs des staatspolitischen Gedankens und Lebenswillens in aller politischen Arbeit; bisher hatte hier der parteipolitische Gedanke den Vorrang. Auch das führte zum Versagen der jungen Demokratie des Volksstaates der Volksfreiheit. Die berufsständische wirtschaftliche Selbstverwaltung der besitzlosen Arbeiter und Angestellten ist noch neu zu schaffen. Unter den Bauern, Handwerkern, Gewerbetreibenden muss die überlieferte, aber durch den Interessenskampf zurückgedrängte und gelähmte berufsständische Selbstverwaltung aus Standesehre und Standesgemeinsinn, dem Ausflusse des Volksgemeinschaftsgeistes, gründlich erneuert werden,[19] da sie in der jüngsten Vergangenheit immer mehr von der Verbandsbürokratie aufgesogen wurde.

In der Erneuerung der berufsständischen Selbstverwaltung erwächst nicht nur den Wirtschaftsverbänden, sondern auch den katholischen – sozialen Standes- und Jugendvereinen als Volksbildungs- und Volkserziehungsvereinen eine fruchtbringende Arbeitsaufgabe.

Abschließend sagen wir: der die Deutsche Revolution tragen-

---

[18] Diese ungenauen und undefinierbaren Wortschöpfungen und Schlagwörter machen jede rational kontrollierbare Kommunikation unmöglich, da ihre Verwendung in unterschiedlichen politischen Gruppen unterschiedlich ausgelegt werden konnte.

[19] Wie viele Konservative sah Pieper in der agrarisch-handwerklich-vorindustriell geprägten Welt eine noch nicht von wirtschaftlichen Interessen geprägte romantische Gemeinschaft gleichberechtigter Volksgenossen.

de Nationalsozialismus muss über seine vorangestellte Anti-Richtung, die nur beseitigen, niederkämpfen, aufräumen kann, hinauskommen zur Verwirklichung der gemeinschaftsbildenden Aufbaukräfte, die erst Reform, d.h. seelische Erneuerung durch seelische Vergemeinschaftung, erwachsen lassen. Machen kann man sie nicht. Der Nationalsozialismus muss deshalb von der Parteiorganisation, die nur tote zweckhafte äussere Ordnung und Veranstaltung mechanisch machen kann, sich umwandeln zur organischen, lebendigen Volksgemeinschaftsbewegung, die Volksganzheitsbestätigung ist. Die in der autoritären Regierung mithandelnde [//8//] Deutschnationale Partei blieb bisher stecken in der Forderung der äusseren, von oben her zu machenden, berufsständischen Ordnung als eines Grundstockes des autoritären, obrigkeitlichen Staates. Solche blosse Ordnung führt nur zur Vergesellschaftung der durch Vertragsabschluss äusserlich Verbundenen, daher einander Fremden. Von inneren, aus dem Volkstum wachsenden vergemeinschaftenden Kräfte spricht sie nicht. Wenn wir die katholischen sozialen Vereine: Volksverein, Standes- und Jugendvereine, als berufene Mitarbeiter am inneren Aufbau des neuen nationalen und sozialen oder Volksgemeinschafts-Staates ansprechen, so geschieht es unter der Voraussetzung, dass sie sich auf das im katholischen Volke in Resten noch lebendigen *Volkstum* wieder besinnen, dessen Bekenner die Schriften von Anton Heinen und August Pieper sind.

[Nr. 7]

„Der Sinn des Krieges 1940 -"

[Nachlass-Handschrift August Piepers][20]

1. England und USA führen den Krieg unter der Losung: Gegen den Nationalsozialismus und Faszismus, die Bändiger der Selbstherrschaft des Kapitalismus. Das bolschewistische Rußland führt den Krieg gegen den N.Sozialismus und Faszismus, die Bändiger des Kommunismus.
England und USA führen weiterhin den Krieg, weil sie nicht von einem starken europäischen Festlande behindert sein wollen im Streben nach der wirtschaftlichen Weltbeherrschung durch die angelsächsischen Staaten. Nachdem die Achsenmächte die übrigen Völker Europas dem beherrschenden Einflusse Englands entzogen haben, gilt es [aus britischer Sicht – WN] zunächst wieder die Herrschaft Englands über Europa aufzurichten, einschließlich über Frankreich.
Das aufstrebende Japan hat darum sich mit den Achsenmächten solidarisch erklärt. Mit Frankreich verbündete es sich zum Schutze von Indochina.[21]

2. USA benützt die Flucht der englischen Armee vom Festlande und die von Deutschland geführte Schlacht im Atlantik dazu, England sich finanziell untertänig zu machen. Dann kann es

---

20 LAV NRW W, Nachlass August Pieper [A 510], Nr. 19. [Handschrift; 14 Bl.; die Text-Unterstreichungen folgen dem Original.]
21 Deutschland hatte dem besiegten Frankreich u.a. die Verwaltung seiner Kolonien belassen. In Indochina sollte Frankreich sich mit Japan gegen britische Kolonialtruppen verbünden. Das aggressive und expansiv nach Ost- und Südostasien ausgreifende Japan, dessen Rolle Pieper hier verniedlicht, sollte in Hitlers Kalkül vor allen Dingen die militärischen Kräfte der USA im Pazifik binden.

als Bürgschaft für die geliehenen Gelder englische Stützpunkte in der Welt sich aneignen.

3. Unter der Herrschaft des Nationalsozialismus hat das deutsche Volk eine geschlossene Einheit und Schlagkraft der Kriegsführung, wie niemals zuvor, aufgebracht. Vor allem zeigt sich das gegenüber den Heerscharen des Bolschewismus, in denen kein wirtschaftlich Selbständiger für [//2//] Eigentum und Freiheit kämpft. Es sei daran erinnert, daß der N. Sozialismus zur Herrschaft gelangte, weil die Mittelbesitzer und Kleinbesitzer, deren es viel unter den Arbeitern gab, für den N.S. ihre Wahlstimme abgaben. Alle auf russischem Boden heute kämpfenden Soldaten können mit Händen greifen die Verwüstungen an Land und Menschen, welche der Bolschewismus herbeiführte durch die Beseitigung von Eigenbesitz und persönlicher Freiheit.

4. Dieser Krieg der Achsenmächte gegen fast die ganze übrige Welt wird hoffentlich die Deutschen bis zum letzten Mann befreien von der gewohnten Vertrauensseligkeit gegenüber den nicht verbündeten Völkern der Welt, die zur unwürdigen Fremdtümelei führte, infolgedessen auch zur Vernachlässigung der Wertung der auswärtigen Politik. Hier müssen die notwendigen Freunde mühsam und geschickt geworben werden. Die Fähigkeit dazu haben wir noch nicht erarbeitet. Wir hatten uns bisher keine Mühe gegeben. Der N.S. hat erst damit begonnen.[22]

5. Wir legten vorher kaum Wert auf unsere Geltung als Nation, die ebenbürtig macht den anderen nationalgesinnten Völkern. Erst das gepflegte Nationalbewußtsein als das Freiherrnbewußtsein, das zu Höchstleistungen des Staatsvolkes

---

[22] Das nationalsozialistische Deutschland hatte neben dem ‚Achsenbündnis' mit dem faschistischen Italien einen Bündnisvertrag mit Italien und Japan (‚Stahlpakt') sowie Neutralitäts- und Freundschaftsabkommen mit autoritären und faschistischen Regimes in Spanien, Portugal und einigen Balkanstaaten abgeschlossen.

verpflichtet, vermag anderen Völkern Achtung vor uns ein-
zuflößen. Frankreich und England haben das auszunützen
verstanden, auch zum Nachteile des deutschen Volkes, das
sich in nüchterner Kleinstaaterei gefiel und damit die kleinli-
che Spießbürgergesinnung züchtete, die in Bedientengesin-
nung [gemeint ist hier: Untertanengeist – WN] ausartete.
[//3//] Der gegenwärtige Krieg mit seinen riesenhaften Op-
fern an Blut, Gut Entbehrungen verpflichtet die Deutschen
vor der Geschichte zur seelischen Vergemeinschaftung[23] aller
deutschen Stämme in einer unverbrüchlichen nationalen Einheit. Dadurch allein können gesühnt werden die furchtbaren
wirtschaftlichen und seelischen Leiden, welche seit Jahrhunderten die Deutschen sich durch inneren Hader zugezogen
haben von seinen mißgünstigen Nachbarvölkern. Immer
wieder unterstützten Gruppen von Deutschen die Angriffe
anderer Völker gegen die übrigen Deutschen aus kleinlichem
Neide.
Das war nur möglich, weil die deutschen Stämme wohl
selbstgenügsame Einzelstaaten, nicht aber eine deutsche
Staatsnation als Staatsvolkspersönlichkeit[24] aller Deutschen
aufbrachten. Man hat im Staate nur eine Anstalt zur Befriedi-
gung äußerer Lebensbedürfnisse und Schutzbedürftigkeit
[*gesehen?*], nicht aber die höchste irdische Seinserhöhung zu
einer Staatsvolkspersönlichkeit zwecks Aufbringung der Ehre, Größe und Macht des deutschen Volkes zum Schutze und
Trutze nach innen und außen. Erst das nationale Staatsbe-
wußtsein bringt Eisen in das Blut und Stahl in die Nerven,
dazu den Hochsinn und die Hochherzigkeit, welche befähi-

---

23 Dem positiv besetzten Begriff der ,Vergemeinschaftung' setzte Pieper
durchgängig den negativ konnotierten Begriff der ,Vergesellschaftung' gegenüber.
24 Diese und ähnlich klingende Formulierungen tauchen seit der frühen
Weimarer Republik immer wieder in Piepers Schriften auf, ohne dass konkret definiert wird, was genau damit gemeint ist.

gen zu den Höchstleistungen eines Volkes auf allen Aufgabengebieten des Menschenlebens.

6. [//4//] Seit Jahrhunderten hat die deutsche Kleinstaaterei im Volksgenossen den Untertanen gewertet, damit in ihm das knechtselige Minderwertigkeitsbewußtsein gepflegt, ihm das Selbstverantwortungsbewußtsein abgesprochen. Als dann den Volksgenossen Bürgerrechte zugebilligt werden mußten, haben die unerzogenen Wähler ihre Rechte in politischen Parteien als Interessenvertretungen eigennützig betätigt.[25] Während in der echten Volksgemeinschaft die Berufsstände ihre Ehre darin sahen, als Glieder dem Volksganzen zu dienen, damit das Ganze sich in den Gliedern betätigen kann,[26] suchen die Interessenparteien die Staatsgewalt klein zu halten, dann aber für den Eigennutz der selbstsüchtigen Wähler auszunützen. So kam es sogar zu der Gründung konfessioneller politischer Parteien als kirchlicher Interessenvertretungen. Damit verpflanzte man die unselige Kirchenspaltung in das Staatsvolkleben. Mehr konnte man den nationalen Staatsgedanken nicht herabwürdigen.

7. Somit fällt dem nat. soz. Volksstaate die große Aufgabe zu, die Staatsnation als die große Volkserzieherin im deutschen Volke zur Geltung zu bringen auf allen nichtkirchlichen Gebieten der Weltanschauung und Staatspolitik. Der nationale Volksstaat besitzt nach Gottes Willen auf allen weltlichen Arbeitsgebieten ebenso das Charisma der schöpferischen Bildungsarbeit und Erziehungstätigkeit wie die Kirche ein Cha-

---

[25] Es war ein auch in anderen Manuskripten immer wiederkehrender Vorwurf Piepers an die politischen Parteien des Kaiserreichs und der Weimarer Republik, dass diese sich als kleinstaatliche, sozioökonomische oder religiöse Interessenparteien gebildet hätten und daher zu wahrhaft nationaler Politik unfähig seien. Vgl. auch den folgenden Absatz in Piepers Text.

[26] Dieses organizistische Denken in Berufsständen und Gliederungen des Staatsganzen gehört ebenfalls zu den für Pieper typischen Denk- und Argumentationsstrukturen.

risma auf religiösem Gebiete aufweist. Die Erfahrung hat bis
zur Gegenwart tausendfältig bewiesen, daß Staat und Kirche
[//5//] Pfuscharbeit leisten, wenn sie über ihr Eigengebiet
auf das Nachbargebiet übergreifen.
Fichte und Reichsfreiherr vom Stein haben vor hundert Jahren herrliche Worte gefunden für die Volksbildungsaufgaben
und Volkserziehungsaufgaben der Staatsnation, für deren
Lösung dieselbe vom Schöpfer des Menschengeschlechtes
begnadet ist. Nichts anderes kann in den Volksgenossen
fruchtbarer die Ehrfurcht vor dem nationalen Volksstaate begründen und die Opferwilligkeit für den Dienst am Gemeinwohle der Volksgemeinschaft entzünden und stärken.

8. Neben der Nationwerdung erstrebt der Nat. Soz. die soziale
Volksgemeinschaftsordnung im autoritären Staate oder den
autoritären Sozialismus mit dem Leitsatze: „Gemeinnutz geht
vor Eigennutz."
Die Bemühungen der deutschen Sozialreform um die Verwirklichung jenes Leitsatzes auf dem Wege der freiwilligen
seelischen Vergemeinschaftung der Träger der Wirtschaft
waren vergebens. Der Individualismus, namentlich betätigt
durch die kapitalistische Wirtschaftsgesinnung des Arbeitens
zum Zwecke des Gewinnmachens an den Volksgenossen,
hatte die gemeinschaftsbildenden Kräfte der Treue und Güte
zerstört. Nicht minder war die religiöse Gesinnung der gemeinschaftsbildenden christlichen Bruderliebe aus dem Wirtschaftsleben entwichen.[27]
Nur der Zwang der autoritären nat. soz. Wirtschaftsführung
liefert in absehbarer Zeit die Verwirklichung jenes Leitsatzes:
Gemeinnutz geht vor Eigennutz. Das muß laut bekennen jeder, wer in den letzten 50 Jahren in der staatlichen Sozialpoli-

---

[27] Auch diese Sicht der Zerstörung der vermeintlichen heilen ständischen
Welt durch kapitalistisches Profitdenken ist typisch für Piepers naiv-roman-
tisches Denken.

tik und in der freien Sozialbewegung sich um die Erweckung der freien seelischen Vergemeinschaftung in den Trägern des deutschen Wirtschaftslebens gemüht hat. Er kann nur von einer [//6//] staatlichen Zwangserziehung erwarten, daß die älteren Deutschen zunächst unter der autoritären nat. soz. Wirtschaftsführung sich zur gefügigen Betätigung des Leitsatzes sich bereitfinden und sich daran gewöhnen, daß inzwischen die jungen Deutschen in dem Glauben an die neue Wirtschaftsgesinnung erzogen werden.

Zur Unentbehrlichkeit dieser staatlichen Zwangserziehung müssen sich auch die sozialdenkenden Geistlichen bekennen. Denn alle kirchliche soziale Arbeit hat vergebens den Gemeinschaftsgeist unter den Katholiken zu erwecken sich bemüht. Sie war deshalb dazu verurteilt, in den freien sozialen Vereinigungen „die Interessen der Mitglieder zu fördern", zwar im Rahmen der ausgleichenden Gerechtigkeit. Die Führer des Volksvereins haben vergebens betont, daß die Gerechtigkeit nur vergesellschaftet, nicht aber seelisch vergemeinschaftet.[28] Als in der Demokratie die wirtschaftlichen Interessenorganisationen sich der Staatsgewalt bemächtigt hatten, hatten dessen Mitglieder die Hilfe des Volksvereins in der Förderung der Interessen nicht mehr nötig. Die Geistlichen fanden den Volksverein darum nur noch nötig zur Förderung der Interessen der Kirche und der konfessionellen Schule. Der Volksverein änderte darum 1928 seine Satzung demgemäß und unterstellte sich der Katholischen Aktion. August Pieper schied aus dem Vorstande aus.[29]

---

[28] Vgl. oben Anm. 23.

[29] A. Pieper und sein Mitstreiter Anton Heinen waren im Laufe der 1920er Jahre mit ihren abstrakten völkischen Vergemeinschaftungsvorstellungen im *Volksverein für das katholische Deutschland* immer mehr ins Abseits geraten. Die ‚Katholische Aktion' versuchte seit dem Ende der 1920er Jahre unter dem Einfluss der Bischöfe, das Chaos der Vielzahl der sozialen, politischen

Leider hat alle Betätigung der deutschen Katholiken im öffentlichen Leben des deutschen Volkes seit hundert Jahren sich bloße Interessenvertretung zur Aufgabe gestellt. Nur im stillen Untergrunde lebte als private gemeinschaftsbildende Kraft das schnell absterbende Volkstum. Die katholische Caritas ward daneben vornehmlich als verdienstliches gutes Werk gepflegt. Die Förderer der katholischen Karitasbewegung lehnten darum durchweg die „unheilige" staatliche Sozialpolitik ab. Das war echt feudal gedacht als Wohlfahrtspflege von oben.

Angesichts dieser in den Kreisen der hohen und niederen [//7//] Geistlichen gepflegten Gesinnungen hat der Klerus durchweg seit Beginn der sozialen Bewegung nur „aus seelsorglichem Interesse" die soziale Betätigung mehr oder weniger gefördert. Die meisten Geistlichen nahmen überhaupt die Weltarbeit der Christen an sich nicht ernst. Sie erwarten die Selbstbeteiligung der Laien durchwegs von deren Teilnahme an den „geistlichen" Mitteln der Selbstheiligung der Priester und Ordensleute. Die Kirchenfeindlichkeit des N.S. genügt dem Klerus als zwingender Grund zur Animosität gegen das autoritäre Sozialprogramm des N.S. Der Klerus überlegt nicht, welchen seelischen Konflikt das erregt namentlich in den heranwachsenden Katholiken. Dieser Konflikt ist natürlich unheilvoll für die kirchliche Gesinnung der Laien, zumal der nat. soz. Führerstaat alle Arbeit in Deutschland vergibt, erst recht alle Beamtenstellen.

9. Diese Animosität der Geistlichen gegen den unkirchlichen Nationalsozialismus hat dieser beantwortet mit der ebenso animosen Unterdrückung jeder politischen Betätigung des Klerus und des kirchlichen Lebens im Dritten Reiche, also jeder kirchlichen direkten Einwirkung auf das autoritäre totale

---

u. religiösen Vereine in den Griff zu bekommen. Hier lag einer der Gründe für Piepers immer wieder durchscheinende Aversion gegen den Episkopat.

Staatsleben.[30] Die Geistlichen haben im Stillen gespielt mit der Liebhaberei für einen neuen Kulturkampf als das Anfeuerungsmittel einer religiösen Gesinnungserneuerung. Sie bedachten nicht, daß dafür Voraussetzung war das Bestehen unabhängiger politische[r], der Regierung unentbehrlichen Parteien, welche den Schutz der Freiheit der Kirche sich zur Aufgabe stellten.

Heute ist die Kirche jeder politischen Betätigung beraubt und der nat. soz. Staat behandelt sie als seinen geschworenen Gegner.

[//8//] Mit alledem ist die katholische Kirche verwiesen auf die rein religiöse Betätigung eines „Reiches nicht von dieser Welt", aber zur Heiligung des Reiches von dieser Welt. Solche rein religiöse Betätigung kann heute nur geschehen auf dem Felde des Volkstums, das schwer geschädigt ist und dessen Erneuerung im Dritten Reiche durch die Sozialpädagogik erstrebt wird von den Eiferern für die Volksbildungsbestrebungen als Förderin der Volkwerdung. All das besagt die Erwirkung und Anleitung der in der Natur des Menschen veranlagten gemeinschaftsbildenden Kräfte der Treue als Glauben an einander und der Liebe als Gutsein gegen einander. Lebt doch auch die Religion Christi als Gottinnigkeit aus Glaube als Sicherziehen der Vernunft an Gott und aus Liebe zu Gott und zum Nächsten. Die meisten Katholiken begnügen sich mit der vom Heilande am Eingange der Bergpredigt abgelegten Gesetzesgerechtigkeit, erfüllt in knechtseliger Erfüllung der Gebote Gottes und der Kirche, geleistet als verdrießliche Werke um des himmlischen Lohnes willen. Sie wollen dadurch es von Gott gut haben, nicht gut werden durch Wiedergeburt zu Kindern Gottes, so daß sie in Gott leben und Gott in ihnen lebt. Solche Christen geben auch ihrer

---

[30] Auch dies ist ein Standardvorwurf Piepers gegenüber Anschuldigungen der katholischen Kirche, der NS sei kirchenfeindlich.

arbeitsteiligen Weltarbeit nicht den Sinn eines Treuedienstes und Gütedienstes des Glücks der Volksgemeinschaft. Erst darin betätigt man eine soziale Gesinnung. [//9//] In der Sozialpolitik sehen die meisten Katholiken ein Mittel der Vertretung der berechtigten Interessen. Darob löste sich das deutsche Volk immer mehr auf in Kampfgruppen, die nach der Verwirklichung einer ausgleichenden Gerechtigkeit strebten. Durch solche ausgleichende Gerechtigkeit unter blos vergesellschafteten, blos neben einander lebenden Menschen kommt keine echte Ehe und Familie, auch kein Wirtschaftsvolk und Staatsvolk zustande.

Zu dieser Lebenswahrheit hat der Nationalsozialismus sich bekannt. Auch darum ist er der scharfe, unversöhnliche Gegner des Katholizismus. Das sehen die meisten Katholiken leider noch nicht. Sonst würden sie Bedenken tragen, das Dritte Reich blos wegen seiner Unkirchlichkeit scharf abzulehnen.

10. Die alten Nationalstaaten England, Frankreich, Rußland haben das deutsche Volk seit Jahrhunderten, ebenso Italien und die kleinen Balkanstaaten, an der Nationwerdung, damit an der Kraftentfaltung und Freiheit zu hindern gesucht.[31] Unendliche Leiden haben diese Völker tragen müssen. Zum ersten Male haben der Faszismus und Nationalsozialismus die Nationwerdung der Italiener und Deutschen zustande gebracht. Diese konnte nur sichergestellt werden durch die Entmachtung der Feindseligkeit der slawischen Nachbarn Deutschlands,[32] welche Anlehnung an die alten Nationalstaa-

---

[31] Diese Behauptung ist aus mehreren Gründen fragwürdig: Zum einen war Rußland kein Nationalstaat, und zum anderen hatte auch das Kaiserreich Österreich (ab 1866 Österreich-Ungarn) ein gerütteltes Maß Schuld daran, dass Italien und die slawischen Völker des Balkans zunächst keine Nationalstaaten gründen konnten.

[32] Auch hier zeigt sich, dass Pieper die Besetzung und Zerschlagung der Tschechoslowakei (1938) sowie den Krieg gegen Polen (1939) völlig verzerrt wahrnimmt.

ten gewohnt waren. Die Einigung von Großdeutschland und Italien ermöglichte [//10//] die Betätigung einer Großmachtpolitik auf dem europäischen Festlande gegenüber Frankreich und Rußland. Diese Politik mußte von einer autoritären Regierung auf absehbare Zeit geleitet werden. Nur autoritär geleitete nationale Staaten konnten Widerstand leisten gegen den Einbruch des russischen, autoritär geleiteten Bolschewismus in West-Europa.

Der National-Sozialismus hat Recht mit der Behauptung, daß in Deutschland die bürgerlichen politischen Parteien wie auch die katholische und evangelische Kirche nicht die sozialdemokratische und kommunistische Partei an dem Aufsteigen zur Macht gehindert haben. Beide sozialistische Parteien trieben den politischen Machtkampf, nicht einen bloßen Weltanschauungskampf. Die 1918 heimkehrenden besiegten Frontsoldaten hatten dagegen eingesehen, daß nur die Gründung einer nat.soz. autoritären Partei den autoritären sozialistischen proletarischen Parteien in Deutschland und der Weltpropaganda des Bolschewismus Halt gebieten könne.[33]

Als ich 1892 beim Volksverein zu arbeiten begann, habe ich mich sofort gewehrt gegen das Ansinnen von Geistlichen, als Sozialistentöter zu arbeiten. Denn die ablehnende Haltung der Katholiken gegen eine kräftige Sozialreform erkannte ich von Jugend auf als die Ursache der proletarischen Verzweiflungspolitik. Ebenso habe ich den raschen Aufschwung des Nationalsozialismus zugeschrieben der hundertprozentigen, in Bausch und Bogen vollzogenen Gegnerschaft des Klerus und der alten politischen Parteien gegen die Reformforderungen der nat. soz. Partei. Schon als Priester falle ich nicht

---

[33] Auch an anderen Stellen seiner Manuskripte beurteilt Pieper die reaktionäre, militaristische, antibolschewistische und chauvinistische Ideologie der Heimwehren, Veteranenorganisationen u. Wehrverbände nach 1918 positiv.

her über den Christgläubigen, der sich abgestoßen fühlt von der Kirche, in der er aufwuchs.

[//11//] Seit dem Anwachsen der Sozdie[34] in Deutschland erwiesen sich die bürgerlichen Parteien wie auch die Leiter der christlichen Kirchen nicht mehr als wandlungsfähig in der Zeit eines tiefgreifenden Umbruchs der weltlichen Ordnungsmächte. Die Besitzenden in der Volkswirtschaft hatten ihre Freiheit vordem in schweren Kämpfen erringen müssen gegenüber dem Absolutismus der Fürsten und der Herrschaft der adligen Grundherren. Eben diese Aufgestiegenen wehrten sich seit mehr als 100 Jahren gegen den Aufstieg der Besitzlosen. Wie hilflos und ratlos standen jetzt die bürgerlichen Parteien gegenüber der furchtbaren Arbeitslosigkeit, welche den Staat finanziell zum Bankrott trieb.

In dieser Ratlosigkeit offenbarte sich die Schädlichkeit der von allen bisherigen politischen Parteien betriebenen Interessenpolitik, die den Staat als Gegenstand der Ausnutzung der Wähler betrachtet. Diese Einstellung gegenüber dem Staate mußte sich natürlich tö[d]lich verletzt fühlen durch die Zentralforderung des N. Soz. „Gemeinnutz geht vor Eigennutz."

Die Kirchen dürfen sich nicht darüber wundern, daß in solchen Zeiten eines totalen Umbruches von Wirtschaft und Staat die ernsten Reformparteien den Kirchen ihr Vertrauen entziehen, wenn die Vertreter der Kirchen die Reformen kurzweg bekämpfen. [//12//]

11. Der gegenwärtige Krieg gibt also den besinnlichen Deutschen viele heilsame Lehren für eine gründliche Besinnung auf die Forderungen einer klugen Groß-Staatspolitik, die würdig ist eines 90 Millionenvolkes, das im Herzen des europäischen Festlandes einen Großstaat darstellt. Als solchem fallen dem Dritten Reich im Rate der anderen Großstaaten weltgeschicht-

---

[34] *Sozdie*: von Pieper häufig verwendete Kurzform für ‚Sozialdemokratie'.

liche Aufgabe zu. Bislang haben die im Großdeutschland geeinten deutschen Stämme nur kleinstaatliches Denken gepflegt, dadurch sich zum Ambos für die Nachbarstaaten den nationalen Nachbarvölkern dargeboten. Sie kannten durchweg nur Zwecke des Staates, die von den Bürgern ausgenutzt werden konnten. Unbekannt war ihnen der Sinn des Staates. Ich habe in meinem Buche: „Der Staatsgedanke der deutschen Nation" (259 Seiten in 8°)[35] als von Gott gegebenen Sinn des Staates dargelegt: Aufbau einer Staats-Volksfamilie als Vaterland, und der Nation als Staats-Volkspersönlichkeit. Letztere pflegt die Ehre, Größe und Macht der Nation. Erst Vaterland und Nation verwirklichen einen Sinn des Lebens. Um am Staate den persönlichen Eigennutz zu pflegen, braucht es keiner Bildung und Erziehung. Dafür genügen die tierähnlichen niederen Triebe des Eigennutzes. Es ist begreiflich, daß echte Staatsnationen das deutsche Staatsvolk bisher als nicht gleichberechtigt mit den nationalen Völkern behandelten, darum [es][36] zu verknechten suchten.

Darum schließe ich meine Ausführungen mit der Mahnung an die Deutschen: Begnügt Euch nicht mit einem vollen Siege in diesem Kriege. Geht besinnlich in Euch und pflegt in den nützlichen Staatszwecken, die ich oben dargelegt habe, den Sinn des Staates, nämlich [//13//] den vaterländischen Volksfamiliengeist, vor allem aber den Lebenswillen zur Ehre, Größe und Macht der Staatsnation als Staatsvolkspersönlichkeit.

Wenn das Dritte Reich eine autoritäre Regierung über Euch führt, so ist das heilsam, weil es Euch das Fortfahren in der bisher von den Bürgern beliebten Interessenpolitik der Wähler unmöglich macht, damit [Ihr] Euch diese knechtselige Einstellung zum Staate abgewöhnt.

---

[35] 1928 im Verlag des Volksvereins, M.Gladbach. Textauszüge →B: Nr. 2.
[36] Im Original steht: „sie".

Den großen Sinn dieser meiner Forderung könnt Ihr Euch nur einprägen, wenn Ihr in echter gottgläubiger Gesinnung den letzten Sinn der vom deutschen Volke in diesem neuen Weltkrieg geforderten furchtbaren Opfer darin sehet, daß Ihr durch diesen Euch mannhaft erziehet zu der adligen Gesinnung der Träger der deutschen Nation, die zusammen mit der italienischen Nation von Gott berufen ist zu einer menschenwürdigen neuen Ordnung in Europa.

Dazu ist erfordert eine tiefe seelische Erschütterung des deutschen Volkes, in der es allen bisher gesicherten Besitz an Gut und Leben in Frage gestellt fühlt durch das allmächtige dunkele Schicksal, den Herrn über Leben und Tod. Will der Mensch diesen Eingriffen einen befriedigenden Sinn geben, so muß er dem Kriege, der alles Bestehende auf das Spiel setzt, einen heilbringenden Sinn geben, der Gottes, des Herrn über Leben und Tod, würdig ist. Dieser Sinn kann nur sein die Prüfung und Läuterung der Menschen zwecks der Selbstbesinnung auf die Absichten der göttlichen Weltregierung. Es ist nach dem Glauben aller Religionen der Vorzug Gottes, daß er gütig ist, daher das Böse nur zuläßt, um es zum Guten zu wenden. Dadurch verherrlicht sich am höchsten seine Allmacht. Dabei will er den Menschen [//14//] als den Mittler seiner Vatergüte zuziehen. Frei soll er sich dazu anbieten dadurch, daß er, der furchtbar unter dem Schrecken des Krieges seelisch leidet, viele Güter opfert, vielfach das Leben opfert, dem Kriege denselben Sinn gibt, den Gott ihm gibt.

Dagegen gehen alle jene ohne den Segen einer persönlichen Läuterung aus dem gegenwärtigen Weltkriege hervor, die nur den einzigen Gedanken als Wunsch hegen: „Möchte dieser Krieg bald enden und ein gutes Ende nehmen!" Diese Schwachen haben in der abgeschlossenen Friedenszeit so oft über das elende Dasein in ihrer Umwelt geklagt. Da jetzt das Schicksal mit diesem [?] Elende Kehraus macht, können diese Schwachen nicht den Hochsinn und die Hochherzigkeit aufbringen, sich zu entschließen: Fangen wir jetzt an mitzuwirken an der Erneuerung, die Gott in diesem Kriege beginnt, indem wir unsere <u>Gliedleben in dem jetzt auf das Spiel gesetzten Staatsvolke einen neuen, des Schöpfers würdigen Sinn geben dadurch, daß wir nur solche Zwecke verfolgen, welche jenem von Gott gewollten Sinn sich einordnen.</u>

[Nr. 8]
„Bekenntnis eines kirchlich denkenden Laien"
[1942]37

1. Die christgläubigen Laien leisten die Weltarbeit in Volkswirtschaft und Staatsnation als die Erfüllung ihres Lebensberufes,
des Willens Gottes, aus aufrechtem Gewissen. Sie sind daher
berufen zur Beurteilung der Frage, ob ihre vom totalitären
Staate geleitete Weltarbeit sie mit Notwendigkeit in stetigen
Konflikt mit ihrem Gewissen bringt. Die bekenntnistreuen
christlichen Laien verneinen das.
Die Tatsache, daß die heutige Staatsleitung eine Weltanschauung bekennt, die abweicht vom christlichen Offenba-
rungsglauben, kann die werktätigen kirchengläubigen Laien
nicht entbinden von ihrer loyalen Pflichterfüllung der Bürger.
Christus erklärte: „Gebt dem Kaiser, was des Kaisers ist."
Paulus schreibt an die Epheser 6,5: „Ihr Knechte seid gehorsam eurem leiblichen Herrn in Einfalt eures Herzens, als
Christen."
2. Die in der Weltarbeit tätigen Laien erachten weiterhin für
geboten, daß der Klerus eine Beseitigung des Kampfzustan-

---

37 Dieser Text befindet sich im Anhang an einen Brief Piepers an Stegerwald
vom 13.2.1942 [Archiv für Christlich-Demokratische Politik (ACDP), Nachlass Stegerwald, 011/2, Bl.1]. Er gehört in den Zusammenhang des Brief-
wechsels zwischen den beiden ehemaligen Zentrumspolitikern, in dem es
darum ging, wie das zerrüttete Verhältnis zwischen NS-Staat und katholischer Kirche in Deutschland verbessert werden könne. In diesem Zusammenhang hatte Stegerwald Pieper mehrfach gebeten, ihm Exposés zukom-
men zu lassen, welche er dann, ohne den Verfasser zu nennen, in Gesprä-
chen mit dem neuen Erzbischof von Paderborn als Meinung eines politisch
interessierten katholischen Laien ausgeben wollte.

des zwischen Staatsführung und Kirche hochherzig erstrebt durch Anbahnung gegenseitiger Verständigung.

Der heutige totalitäre Staat ist auf verfassungsmäßigem Wege durch Volksabstimmung zur Herrschaft gekommen. Das hat der Episkopat anerkannt. Dieser Staat schließt aber aus nicht blos die Berechtigung der Bürger zur Anwendung politischer Kampfmittel des passiven Widerstandes gegen die Staatsregierung, welche im Kulturkampfe der siebziger und achtziger Jahre des verflossenen Jahrhunderts im damaligen konstitutionellen Staate verfassungsmäßig gestattet waren; heute schließt der totalitäre Staat auch kraft seiner Vollmacht aus das Zeigen der kalten Schulter der Bürger und ihr gehässiges Urteilen über das Tun und Lassen der Bevollmächtigten des Nationalsozialismus. Die Unzeitgemäßheit jener Kampfmethode wird heute von vielen Katholiken nicht erkannt. Hunderte von harmlosen Geistlichen und Laien sind deshalb in das Gefängnis gebracht worden. Und breite Kreise der kirchentreuen Katholiken mutmaßen als alleinigen Beweggrund jener Bestrafungen eine grundsätzliche Kirchenfeindschaft [des Nationalsozialismus – WN]. Die gläubigen Katholiken müssen von solcher Gewissensbedrängnis befreit werden. Sie bleibt zudem ein Hemmnis der dringend wünschenswerten politischen Verständigung zwischen der Staatsführung und den Kirchen.[38]

3. Das um so mehr, als solche Verständigung erfahrungsgemäß heute von kirchlich gesinnten Einzelpersonen, welche während der Kampfjahre der nationalsozialistischen Bewegung sich der nationalsozialistischen Partei angeschlossen haben und politische Ämter im Dritten Reich bekleiden, nicht angebahnt werden kann, solange die Leiter der Kirche das Zeigen der kalten Schulter durch Klerus und deren kirchentreue Ge-

---

[38] Eine solche „Verständigung" war das eigentliche Ziel von Stegerwalds Initiative bei den deutschen Bischöfen bzw. Erzbischof Jaeger.

folgschaft bestehen lassen. Denn die Staatsleitung verlangt, daß die Betätigung der loyalen Haltung des Kirchenvolkes als Gesamtheit durch die Geistlichkeit gewährleistet wird. Erst dann auch können die Kirchen erwarten, daß die eifernden Anhänger des Nationalsozialismus[39] ein Ohr haben für die sachliche [?] Begründung der Glaubwürdigkeit der Religion Christi.

4. Die katholische Kirche hat in den ersten Jahrhunderten Boden gewonnen unter Verzicht auf politische Machtmittel. Der Heiland hat seine Apostel angewiesen auf ihr Wirken durch vorbildliches Bekennen ihres religiösen Glaubens und durch Betätigung der Bruderliebe, selbst in der Feindesliebe. Als den Sinn solchen Werbens für die Religion der Liebe bezeichnete er: „Ihr seid das Salz der Erde, das Licht der Welt." Zu diesem schöpferischen apostolischen Wirken gab der Heiland das Vorbild in seiner gottmenschlichen Persönlichkeit und die Hilfe in der Sendung des Heiligen Geistes. – Heute ließ die Vorsehung zu, daß das Dritte Reich nur diese Mittel der Bewährung des Offenbarungsglaubens gestattet. Schon vorher ließ die Vorsehung zu, daß die Katholiken die Mittel der kämpferischen Apologetik als unfruchtbar erfuhren.

Die politischen Parteien unterlagen nicht dem Einflusse des Klerus.

In Italien fand Mussolinis Parole: „Wiederaufrichtung des Römischen Imperiums" zunächst durch die nationale Einheitsgesinnung aller Italiener begeisterte Zustimmung. Auf vielerlei seelische Hemmnisse stieß dagegen seit einem Jahrhundert die erst von Bismarck tatkräftig aufgenommene Pa-

---

[39] Pieper und vor allen Dingen Stegerwald gingen davon aus, dass es in der NSDAP eine „eifernde" radikal kirchenfeindliche Gruppe (z.B. die – so Stegerwald – ‚Radikalinskys' wie Goebbels, Himmler und Rosenberg) und eine eher pragmatische Fraktion, zu der er auch Hitler selbst zählten, gab. Besonders für diese Gruppe war Stegerwalds Anbiederungskurs gedacht, um das Verhältnis zwischen NSDAP und katholischer Kirche zu verbessern.

role der nationalen Einheit aller Deutschen! Seit den Kriegen gegen Napoleon I. formulierten Moritz Arndt und Reichsfreiherr v. Stein deren Sinn: Für die Ehre, Größe und Macht der deutschen Nation als Staatsvolks-Persönlichkeit.[40] Nun zwang Hitler ihr erstmals auf durch einen vom Führer geleiteten nationalsozialen Staat, der sich schon durch seinen Namen für die Volksgemeinschaft und Nation verpflichtete, damit zugleich für die Bekämpfung der Weltgefahr des Bolschewismus.[41] Den Kampf gegen diesen kann nur ein seelisch geeintes Volk siegreich führen, das die Volksgemeinschaft und Nation lebensnotwendiger, darum als eine von Gott gestiftete Lebensgemeinschaft ehrfürchtig verehrt.
[*An dieser Stelle fügte Stegerwald handschriftlich hinzu:* „Ob man dieser Gedankenwelt in allem zustimmt oder nicht, ist hier dem, der sich Sorge macht um das Glaubensgut der katholischen Kirche in der Zukunft, nicht das Entscheidende. Wer positive Kirchenpolitik und politisches Ressentiment zu unterscheiden weiß und aus den gegenwärtigen Wirren gangbare Auswege sucht, muß diesen Hintergründen und Zusammenhängen klar ins Auge sehen."] [*Unter dieser Notiz steht mit Schreibmaschine geschrieben:* „Weite Kreise haben anfänglich daran geglaubt, daß der deutsche totalitäre Staat mit den Kräften von Innen und später mit jenen von Außen beseitigt oder gewandelt werden könne. Die Vorstellungen haben sich als Illusion erwiesen.]
Durch den Krieg mit Rußland eröffnen sich auch der kirchlich-religiösen Problematik sowohl günstige wie ungünstige Perspektiven."][42]

---

[40] Auch hier taucht dieser Lieblingsbegriff Piepers auf, ohne näher definiert zu werden. Pieper glaubte, dass das in einem Nationalstaat vereinigte Volk wie eine Person handeln könne und solle.

[41] Auch dieser Gedanke, dass nur die in der nationalsozialistischen Volksgemeinschaft organisierte deutsche Nation den expansiven Bolschewismus aufhalten könne, findet sich durchgängig in vielen Manuskripten Piepers der 1930er Jahre.

[42] [*Auf der Rückseite des vorherigen Blattes folgt August Piepers:* „Entwurf einer Erklärung der katholischen Kirchenführung an den Führer des Großdeutschen Reiches". →B: Nr. 9]

[Nr. 9]

„Entwurf einer Erklärung der katholischen Kirchenführung an den Führer des Großdeutschen Reiches"

[1942][43]

1. Die bekenntnistreuen Katholiken im Großdeutschen Reiche bekennen sich als staatstreue Bürger des vom Führer der Nationalsozialistischen Deutschen Arbeiterpartei geleiteten Großdeutschen Reiches, das sich zur Aufgabe stellt die Verwirklichung von Volksgemeinschaft und Nation.

2. Sie anerkennen, daß dem Führer die Staatsgewalt durch die Volksvertretung übertragen ist. Darum leisten sie ihm im Frieden und Kriege Gefolgschaft bei der Durchführung der dem Großdeutschen Reiche obliegenden Aufgaben.

3. Sie verzichten dabei auf die Erörterung der Gegensätze der kirchlichen Bekenntnisse sowie der kulturellen Weltanschauungen. Vielmehr eifern sie dafür, aus der Treue zu ihrem kirchlichen Bekenntnisse das Beste für das Gemeinwohl von Volksgemeinschaft und Nation zu leisten.

4. Deshalb wünschen sie, in Reich und Gemeinde zugezogen zu werden bei allen Arbeiten für das Gemeinwohl.

---

[43] Dieser Text befindet sich ebenfalls im Anhang an einen Brief A. Piepers an Stegerwald vom 13.2.1942 [Archiv für Christlich-Demokratische Politik (ACDP), Nachlass Stegerwald, 011/2]. Eine fast wortgleiche Abschrift befindet sich in LAV NRW W, Nachlass August Pieper, Nr. 176.

188

5. Sie wünschen aufrichtig dazu mitwirken zu können, daß die in den Kriegsjahren von Feldheer und Heimat bewiesene völlige Einmütigkeit im Opferbringen für Volk und Vaterland ungeschwächt weiterlebe in der kommenden Friedenszeit, welche große Aufbauarbeiten einmütig zu leisten hat.

Begründung.

Die Einreichung der vorstehenden Erklärung der katholischen Kirchenführung begründet sich mit der jetzigen Kriegszeit. In einer anderen Zeitlage läge der Verdacht nahe, daß die Kirchenführung ihre Partie verloren gebe.

Deshalb läge zu anderer Zeit der Staatsführung die Versuchung nahe, die Kirche zu demütigen. Auf der Höhe des Krieges geht das nicht an.

Heute kann ihr wohl daran liegen, eine Handlung der Hochherzigkeit zu vollziehen, zumal jetzt neue Bischöfe ihr Amt antreten.[44]

---

[44] Damit wird auf Lorenz Jaeger hingewiesen, der kurz zuvor zum Erzbischof von Paderborn ernannt worden war und den Pieper und Stegerwald im Hinblick auf ein besseres Verhältnis zwischen Episkopat und NS-Regierung zu beeinflussen versuchten, sowie auf den noch nicht ernannten neuen Erzbischof von Köln.

C.
Beiträge zur Aachener Akademie-Tagung 2018

Der katholische Sozialreformer Franz Hitze (1851-1951): Er holte August Pieper 1892 in die Mönchengladbacher Zentrale des „Volksvereins" (Bildarchiv Museum Eslohe).

Thomas Dahmen

August Pieper und die „praktisch-soziale Kleinarbeit" des Volksvereins

August Pieper hat die Geschichte des sozialen Katholizismus in Deutschland mitgestaltet – als Generalsekretär bzw. -direktor der Zentralstelle des Volksvereins für das katholische Deutschland (1892-1918), als Vorsitzender des Westdeutschen Verbandes der katholischen Arbeitervereine (1904-1917), als Reichstags- (1907-1918) und Landtagsabgeordneter (1906-1918) des Zentrums und Herausgeber der „Präsides-Korrespondenz" (PK, 1901-1932). Im Gedächtnis der Nachwelt ist wahrscheinlich zunächst vor allem der spätere Pieper haftengeblieben. Jener, der viel von Gesinnungsreform statt von Zuständereform sprach. Vor allem für den früheren gilt anscheinend das Fazit seiner Schwester Elisabeth: „Der Flugsand unserer Zeit überdeckte ihn [...]"[1].

Das hängt auch mit der Quellenlage zusammen. Vor 1918 hat Pieper nur ein Buch mit mehr als 100 Seiten Umfang[2] veröffentlicht. Seine vielen Aufsätze sind vor allem in der „Präsides-Korrespondenz" erschienen, und der Zugang zu dieser ist außerhalb von Mönchengladbach nicht sehr günstig[3]. Von der privaten Kor-

---

[1] S. 2-3 eines Briefes an Thomas Esser vom 2. Dezember 1942 (STADTARCHIV M.GLADBACH, 15/15, NR. 19; Esser war Reichstagsabgeordneter des Zentrums und Journalist).

[2] Es handelt sich um JUGENDFÜRSORGE UND JUGENDVEREINE. M.Gladbach 1910, 2. Auflage (archive.org). Pieper war Herausgeber und verfasste einige Aufsätze selbst.

[3] In vielen Bibliotheken ist sie lückenhaft erhalten; weniger als zehn sind Zentralbibliotheken einer Stadt oder Universität.

respondenz bis 1918 ist wenig übriggeblieben[4]. Die erhaltene dienstliche Korrespondenz aus dieser Zeit ist zwar umfangreicher, befand sich aber hauptsächlich in der damaligen DDR und wurde lange Zeit von ost- und westdeutschen Historikern wenig genutzt[5]. Ferner hat Pieper selbst um seine Person wenig Aufhebens gemacht[6]. Wer war er also?

Carl Friedrich August Pieper wurde am 14. März 1866 als erstes von dreizehn Kindern des Bauern Friedrich Wilhelm Pieper und dessen Frau Pauline im sauerländischen Eversberg bei Meschede geboren. Er besuchte die Bürgerschule in Geseke und das Gymnasium in Warburg. Nach dem Abitur studierte er Theologie und Philosophie an der Gregoriana, der päpstlichen Universität in Rom. Im Jahre 1889 wurde er in Rom zum Priester geweiht; danach arbeitete er als Kooperator an der Propsteikirche St. Peter und Paul in Bochum. Viele Menschen in dieser Gemeinde waren aus Westfalen ins Ruhrgebiet eingewandert. Hier wa-

---

[4] Sie wird hauptsächlich im Hauptstaatsarchiv Münster aufbewahrt; das Findbuch dazu steht unter www.archive.nrw.de/LAV_NRW/jsp/findbuch. jsp?archivNr=1&id=0741&tektId=3560. Daraus geht hervor, dass dort bis 1918 nur etwa drei Dutzend Briefe erhalten sind.

[5] Dorthin wurde das Volksvereinsarchiv nach dem Krieg überführt. Bis Ende der 1980er Jahre haben es nur ein halbes Dutzend westdeutsche Historiker besucht (GOTTHARD KLEIN: DER VOLKSVEREIN FÜR DAS KATHOLISCHE DEUTSCH-LAND 1890-1933. Paderborn u. a. 1996, S. 27, FN. 40). Später wurden Kopien der Akten auf Mikrofilm angefertigt; sie liegen im STADTARCHIV MÖNCHEN-GLADBACH (SIGN. 18/117; Originale im BUNDESARCHIV, ABT. POTSDAM, SIGN. 74 V 01). Der Verf. hat eine Liste von einigen hundert Briefen an und von Pieper (und sonstiger Dokumente von ihm) erstellt; sie befindet sich im Stadtarchiv MG.

[6] Sogar sein Tod wurde auf seinen Wunsch erst nach seinem Begräbnis öffentlich bekanntgegeben – siehe S. 1 des Totenzettels von Otto Müller (STADTARCHIV MG, SIGN. 15/15, NR. 18) und THOMAS DAHMEN: AUGUST PIE-PER. – EIN KATHOLISCHER SOZIALPOLITIKER IM KAISERREICH. Lauf a. d. Pegnitz 2000, S. 12f.

ren die Probleme der „industriellen Revolution" mit Händen zu greifen.

Dieser historische Prozess hatte ungefähr im 18. Jahrhundert begonnen. Hierzu wurden verschiedene Theorien und Philosophien entwickelt, z. B. von dem Schotten Adam Smith (1723-1790). Dieser wird vermutlich oft missverstanden – als seien ihm die sozialen Probleme des Kapitalismus und die Risiken der Konzentration wirtschaftlicher Macht nicht bewusst oder gleichgültig gewesen. Dabei gibt es in seinem Werk durchaus Beispiele von Warnungen und Kritik, z. B. an den Armengesetzen seiner Zeit[7]. Eine andere Richtung war der Kommunismus von Karl Marx (1818-1883) und Friedrich Engels (1820-1895)[8].

1. Der Volksverein und seine Vorgeschichte

Wieder eine andere Richtung war der soziale Katholizismus. Nachdem sich zunächst einzelne Personen wie der Mainzer Bischof Wilhelm Emanuel von Ketteler (1811-1877) mit der sozialen Frage beschäftigt hatten, entstand allmählich unter den Katholi-

---

[7] Adam Smith: Natur und Ursachen des Volkswohlstandes. Berlin 1882, 2 Bd. (deutsche-digitale-bibliothek.de), Bd. I, S. 146-153. Siehe ferner Bd. I, S. 70-78, 84, 87-90, 128-131, 134-140, 154ff., 322-327, 331, 402f. (zur Sklaverei); Bd. II, S. 69 (zur Eroberung Amerikas) u. 292f. – Friedrich A. Lutz hat zu Smith angemerkt: Monopole beruhten zu dessen Zeit weitgehend auf staatlichen Konzessionen; deshalb habe ihre Bekämpfung mehr die Aufhebung der bestehenden Gesetze erfordert als die Schaffung von neuen Gesetzen. [Ders.: Bemerkungen zum Monopolproblem. (Ordo, 8, 1956, S. 19-43), S. 21.]

[8] Er wurde auch „wissenschaftlicher Sozialismus" genannt. Für die von ihm aufgestellten Regeln beanspruchte er eine ähnliche Gültigkeit wie für die Gesetze der Natur. So schrieb Engels, vom Kapitalismus eine andre Verteilung der Produkte erwarten hieße „verlangen, die Elektroden einer Batterie sollten das Wasser unzersetzt lassen [...]" (Ders: Die Entwicklung des Sozialismus von der Utopie zur Wissenschaft, Teil III; www.mlwerke.de/me/me19/me19_210.htm).

ken eine sozialpolitische Bewegung: Im Jahre 1880 sammelten sich viele in dem Verband „Arbeiterwohl" (AW). Dessen Vorsitzender war der Textilfabrikant Franz Brandts (1834-1914) aus Mönchengladbach (die Stadt wurde damals Gladbach oder München-Gladbach genannt, geschrieben meistens M.Gladbach). Sekretär wurde der Geistliche Franz Hitze (1851-1921), der auch aus dem Sauerland stammte. Der Verband wollte „die Verbesserung der Lage des Arbeiterstandes an[...]streben"[9], hatte aber nur mäßigen Erfolg[10].

Oswald von Nell-Breuning hat vermutet: Angesichts der primitiven Maschinentechnik konnte man im 19. Jahrhundert leicht glauben, dass die Kapitalisten immer mächtiger würden[11]. U. a. deshalb hatte die sozialdemokratische Partei, die sich damals noch SAPD nannte, im Deutschen Reich immer mehr Anhänger gewonnen. Im Jahre 1890 lief das 1878 verabschiedete Sozialistengesetz aus. Bei der Reichstagswahl im gleichen Jahr errang die Partei fast ein Fünftel der Stimmen (19,7%). 1891 gab sie sich auf ihrem Parteitag in Erfurt ihren heutigen Namen und beschloss das Erfurter Programm.[12] Dieses begann wie folgt: „Die öconomische Entwickelung [...] führt mit Naturnothwendigkeit zum Untergang des Kleinbetriebes [...]" (vgl. Fn. 8). Deshalb seien die Produktionsmittel „in gesellschaftliches Eigentum" zu überführen.

---

[9] § 1 des Statuts [TEXTE ZUR KATHOLISCHEN SOZIALLEHRE. HRSG. V. BUNDESVERBAND DER KATHOLISCHEN ARBEITNEHMERBEWEGUNG (KAB) DEUTSCHLANDS. BD. II/1, Kevelaer 1976, S. 372-374].

[10] Im Jahr 1888 zählte er noch keine 1 000 Mitglieder. Nach der Bilanz von Hans Schürings hat AW *keine Öffentlichkeitsarbeit* betrieben [DERS.: SOZIALER KATHOLIZISMUS IN MÖNCHENGLADBACH UND DIE GRÜNDUNG DES VOLKSVEREINS FÜR DAS KATHOLISCHE DEUTSCHLAND. (RHEYDTER JAHRBUCH, 31, 2016, S. 141-169), S. 158].

[11] OSWALD VON NELL-BREUNING: AUSEINANDERSETZUNG MIT KARL MARX. München 1969, S. 16.

[12] library.fes.de/parteitage/pdf/pt-jahr/pt-1891.pdf, S. 3-6.

1890 kam es zur Gründung des Volksvereins. Man kann sagen, dass dieser eher durch das Zusammentreffen verschiedener
Zielsetzungen[13] entstanden ist. Der Kulturkampf war zwar 1887
durch Papst Leo XIII. für beendet erklärt worden. Aber 1886
wurde der „Evangelische Bund" gegründet. Viele Katholiken
verlangten nun eine Gegenorganisation. Ludwig Windthorst, der
führende Politiker des Zentrums, dagegen wünschte v.a. einen
Verein zur Abwehr der SAPD. Er setzte schließlich seine Absicht
durch. Am 24. Oktober 1890 wurde im Kölner Hotel Ernst der
„Volksverein für das katholische Deutschland" gegründet. Sein
Zweck war u. a. die „Bekämpfung der [...] Umsturz-Bestre-
bungen auf socialem Gebiete [...]."[14] Als Sitz der Zentralstelle
wurde Mönchengladbach gewählt und der Mitgliedsbeitrag auf
eine Mark jährlich festgelegt (in § 3 der Satzung). Der erste Aufruf des Vereins[15] warnte vor der Sozialdemokratie; aber der Kaiser wurde auch dafür gelobt, den Kampf gegen Ideen mit „po-
lizeilichen Mitteln" aufgegeben zu haben. Mit diesen Mitteln war
wahrscheinlich das Sozialistengesetz gemeint. Pieper war ähnlich
eingestellt: er nannte dergleichen „Sozialistentöterei"[16].

Vorsitzender des Vereins wurde Brandts, sein Stellvertreter
der Rechtsanwalt Carl Trimborn (1854-1921). Franz Hitze wurde
Schriftführer. Der Sekretär der Zentralstelle, ein Kaplan aus Köln
namens Joseph Drammer (1851-1929), gab schon 1891 sein Amt
auf. Hitze war verwandt mit Caspar Klein, dem späteren Erzbischof von Paderborn[17]. Er fragte diesen im Februar 1892, wen er

---

[13] HEINZ HÜRTEN: KURZE GESCHICHTE DES DEUTSCHEN KATHOLIZISMUS 1900-
1960. Mainz 1986, S. 168.
[14] Nach § 1 der Satzung (HORSTWALTER HEITZER: DER VOLKSVEREIN FÜR DAS
KATHOLISCHE DEUTSCHLAND IM KAISERREICH 1890-1918. Mainz 1979, S. 299f).
[15] Er erschien am 22. November 1890 (HEITZER, wie FN. 14, S. 305f).
[16] AUGUST PIEPER: GESCHICHTE DES VOLKSVEREINS FÜR DAS KATHOLISCHE
DEUTSCHLAND 1890-1928. 5 BÄNDE. O. O. 1932 (MASCHINENSCHRIFTLICH), BD. 2,
S. 412 u. 423.
[17] Klein war 1890 u. a. Präses des Bergmannvereins in Bochum.

als Leiter der Zentralstelle empfehlen könnte, und dabei wurde
August Piepers Name genannt.

2. Die Zentralstelle des Volksvereins unter Piepers Leitung

Bis zu dessen Rückkehr nach Deutschland gab es noch keine An-
zeichen, dass er sich mit der sozialen Frage beschäftigen würde[18].
Vielleicht hatten die Erfahrungen in Bochum sein Interesse geweckt[19]. 1889 hatte ein Streik der Ruhrbergarbeiter stattgefunden
– der bis dahin größte Streik in Europa. 1891 referierte Pieper auf
einer Konferenz des Bochumer Klerus über „Rerum novarum",
die Sozialenzyklika Leos XIII. und interpretierte dieses Schreiben
in vier Zeitungsartikeln[20]. Der erste seiner Artikel bildete die Einleitung, die anderen drei erläuterten die Zuständigkeiten der
Kirche, des Staates und der Arbeiter selbst[21].

Am 15. April 1892 wurde Pieper als Generalsekretär eingeführt. Man kann in ihm den faktischen Leiter des Volksvereins
sehen[22], denn Brandts, Trimborn und Hitze waren zusätzlich mit

---

[18] Horstwalter Heitzer: August Pieper (1866-1942) [Rudolf Morsey / Jürgen Aretz / Anton Rauscher (Hrsg.): Zeitgeschichte in Lebensbildern.
Bd. 4, Mainz 1980, S. 114-132], S. 116.

[19] Man ist hier auf Vermutungen angewiesen. Über seine Tätigkeit dort sind
keine Dokumente mehr vorhanden – wie das Bistumsarchiv Essen in einem
Brief am 22. Mai 1992 mitteilte. Auch das Pfarrarchiv von St. Peter und Paul
besitzt keine Quellen aus dieser Zeit.

[20] Diese erschienen in der „Westfälischen Volkszeitung" vom 26., 27.,
30. Mai und 1. Juni 1891.

[21] Ähnlich drückte dies später das Titelblatt der Zeitschrift „Der Volksverein" in den Jahrgängen 1901-1907 aus. Im Wappen des Herolds stehen die
Worte „Religion", „Staatshülfe" und „Selbsthülfe".

[22] Wie Heitzer, wie Fn. 14, S. 2, Fn. 11 u. S. 6, Fn. 26A. Deshalb richteten sich
später im Gewerkschaftsstreit auch die meisten Angriffe der Gegner gegen

zahlreichen Ehrenämtern und anderen Aufgaben belastet. Er begann seine Tätigkeit in drei Zimmern in der Viersener Straße 11. Nach mehreren Umzügen und räumlichen Erweiterungen befand sich der Sitz der Zentralstelle ab 1906 in der Sandstraße (heute Windthorststraße). 1903 war zu ihrer Leitung ein Direktorium gebildet worden mit Pieper als Generaldirektor. Wilhelm Hohn (1871-1954)[23] wurde Direktor für innere Verwaltung, Heinrich Brauns (1868-1939)[24] Direktor für Organisation, Werbung, Kursus- und Konferenzarbeit. Beide waren Geistliche; auch andere wichtige Positionen waren von Geistlichen besetzt. Piepers Bruder Lorenz kümmerte sich v. a. um Photos und Filme, die damaligen „neuen Medien"[25]. Anton Heinen (1869-1934)[26] wurde Leiter des Referats Volksbildung (1909). Carl Sonnenschein (1876-1929) übernahm (1906) das „Sekretariat sozialer Studentenarbeit" (SSS)[27].

Die theoretischen Grundlagen von Piepers Wirken waren folgende: die bisherige feudale Gesellschaft war auf dem Wege in eine demokratische Industriegesellschaft. Pieper unterschied zwei Formen der Wirtschaft: eine naturgebundene und eine naturbeherrschende. In der alten Gesellschaft vertraute der einzelne den Naturkräften, die er nicht durchschauen konnte. In der neuen gewinnt er mehr Kenntnis von den Naturkräften und benutzt sie in seinem Sinne. Die Arbeitsgemeinschaft war einst als Le-

---

ihn – siehe HORSTWALTER HEITZER: AUGUST PIEPER (1866-1942) [HANS HERMANN HENRIX: (HG.): FENSTER ZUR WELT. Aachen 2003, S. 29-47], S. 33f.

[23] Hohn war in Kreuznach Kaplan gewesen und hatte in Nationalökonomie promoviert.

[24] Brauns hatte vorher in Krefeld und Essen als Seelsorger praktiziert.

[25] U. a. war er 1913-1916 Geschäftsführer der Abteilung „Reform des Lichtbildes und Filmes des Volksvereinsverlages" (HEITZER, wie FN. 14, S. 310).

[26] Heinen war vorher u. a. tätig in Mülheim und (als Schulrektor) 1898 bis 1909 in Eupen; zu ihm siehe auch DAHMEN, wie FN. 6, S. 130-133 u. 340.

[27] Sonnenschein wurde später in Berlin als Studentenpfarrer bekannt; zu Pieper und ihm siehe auch DAHMEN, wie FN. 6, S. 166-169.

198

bensgemeinschaft von der beiderseitigen Treueverpflichtung bestimmt gewesen. Der Kapitalismus durchbrach die alte Wirtschaftsverfassung in Richtung Volkswirtschaft und weiter zur Weltwirtschaft. Die alte Wirtschaftsverfassung wurde durch den freien Arbeitsvertrag ersetzt und die Arbeitsleistung ähnlich wie eine Ware behandelt. Pieper interessierte darüber hinaus besonders der Gegensatz zwischen der statischen und der dynamischen Haltung des Lebenswillens. In der alten Gesellschaft galt die bestehende Ordnung als die ewig gültige. Der dynamische Lebenswille der neuen Gesellschaft, so Pieper, lief nun Gefahr, sich zu überschätzen, die bloße Wissenschaft überzubewerten. Statik und Dynamik seien „nicht sich ausschließende Widersprüche, sondern polarisch gespannte Gegensätze"[28].

Ferner beschäftigte sich Pieper (autodidaktisch) mit der Nationalökonomie. Die ältere Nationalökonomie hatte nach seinem Eindruck nur „dem Tatsachenverlaufe der Erzeugung und Verteilung der Güter ihre Aufmerksamkeit geschenkt [...]"[29]. Diesem Mangel abgeholfen hatten Gelehrte wie Heinrich Ahrens (1808-74) und Vertreter der historischen Schule der Nationalökonomie, z. B. Wilhelm Roscher (1817-1894) und Bruno Hildebrand (1812-1878)[30]. Sie hatten die Beziehungen zwischen Wirtschaft und Gesellschaft analysiert oder sogar Reformen zur Lösung der sozialen Frage angemahnt. Schließlich war 1873 der „Verein für Sozi-

---

[28] A.P.: ORGANISCHE UND MECHANISCHE AUFFASSUNG DES GEMEINSCHAFTSLEBENS. M. Gladbach 1929, 3. Auflage, S. 50. Zu diesen Gegensätzen siehe LOTHAR PROBST: GESELLSCHAFT VERSUS GEMEINSCHAFT? (AUS POLITIK UND ZEITGESCHICHTE, B 36/30. AUGUST 1996, S. 29-35), insbes. S. 33-35.
[29] PIEPER, GESCHICHTE, wie FN. 16, BD. 1, S. 16.
[30] Zu nennen wären ferner z. B. Lorenz von Stein (1815-1890), Karl Knies (1821-1898), Albert Schäffle (1831-1903) und Karl Christoph Wolfgang Schüz (1811-1875). Unter www.deutsche-digitale-bibliothek.de sind viele ihrer Schriften digitalisiert.

alpolitik" (VfS)[31] gegründet worden; dessen Vorsitzender war seit 1890 Gustav Schmoller (1838-1917). Dem VfS gehörte auch Lujo Brentano (1844-1931) an, der Pieper politisch und persönlich nahestand.

Um sozialpolitisch wirken zu können, gebrauchte der Volksverein folgende Mittel: Der „Führerschulung" dienten die Kurse[32], der Massenschulung Versammlungen[33] und Druckschriften[34]. In den 1890er Jahren wurden die „Praktisch-sozialen Kurse" abgehalten; der erste davon fand 1892 in M. Gladbach selbst statt. Man kann sagen, dass diese noch überwiegend Werbeveranstaltungen für den Verein waren. Immerhin nahmen schon 1892 die ersten Arbeiter teil[35]. Zu den Teilnehmern der „Praktisch-sozialen Kurse" gehörten August Brust (1862-1924), der spätere Vorsitzende der christlichen Bergarbeitergewerkschaft, und Johannes Giesberts (1865-1938), der spätere Redakteur der „Westdeutschen Arbeiter-Zeitung"[36] (WAZ). Der letzte dieser Kurse fand 1900 statt[37].

Nach der Jahrhundertwende konnte der Verein ein differenzierteres Angebot aufstellen[38]. Dazu gehörten die zehnwöchigen

[31] JAHRBÜCHER FÜR NATIONALÖKONOMIE UND STATISTIK, 21, 1873, S. 123-125 (www.digizeitschriften.de).
[32] Siehe die Statistik, bei HEITZER, wie FN. 14, S. 318f.
[33] Siehe die Statistik, bei HEITZER, wie FN. 14, S. 320.
[34] Siehe die Statistik, bei HEITZER, wie FN. 14, S. 320.
[35] Siehe WOLFGANG LÖHR: EINE DEUTLICHE SCHEIDELINIE GEGEN DIE SOZIALDEMOKRATIE (ANNALEN DES HISTORISCHEN VEREINS FÜR DEN NIEDERRHEIN, 217, 2014, S. 241-285), S. 253.
[36] Giesberts hatte vorher u. a. im Verlagshaus Bachem als Heizer gearbeitet. Ferner wurde er in der Weimarer Republik Reichspostminister.
[37] Die Gründe für ihre Einstellung sind nicht in allen Einzelheiten bekannt. (So WOLFGANG LÖHR: DER VOLKSVEREIN FÜR DAS KATHOLISCHE DEUTSCHLAND. Mönchengladbach 2009, S. 33f.)
[38] HÜRTEN, wie FN. 13, S. 171; siehe auch DAHMEN, wie FN. 6, S. 102-105.

„Volkswirtschaftlichen Kurse"[39], die der Schulung von Leitern und Mitarbeitern der christlichen Arbeiterbewegung dienten[40]. Aus ihnen gingen viele Arbeiterführer hervor, darunter Brust, Giesberts, Josef Joos (1878-1965)[41] und Jakob Kaiser (1888-1961)[42]. Die Lehrer dieser Kurse mussten in Nationalökonomie promoviert haben[43]. Die Teilnahme war gebührenfrei[44]. Ferner gab es Kurse speziell für Bauern, Kaufleute, Beamte und Angestellte.

Eine weitere Form des Kurses war die „Soziale Konferenz". Jedes Mitglied wählte sich eine Einzelfrage und referierte darüber[45], schrieb Aufsätze und erteilte Auskünfte zu dem Thema. Um eine Diskussion zu ermöglichen, sollten auch die Zuhörer vorher Literatur zum jeweiligen Thema studieren[46]. Meist nahmen jüngere Geistliche teil. Kurz nach 1900 waren diese Konferenzen in den meisten Dekanaten eingerichtet[47]. Die Konferenzen des Kölner Diözesanverbandes hatten jeweils etwa 30-40 Teilnehmer[48]. Diese mussten die Geistlichen auf ihre Aufgaben als Vereinspräsides vorbereiten[49]. Am zweckmäßigsten erschien es,

---

[39] Die „Praktisch-sozialen Kurse" hatten durchschnittlich über 800 Teilnehmer gehabt, die „Volkswirtschaftlichen Kurse" nur noch 60.

[40] Siehe hierzu z. B. PK, 17, 1904, S. 65-72.

[41] Joos übernahm 1905 die Schriftleitung der WAZ und wurde 1928 Vorsitzender der katholischen Arbeiterinternationale.

[42] Kaiser war nach dem Ersten Weltkrieg u. a. Geschäftsführer im Generalsekretariat des Gesamtverbandes der Christlichen Gewerkschaften (1919-24) und nach dem Zweiten Weltkrieg Bundesminister für gesamtdeutsche Fragen; siehe auch HEITZER, wie FN. 14, S. 240 u. FN. 104.

[43] HEITZER, wie FN. 14, S. 243.

[44] Auch Geistliche und Laien aus dem Bürgertum konnten daran teilnehmen (PIEPER, wie FN. 40, S. 66 u. 70).

[45] A. P.: SOZIALE SCHULUNG IN KAUFMÄNNISCHEN VEREINEN (PK, 22, 1909, S. 71-79), S. 74.

[46] A. P.: SOZIALE KONFERENZEN UNTER DEM KLERUS. Köln 1899, S. 30.

[47] PIEPER, GESCHICHTE, wie FN. 16, BD. 2, S. 389-391; A. P.: SOZIALE KONFERENZEN UND STUDIENZIRKEL. M.Gladbach 1907, S. 6-11.

[48] PIEPER, wie FN. 46, S. 13.

[49] PIEPER, wie FN. 46, S. 10.

sie im Anschluss an die üblichen Pastoral-Konferenzen stattfin-
den zu lassen[50]. Sie sollten v.a. „die praktische Seite der sozialen
Frage und [...] die Mittel zur Lösung derselben" erörtern. Als
Thema des einleitenden Vortrags bei der Gründung einer Konferenz empfahl Pieper die Enzyklika „Rerum novarum"[51].
Die Versammlungen hatten bei Katholiken bislang nur spora-
disch stattgefunden, u. a. zu Wahlzeiten. Ihr Aufbau sollte nach
Piepers Vorstellungen so verlaufen: die Zuschauer sollten Beifall
oder Zwischenrufe äußern und eine anschließende Diskussion
verlangen. Sie erfuhren auf diese Weise, dass auch Nichtstudierte
sich in sozialen Fragen ein eigenes Urteil bilden konnten. So
wurde das Verlangen geweckt, das Wissen zu vertiefen. Dazu
musste der Redner an den Hörern Vertrautes anknüpfen. Als
Redner empfahl Pieper u. a Vereinspräsides, Redakteure katholischer Medien und Volksschullehrer. Ihre Reden sollten vom allgemeinen zum speziellen übergehen[52]. Anhand eines Gangs
durch eine Stadt illustrierte er das Beispiel eines lebensnahen
Vortrags: „Wir treten beim Tore ein; dort steht eine Tafel, sie
nennt die Gemeinde, den Kreis, Landwehrbezirk. Wem gehört
[...] das Rathaus, die Schule? [...] Man knüpfe an z. B. [...] die Re-
krutenaushebung, an ein Innungsfest usw."[53]
Ein anderes Mittel waren Druckschriften. V.a. durch sie konnte der Volksverein sich bei Nichtmitgliedern bekannt machen.
Das bekannteste Medium waren wahrscheinlich die kostenlosen
Flugblätter; hiervon wurden bis 1914 an die 90 Millionen vertrie-
ben. Pieper empfahl, sie nicht auf der Straße, sondern von Haus

---

[50] PIEPER, wie FN. 46, S. 12.
[51] PIEPER, wie FN. 46, S. 14. Auf S. 14-20 sind Themenvorschläge mit Litera-
turhinweisen aufgelistet.
[52] PIEPER, wie FN. 45, S. 76.
[53] A. P.: ZWECK UND METHODE DER STAATSBÜRGERLICHEN SCHULUNG. (PK, 24,
1911, S. 305-310), S. 308.

zu Haus zu verteilen[54]. Geeignete Termine lägen im Herbst und in der Fastenzeit, um auch zu den neuen sozialen Gesetzen Stellung zu nehmen[55]. Wegen der Kürze des Textes eigneten sie sich auch zur Verbreitung unter den Polen im Deutschen Reich. Pieper gab zu, dass die Flugblätter der SPD das äußere Vorbild für die des Volksvereins abgaben, nicht aber ihr Inhalt[56]. Dies bestätigte der sozialdemokratische Journalist August Erdmann: Die Flugblätter des Volksvereins seien verständlicher geschrieben als die sozialdemokratischen, „im Allgemeinen sachlich" und sorgfältiger vorbereitet[57].

Ein weiteres Medium waren Flugschriften[58]. Von der Jahrhundertwende an wurden sie in mehrere Reihen unterteilt. Hier handelte es sich um Führerschriften für die Mitarbeiter; sie kosteten je 10-40 Pfennig. Da der Handel an ihnen nichts verdienen konnte, musste die Zentralstelle sie selbst vertreiben[59]. Dies geschah durch Stände bei Versammlungen oder durch die Vertrauensmänner – im letzteren Falle ohne Gewinn, weil dann keine Genehmigung durch die Behörden eingeholt werden musste[60]. Zeitschriften wie „Der Volksverein", die „Präsides-Korrespondenz", „Die Jugend" oder „Soziale Kultur" (vorher „Arbeiterwohl") wären ebenfalls zu nennen. Bücher spielten vor dem Ersten Weltkrieg nur eine sekundäre Rolle[61], auch für Pieper. Auf-

---

[54] A. P.: Unsere Taktik im Kampf mit der Sozialdemokratie (PK, 24, 1911, S. 367-381), S. 376.

[55] A. P.: Aufgaben und Arbeitsmethoden der Arbeitersekretäre (PK, 19, 1906, S. 257-270), S. 261.

[56] Pieper, Geschichte, wie Fn. 16, Bd. 2, S. 457.

[57] Erdmann, August: Noch eine Wahlbetrachtung. (Die Neue Gesellschaft, Bd. 4, 9/29. Mai 1907, S. 239-244), S. 242f.

[58] Während die Flugblätter über vier Seiten (in 4°) nicht hinausgingen, umfassten die Flugschriften bis zu 64 Seiten. (Titelverzeichnis bei Pieper, Geschichte, wie Fn. 16, Bd. 2, S. 467f).

[59] Pieper, Geschichte, wie Fn. 16, Bd. 2, S. 469f. mit Liste der ersten Hefte.

[60] Pieper, wie Fn. 55, S. 262.

[61] Heitzer, wie Fn. 14, S. 276.

sätze hätten einen größeren Wert, weil in ihnen der Prozess des geistigen Ringens mehr sichtbar werde. Bücher seien eher etwas Fertiges[62].

Andere Einrichtungen waren Volksbüros, welche den Arbeitern juristische Auskünfte erteilten und die „Soziale Auskunftsstelle", welche über die Organisation von Vereinen und Unterstützungseinrichtungen aller Art informierte[63]. Für die Volksbildung veranstaltete der Verein auch Volksunterhaltungsabende[64], schuf eine „Büchersammelstelle"[65] und gab die Zeitschriften „Volkskunst" und „Die Volksgenossen" heraus. Er besaß eine umfangreiche Bibliothek mit 94 000 Bänden.

3. PIEPERS SOZIALPOLITISCHE AKTIVITÄTEN

In seinen eigenen Schriften gab Pieper Hinweise zu der „praktisch-sozialen Kleinarbeit"[66], zur Gründung von Arbeitervereinen[67], zum Bau oder Erwerb von Vereinshäusern[68], zum Wohnungsbau für Arbeiter[69], zum Schutz vor Unfällen und Krankheiten[70]. Er kümmerte sich auch um besonders hilfsbedürftige Berufsgruppen, z. B. die Wanderarbeiter[71], die jugendlichen Arbeiter[72] und die Arbeiterinnen[73]; in einem seiner umfangreichsten

---

[62] NRW-HAUPTSTAATSARCHIV MÜNSTER, NACHLASS PIEPER (A 510), NR. 15, BD. 2, 22. Juni 1937, S. 123f.
[63] Siehe DAHMEN, wie FN. 6, S. 119-122.
[64] DAHMEN, wie FN. 6, S. 126f.
[65] HEITZER, wie FN. 14, S. 69, FN. 91.
[66] Diesen Begriff findet man z. B. bei PIEPER, GESCHICHTE, wie FN. 16, BD. 2, S. 214.
[67] DAHMEN, wie FN. 6, S. 147-151.
[68] DAHMEN, wie FN. 6, S. 171f.
[69] DAHMEN, wie FN. 6, S. 169ff.
[70] DAHMEN, wie FN. 6, S. 174-177.
[71] Siehe hierzu DAHMEN, wie FN. 6, S. 192-197.
[72] DAHMEN, wie FN. 6, S. 162-166.

Aufsätze forderte er im Jahr 1902 die Einführung des Zehnstundentages für letztere. Daneben bekämpfte Pieper (wie der 1983 in Mönchengladbach gegründete *neue* Volksverein) die Arbeitslosigkeit. Sie war schon im Kaiserreich[74] groß genug, dass kriminelle Vermittler aus ihr Kapital schlagen konnten[75]. Deshalb setzte er sich[76] für einen Gesetzentwurf ein, der diesen Missstand bekämpfen sollte[77]. Ferner befürwortete er die Schaffung einer Arbeitslosenversicherung. Diese konnte erst 1927 verabschiedet werden; inzwischen war Brauns Reichsarbeitsminister[78].

Ausführlicher und als Beispiel soll hier Piepers Beschäftigung mit den Problemen der Heimarbeiter[79] dargestellt werden. Es

---

[73] A. P.: Der Zehnstundentag für Arbeiterinnen (Die Herabsetzung der Arbeitszeit für Frauen und die Erhöhung des Schutzalters für jugendliche Arbeiter in Fabriken. Jena 1902, S. 3-87 u. 143-151). Siehe hierzu auch Dahmen, wie Fn. 6, S. 197-207.

[74] Die offene Arbeitslosigkeit im Kaiserreich wird auf durchschnittlich 2,5 % geschätzt. (Gerhard A. Ritter/Klaus Tenfelde: Arbeiter im Deutschen Kaiserreich 1871-1914. Bonn 1992, S. 241 u. 246f). Die verdeckte ist schwer auszurechnen (Michael Schneider: Die Christlichen Gewerkschaften 1894-1933. Bonn 1982, S. 508).

[75] Ritter/Tenfelde, wie Fn. 74, S. 253f.

[76] Stenographische Berichte über die Verhandlungen des Deutschen Reichstages, Bd. 19-325, Berlin 1871-1918, 12/II, Bd. 261, 77, 2. Mai 1910, S. 2816-2820. (www.reichstagsprotokolle.de/Blatt_k12_bsb00003324_00549. html); siehe auch Dahmen, wie Fn. 6, S. 177-180.

[77] Sammlung sämtlicher Drucksachen des Deutschen Reichstages. (Seit 1907: des Reichstages). Berlin 1871-1914, 12/II, Bd. 276, Anlage Nr. 231, S. 2239-2243. (ab www.reichstagsprotokolle.de/Blatt_k12_bsb00003343_001 39.html). Siehe insbes. die §§ 2-3, § 3a, § 4b und § 6.

[78] Das Gesetz vom 16. Juli ist unter www.1000dokumente.de abgedruckt.

[79] Siehe die Definition in § 1 des Gesetzes vom 20. Dezember 1911 (RGBL, 1911, S. 976; de.wikisource.org). Eine international verbindliche Definition war sehr schwierig – siehe A.P.: Bericht der Kommission über Heimarbeit (Verhandlungsbericht der dritten Generalversammlung des Komitees der internationalen Vereinigung für gesetzlichen Arbeiterschutz. Jena 1905, S. 67-69).

stand für ihn außer Frage, dass in diesem Gewerbe im Vergleich zur Fabrikarbeit üblere Missstände zu beklagen waren[80]. In einem Aufsatz von 1908 mahnte Pieper die Reform der betreffenden Gesetze an. Sie war deshalb verzögert worden, weil man sie für eine Variante des Handwerks gehalten hatte. Dabei habe man den Unterschied übersehen, dass ein richtiger Handwerker auch Verfügungsgewalt über seine Produkte habe. Hier folgte er der Analyse von Marx. Ferner waren Heimarbeiter verstreut und konnten deshalb nur schwer streiken[81]. Nach der Statistik gab es im Jahre 1907 noch über 400 000 Heimarbeiter, drei Viertel davon in der Bekleidungs- und Textilindustrie. Pieper vermutete aber, viele hätten aus Scham ihre wirkliche Tätigkeit geleugnet oder die Frage missverstanden[82]. Die große Mehrheit der Heimarbeiter übte an- oder ungelernte Tätigkeiten aus. Mehr als die Hälfte von ihnen waren Hausfrauen[83]; auch Kinderarbeit war hier noch weit verbreitet.

In einer um das Jahr 1910 veröffentlichten Schrift nahm Pieper Stellung zu einem Gesetzentwurf, der 1911 vom Reichstag beschlossen wurde[84]. Er empfahl, man möge zunächst die Wirkung abwarten. Das Gesetz enthielt immerhin schon die Pflicht zur Registrierung der Arbeiter. Gerade diese wechselten oft ihren

---

[80] PIEPER, wie FN. 79, S. 67f.

[81] A.P.: DIE GESETZLICHE REGELUNG DER HEIMARBEIT IN DER GEWERBEORDNUNGSNOVELLE VON 1907 (SOZIALE KULTUR, 28, 1908, S. 209-224), S. 209f.

[82] A.P.: LA REGLEMENTATION DU TRAVAIL A DOMICILE EN ALLEMAGNE. Louvain O. J. [um 1910; ins Deutsche übersetzt], S. 3-4. Die Zahl der damaligen Heimarbeiter läßt sich immer noch sehr schwer ausrechnen (siehe RITTER/ TENFELDE, wie FN. 74, S. 234ff).

[83] Er schrieb, viele weibliche Heimarbeiterinnen litten an Bleichsucht und Blutarmut. Die Hausarbeit mitgerechnet, dauere ihr Arbeitstag 17-18 Stunden (PIEPER, wie FN. 82, S. 7).

[84] RGBL, 1911, S. 976-985.

Arbeitgeber[85]. Zur Lohnfrage schlug er vor, Lohnverzeichnisse anzulegen. So konnte man die Behauptung kontern, Tarifverträge seien in dieser Branche nicht möglich. Die Gewerkschaften könnten diese allerdings nur in den höheren Lohngruppen durchsetzen, während bei den anderen die Lohnämter einzuschalten seien. Sie müssten die Arbeitszeit nach Produkten messen, ohne die individuelle Kraft und Fertigkeit zu ignorieren[86]. Problematischer war die Regelung der Arbeitszeit. Durch den Einwand, ein Nacht- und Sonntagsarbeitsverbot ließe sich nicht kontrollieren, war Pieper nicht zu beeindrucken. Immerhin hatten die Zigarrenarbeiter schon ein solches durchgesetzt. Man sollte nur so viel Arbeit ausgeben, dass sie tagsüber geleistet werden konnte. Er lobte auch[87] ein bereits 1903 beschlossenes Gesetz, welches die Arbeit der eigenen Kinder (unter 12 Jahren) der jeweiligen Heimarbeiter verbot[88]. Zu allererst aber war eine überlange Arbeitszeit durch Lohnerhöhung zu vermeiden[89]. Daneben fasste Pieper eine modern anmutende, aber schon damals praktizierte Strategie ins Auge: Die Konsumenten selbst sollten Druck ausüben. In Frankreich und Großbritannien waren bereits Käufer-Ligen gegründet worden. Diese hatten vereinbart, nur Produkte, bei deren Herstel-

---

[85] PIEPER, wie FN. 82, S. 8f.; dort sind auch die §§ 12 (über die Registrierungspflicht) und 13 im Wortlaut wiedergegeben. Genauso lauteten später die §§ 13 und 14 des Hausarbeitsgesetzes.

[86] PIEPER, wie FN. 81, S. 216; PIEPER, wie FN. 82, S. 7.

[87] PIEPER, wie FN. 81, S. 217f.; siehe dazu auch PIEPER, wie FN. 82, S. 7.

[88] Siehe die §§ 12 und 13 des Gesetzes vom 30. März 1903 (RGBL, S. 113; de.wikisource.org). Nach einer Erhebung von 1898 arbeiteten noch 544 000 Kinder unter 14 Jahren in gewerblichen Betrieben; 1913 waren es 14 000 (ERNST RUDOLF HUBER: DEUTSCHE VERFASSUNGSGESCHICHTE SEIT 1789. 7 BÄNDE UND EIN REGISTERBAND. Stuttgart, Berlin, Köln, Mainz 1953-1991, BD. 4, S. 1238).

[89] PIEPER, wie FN. 82, S. 11.

lung die Schutzbestimmungen eingehalten wurden, zu kaufen[90]. Pieper unterstützte den Entwurf einer Reichsversicherungsordnung von 1910, der die Invaliden- und Krankenversicherung auf alle Heimarbeiter ausdehnte, sowie die entsprechende Erweiterung der Zuständigkeit der Gewerbegerichte und Arbeitskammern. Als spezielle Hilfe für die ärmeren Heimarbeiter kamen in Betracht: Unterstützungskassen und Ausbildungskurse der Gewerkschaften, Konsumvereine, eine direkte Vergabe öffentlicher Arbeiten an Heimarbeiter (statt über Unternehmer), eine Sanierung der Betriebe für Ungelernte und der Bau von Fabriken sowie Eisenbahnen in der Nähe von Heimarbeitsstätten, um das Monopol des jeweiligen Unternehmers zu brechen[91]. In einem späteren Aufsatz konnte er schon auf helfende Organisationen verweisen: Schutzkomitees aus Pfarrern, Lehrern und gebildeten Frauen – als Ersatz, wenn es noch keine Gewerkschaften gab – und eine zentrale „Auskunftsstelle für Heimarbeitsreform" in Berlin[92].

Einen Großteil ihrer Arbeit verwendeten Pieper und der Volksverein auf den Kampf um die Interessenvertretung der Arbeiter. Auf einer Generalversammlung von „Arbeiterwohl" (1905 vermutlich) referierte er seine Leitsätze für die Einordnung der Arbeiterbewegung in die Gesellschaft[93].

---

[90] Vgl. VERHANDLUNGEN DER 54. GENERALVERSAMMLUNG DER KATHOLIKEN DEUTSCHLANDS IN WÜRZBURG VOM 25.-29.08.1907, Würzburg 1907, S. 347-358 u. 485-489, hier S. 352.

[91] PIEPER, wie FN. 82, S. 13-15.

[92] A.P.: ÖRTLICHE HILFSKOMITEES FÜR HEIMARBEITREFORM (PK, 26, 1913, S. 129-132). Diese war 1913 gegründet worden. Ferner waren inzwischen Bestimmungen über die Lohnbücher in der Gewerbeordnungsnovelle und über die Krankenversicherung in der Reichsversicherungsordnung verabschiedet worden. Am 18. Juni 1914 erließ der Bundesrat eine Bestimmung über Fachausschüsse zur Hausarbeit. (RGBL,, S. 221.)

[93] A. P.: LEITSÄTZE ÜBER DIE „EINORDNUNG DER NEUZEITLICHEN ARBEITERBEWEGUNG IN DIE BESTEHENDE GESELLSCHAFT" (SOZIALE KULTUR, 26, 1906, S. 126-129).

Zu seinen Forderungen gehörten:

1. In der Wirtschaft: Tarifgemeinschaft, Arbeiterausschüsse in Einzelbetrieben, Arbeitskammern in größeren Bezirken.
2. In der Politik: Erweiterung des Wahlrechts in den Einzelstaaten des Reiches und den Gemeinden auf breite Wahlkreise (also wahrscheinlich die Einführung des gleichen Wahlrechts), Berücksichtigung von Arbeitern bei Vergabe von Abgeordnetenmandaten.
3. In der Gesellschaft: Aufnahme von Arbeitern in gemeinnützige Vereine.

Er glaubte nicht, dass schon 1890 eine Organisation wie der Volksverein auf überkonfessioneller Basis möglich gewesen sei – nach den Erfahrungen des Kulturkampfes[94]. Dessen ungeachtet war eine enge Zusammenarbeit mit den überwiegend protestantischen Nationalökonomen des VfS selbstverständlich[95] – und die Unterstützung christlicher, also überkonfessioneller Gewerkschaften.

Deren Gründungen begannen in den 1890er Jahren. Die erste war der 1894 in Trier gegründete „Verband deutscher Eisenbahn-Handwerker und Arbeiter"[96]. Nach und nach folgten weitere Gründungen[97]. 1899 trafen sich die Christlichen Gewerkschaften in Mainz zu ihrem ersten Kongress. Sie definierten sich als interkonfessionell, aber christlich und bejahten den Streik als letztes Mittel[98]. Die „Kölnische Volkszeitung" gab an, Ende 1899 hätten

---

[94] PIEPER, GESCHICHTE, wie FN. 16, BD. 2, S. 188f.

[95] HEITZER, wie FN. 14, S. 198f.

[96] WILHELM KULEMANN: DIE BERUFSVEREINE. 6 BÄNDE. Jena 1908-1913 (www.deutsche-digitale-bibliothek.de), BD. 2, S. 148. Siehe auch HERBERT HÖMIG (HG.): KATHOLIKEN UND GEWERKSCHAFTSBEWEGUNG 1890-1945. Paderborn, München, Wien, Zürich 2003, S. 54.

[97] Siehe HÖMIG, wie FN. 96, S. 27-30 u. 40ff.

[98] HÖMIG, wie FN. 96, S. 42-45.

die christlichen Gewerkschaften über 150 000 Mitglieder gehabt[99]. Der Katholikentag in Neiße 1899 erkannte die Christlichen Gewerkschaften an[100]. Pieper hatte 1898 zusammen mit Otto Müller, dem späteren Generalsekretär der katholischen Arbeitervereine Westdeutschlands und Giesberts eine Schrift mit dem Titel „Christliche Gewerkvereine"[101] verfasst. In der Neuauflage von 1900 wurden bereits „paritätische" Gewerkschaften erwogen, die auch der SPD nahestehende Gewerkschaftler umfassten[102]. Das entsprechende Kapitel stammt vermutlich von Pieper[103]. Er hielt wohl noch ein Entgegenkommen von Führern der Freien Gewerkschaften – wie z. B. Otto Hue (1868-1922)[104] – für möglich[105]. Dieser hatte ge-

---

[99] NR. 896, 4. OKTOBER 1900, wiederabgedruckt bei HÖMIG, wie FN. 96, S. 53-55; Angaben S. 54.

[100] VERHANDLUNGEN DER 46. GENERALVERSAMMLUNG DER KATHOLIKEN DEUTSCHLANDS, NEISSSE VOM 27. BIS 31. AUGUST 1899, Neisse 1899, S. 360f (ZIFF. 27).

[101] A. P. (ZUS. MIT JOHANNES GIESBERTS UND OTTO MÜLLER): CHRISTLICHE GEWERKVEREINE. KREFELD 1898; Auszüge bei HÖMIG, wie FN. 96, S. 35-40. Es fehlen Hinweise, von welchem Autor welche Kapitel stammen. HORSTWALTER HEITZER: GEORG KARDINAL KOPP UND DER GEWERKSCHAFTSSTREIT. KÖLN, WIEN 1983, S. 27, FN. 30 vermutet, dass die Schrift die gemeinsame Meinung der Autoren wiedergibt (EBD., S. 31).

[102] A. P. (ZUS. M. OTTO MÜLLER): CHRISTLICHE GEWERKVEREINE. M. Gladbach 1900, 3. AUFL., S. 37-39.

[103] Siehe HEITZER, wie FN. 101, S. 38, FN. 18. Allerdings hat Pieper wahrscheinlich das Kapitel nicht allein verfasst. Otto Müller schrieb (TEXTE, wie FN. 9, BD. II/2, S. 900), das Kapitel über den interkonfessionellen Charakter der Gewerkvereine sei eine gemeinsame Arbeit von Pieper und ihm.

[104] HEITZER, wie FN. 101, S. 38f. Hue war Redakteur und gilt als Reorganisator des „Alten Verbandes", der freigewerkschaftlichen Bergarbeiterorganisation für Rheinland und Westfalen (1889 in Dortmund gegründet).

[105] In einem Brief an Brentano vom 27. April 1905 schlug er vor, Hue und Giesberts zusammen auf einer Veranstaltung (nähere Angaben fehlen) sprechen zu lassen (HANSJOACHIM HENNING: DIE SOZIALPOLITIK IN DEN LETZTEN

schrieben, eine Gewerkschaft sei nicht neutral, wenn sie von ihren Mitgliedern ein religiöses oder religionsfeindliches Bekenntnis verlange.[106] Pieper gab seine Hoffnungen auf eine Einheitsgewerkschaft aber bald wieder auf.[107]

Für den Aufbau einer christlichen Gewerkschaft empfahl er in seiner oben erwähnten Schrift[108] ein Vorgehen in mehreren Stadien: Abhaltung eines Unterrichtskurses mit 20-25 Teilnehmern aus verschiedenen Branchen, Belehrung über die Notwendigkeit einer Organisation, provisorische Gründung unter Ausschluss der Öffentlichkeit und dann Einberufung einer großen Versammlung – da man auch etwas auf die äußere Wirkung setzen müsse![109]

Zum Erreichen der abgesteckten Ziele waren noch manche Hindernisse zu überwinden. Durch die am 21. Juni 1869 eingeführte Gewerbeordnung (RGO)[110] wurde (in den §§ 1-4, 7-8, 10-11 u. 13) im Großen und Ganzen eine allgemeine Gewerbefreiheit garantiert.[111] Nach § 105 war die „Festsetzung der Verhältnisse", also z. B. die Festlegung der Löhne, „Gegenstand freier Übereinkunft". § 152 RGO hatte alle Verbote und Strafen gegen Versuche, durch „Einstellung der Arbeit" bessere Lohn- und Arbeitsbedingungen zu erreichen, aufgehoben. Aber § 153 RGO drohte allen

---

FRIEDENSJAHREN DES KAISERREICHES (1905-1914). DAS JAHR 1905. Wiesbaden 1982, S. 320).

[106] OTTO HUE: NEUTRALE ODER PARTEIISCHE GEWERKSCHAFTEN? BOCHUM 1900, S. 155.

[107] Siehe PIEPER, wie FN. 40, S. 67. Grund war vermutlich der Beschluß der Freien Gewerkschaften von 1902, Partei und Gewerkschaften nicht voneinander zu trennen (HEITZER, wie FN. 101, S. 48).

[108] PIEPER, wie FN. 101, S. 21-23.

[109] PIEPER, wie FN. 101, S. 23-26; siehe ferner A. P.: WIE MUß DIE GRÜNDUNG VON CHRISTLICHEN GEWERKVEREINEN VORBEREITET WERDEN? (PK, 15, 1902, S. 85-92).

[110] BUNDESGESETZBLATT DES NORDDEUTSCHEN BUNDES (BGBL.), S. 245; de.wikisource.org

[111] Siehe ferner § 1 Abs. 1 Nr. 2-3 eines Gesetzes vom 6. November 1867 (BGBL. S. 55; de.wikisource.org).

Personen Gefängnisstrafen bis zu drei Monaten an, welche u. a. durch „Ehrverletzung" oder „Verrufserklärung" andere in Koalitionen oder zum Austritt aus diesen zu zwingen versuchten. Michael Schneider erläuterte, dass durch diesen Paragraphen z. B. Mitgliederwerbung, eine Aufstellung von Streikposten und schon der Zuruf „Streikbrecher" als Straftaten angesehen werden konnten[112]. Außerdem waren den Fabrikanten Verstöße viel schwerer nachzuweisen. Es hatte Versuche gegeben, die Möglichkeiten zum Streik weiter einzuschränken.[113] Auch Pieper wurde damit konfrontiert. Im Reichstag lehnte er z. B. einen Antrag ab, Streikposten zu verbieten.[114]

4. DER GEWERKSCHAFTSSTREIT

Aber er musste nicht nur gegen staatliche Restriktionen kämpfen. Ungefähr um die Jahrhundertwende begann der offene Konflikt mit jener katholischen Richtung, welche den katholischen Glauben möglichst unberührt von der modernen Gesellschaft bewahren wollte. Sie nannte sich auch „Integralismus". Die Meinungs-

---

[112] DERS.: KLEINE GESCHICHTE DER GEWERKSCHAFTEN. Bonn 2000, 2. Aufl., S. 39.
[113] Ein Entwurf des Reichsstaatssekretärs des Innern, Graf Posadowsky-Wehner, von 1899, die „Zuchthausvorlage" (REICHSTAGSDRUCKSACHEN, wie FN. 77, 10/II, BD. 174, Nr. 347, S. 2238-2298; ab www.reichstagsprotokolle.de /Blatt_k10_bsb00002785_00545.html) sah für Verstöße gegen § 153 RGO (unter § 8 Abs. 2) bis zu fünf Jahre Zuchthaus vor.
[114] REICHSTAG, wie FN. 76, 13/I, BD. 287, 92, 16. JANUAR 1913, S. 3031 C-3032 A (www.reichstagsprotokolle.de/Blatt_k13_bsb00003354_00029.html). Siehe hierzu auch S. 2244 aus der Begründung der „Zuchthausvorlage" (wie FN. 113). Über seine Ablehnung des § 153 RGO siehe REICHSTAG, 13/I, BD. 283, 17, 1. MÄRZ 1912, S. 399 C-400 B (www.reichstagsprotokolle.de/ Blatt_k13_bsb00003350_00407.html).

verschiedenheiten führten u. a. zu dem Gewerkschaftsstreit[115].

Eine Artikelserie des Berliner Assessors Franz von Savigny von 1899 im „Märkischen Kirchenblatt" gilt als dessen Auslöser. Savigny hatte die Gewerkschaften abgelehnt und stattdessen Fachabteilungen in den Arbeitervereinen befürwortet.[116] Beim Zweiten Kongress der Christlichen Gewerkschaften Deutschlands in Frankfurt von 1900 verschärfte sich die Auseinandersetzung. Einige Delegierte sagten dort, Gewerkschaften und Religion hätten nichts miteinander zu tun.[117] Das „Fuldaer Pastorale" der deutschen Bischofskonferenz vom August war wahrscheinlich die Antwort darauf. Es lobte die Fachabteilungen[118], ohne ausdrücklich die interkonfessionellen Gewerkschaften abzulehnen. Aber der neue Vorsitzende der Konferenz und Fürstbischof von Breslau, Georg Kardinal Kopp (1837-1914), hatte in einem Referat und in Leitsätzen den Gewerkschaften eine Absage erteilt.[119] Ähnlich eingestellt war der Trierer Bischof Felix Korum (1840-1921). 1902 begann der „Verband katholischer Arbeitervereine Nord- und Ostdeutschlands"[120] mit der offiziellen Gründung von Fachabteilungen[121]; er wurde in seiner Arbeit von Kopp und Ko-

---

[115] Literatur bei KARL BACHEM: VORGESCHICHTE, GESCHICHTE UND POLITIK DER DEUTSCHEN ZENTRUMSPARTEI. 9 BÄNDE. Köln 1927-1932, BD. 7, S. 222-224, S. 334-339.

[116] Siehe HÖMIG, wie FN. 96, S. 47-49.

[117] So Otto Müller. Er ergänzte, *gemeint* hätten sie damit nur, dass die Gewerkschaften auf religiöse Erörterungen verzichten sollten (TEXTE, wie FN. 9, BD. II/2, S. 905).

[118] TEXTE, wie FN. 9, S. 87f. Bis zum August 1900 sind keine Stellungnahmen des Episkopats zu diesem Thema zu finden (HEITZER, wie FN. 101, S. 31).

[119] HEITZER, wie FN. 101, S. 52f.; siehe auch GATZ, wie FN. 103, BD. 3, S. 11-19.

[120] Er nannte sich seit 1903 „Verband der katholischen Arbeitervereine, Sitz Berlin".

[121] TEXTE, wie FN. 9, BD. II/2, S. 905f.

rum unterstützt[122]. Streiks waren bei diesem Verband unerwünscht.[123]

Am 26. August 1902 beschloss der Gesamtvorstand des Volksvereins, für die Christlichen Gewerkschaften zu werben; der Bildung von Fachabteilungen werde er nicht entgegentreten.[124] Obwohl sich der Verein von Korum[125] und Kopp[126] schwere Drohungen gefallen lassen musste, begnügte er sich mit einer unauffälligen Werbung für die Gewerkschaften in Versammlungen und dergleichen.[127]

Manchmal trat Pieper mit diesem Thema an die Öffentlichkeit. Am 4. Mai 1905 referierte er darüber in der ersten Generalversammlung des „Diözesankomitees für die Werke christlicher Liebe und sozialer Fürsorge zu Köln [...]"[128] unter dem Vorsitz des Kölner Erzbischofs Antonius Kardinal Fischer. Er tat es auf seine übliche Weise: Entschieden in der Sache, aber ohne Schmähungen der Gegner. Eine eigene Organisation, stellte er fest, benötigten gerade die Arbeiter, denn der Einzelne sei beim Abschluss des Arbeitsvertrages der Willkür des Unternehmers ausgeliefert. Außerdem habe man schon seit Jahrzehnten die christlichen Landwirte, Handwerker und Kaufleute zur Mitgliedschaft in überkonfessionellen Standesvertretungen ermahnt.[129] Die Christlichen

---

[122] HEITZER, wie FN. 101, S. 74f.

[123] BIEDERLACK, S. 38.

[124] Von August Pieper zitiert im Brief an Pfarrer Christ vom 17. September 1906 (STADTARCHIV MOENCHENGLADBACH, NL WILHELM HOHN, 15/2/131, FOL. 53-56).

[125] Siehe z. B. RUDOLF BRACK: DEUTSCHER EPISKOPAT UND GEWERKSCHAFTSSTREIT 1900-1914. Köln 1976, S. 58.

[126] Siehe z. B. HERBERT GOTTWALD: VOLKSVEREIN FÜR DAS KATHOLISCHE DEUTSCHLAND (VKD) 1890-1933. [DIETER FRICKE U. A. (HRSG.): LEXIKON ZUR PARTEIENGESCHICHTE. Köln 1986, BD. 4, S. 436-466], S. 444 R.

[127] So die Bilanz von HEITZER, wie FN. 101, S. 15.

[128] A.P.: STELLUNG DES KLERUS ZU DEN CHRISTLICHEN GEWERKSCHAFTEN (PK, 18, 1905, S. 193-200); in Auszügen bei HÖMIG, wie FN. 96, S. 59-62.

[129] PIEPER, wie FN. 128, S. 193f.

Gewerkschaften hätten ihre Mitglieder aufgefordert, sich den jeweiligen konfessionellen Standesvereinen anzuschließen. Die Arbeiter benötigten religiöse und soziale Schulung in den Standesvereinen. Die Gewerkvereine könnten diese nicht selbst leisten. Der Geistliche müsse die Arbeiter zum Eintritt in die Gewerkschaft auffordern. Die Gründung neuer Gewerkschaften könnten aber in der Regel nur die Arbeiter selbst übernehmen.

Pieper endete mahnend: Eine Vernachlässigung der Christlichen Gewerkschaften könne zu einer Monopolstellung der Freien Gewerkschaften führen, denen sich dann nolens volens katholische Arbeiter anschließen würden.[130] In einem Lexikonartikel aus dem Jahr 1909 konnte Pieper ein starkes Engagement der Gewerkvereine bilanzieren: Von 1903 bis 1907 waren sie an 1 374 Tarifabschlüssen und 1 361 Lohnbewegungen beteiligt gewesen.[131]

Seinen Höhepunkt erreichte der Streit, als es dem Anschein nach um eine Nebensächlichkeit ging. Auf dem Katholikentag von 1910 in Augsburg war Pieper Vorsitzender des Sozialen Ausschusses. In diesem war ein Antrag über die „katholischen kaufmännischen Vereinigungen" (KKV) (Nr. 8, Ziff. 3) vorgeschlagen worden. Darin hieß es, die KKV gelte als „die berufene Organisation" zur Interessenvertretung der katholischen Kaufleute, Handlungsgehilfen und kaufmännischen Privatbeamten (also Angestellten). Die Worte „die berufene Organisation"[132] wurden

---

[130] PIEPER, wie FN. 128, S. 195-200; auf S. 199 werden die Aufgaben der Geistlichen noch kurz zusammengefasst.

[131] A.P.: GEWERK- UND ARBEITERVEREINE. (STAATSLEXIKON, HG. V. D. GÖRRES-GESELLSCHAFT, 3. U. 4. Auflage, BD. 2, Freiburg 1909, SP. 742-767), SP. 758-760.

[132] Hierzu schreibt Brack, die KKV hätten damit einen ähnlichen Ausschließlichkeitsanspruch erhoben wie die Fachabteilungen (BRACK, wie FN. 125, S. 163).

aber in „eine berufene Organisation" geändert.[133] Das führte zu
scharfer Kritik an August Pieper in der Zeitschrift „Merkuria".
Pieper erklärte dazu, es sei nur darum gegangen, interkonfessionelle Organisationen als Interessenvertretungen nicht auszu-
schließen[134]. Kopp erfuhr von dieser Auseinandersetzung. Am
7. September 1910 versuchte Pieper in einem Brief an ihn, die
Missverständnisse aufzuklären[135]. Er berief sich darauf, dass
M.Gladbach immer die KKV empfohlen[136] habe.

Am 9. September folgte der bekannte „Sillon-Brief"[137]. Kopp
berichtete darin über angebliche Versuche, die „Jugendvereine
parteisozialpolitischen Zwecken dienstbar zu machen". Dann
folgte die Drohung: „Es bedarf nur einer Anregung, und diesel-
ben Grundsätze, die in diesem Augenblicke auf Frankreich Anwendung fanden, werden auch für Deutschland ausgesprochen
werden." Kurz zuvor, am 25. August, war die katholische Bewegung „Le Sillon", die ähnliche Ziele verfolgte wie der Volksverein, von Papst Pius X. verurteilt worden.[138]

Pieper war durch Kopps Brief offenbar schwer getroffen; darauf deutet schon die Länge seines Antwortbriefes am 22. September, der 26 Seiten umfasste.[139] Hier rechnete er vor, dass der
(protestantische) Deutschnationale Handlungsgehilfenverband

---

[133] BERICHT ÜBER DIE VERHANDLUNGEN DER 57. GENERALVERSAMMLUNG DER
KATHOLIKEN DEUTSCHLANDS IN AUGSBURG VOM 21. BIS 25. AUGUST 1910, Augsburg 1910, S. 347-353; Zitat S. 352.

[134] DAHMEN, wie FN. 6, S. 267ff.

[135] VOLKSVEREINSARCHIV, wie FN. 5, ROLLE XVI, NR. 133, FOL. 3-5, auch abgedruckt bei HÖMIG, wie FN. 96, S. 70ff. Siehe dazu auch HEITZER, wie FN. 101,
S. 154f.

[136] Siehe DAHMEN, wie FN. 6, S. 219.

[137] VOLKSVEREINSARCHIV, wie FN. 5, ROLLE XIX, NR. 155, FOL. 1-3 (hier handelt
es sich vermutlich um das Original), in Auszügen abgedruckt bei HÖMIG,
wie FN. 96, S. 72ff.

[138] In seinem Apostolischen Schreiben Notre charge apostolique („Unser Apos-
tolisches Amt") an die französischen Bischöfe.

[139] VOLKSVEREINSARCHIV, wie FN. 5, ROLLE XVIII, NR. 147, FOL. 86-111.

120 000 Mitglieder hatte, dagegen nur 14 000 katholische Angestellte und Beamte entsprechend organisiert waren. Die Zahl der Privatbeamten werde wachsen; deshalb sei eine Ergänzung der KKV nötig.[140] Pieper berief sich außerdem auf die wohlwollende Antwort des Papstes bei seiner Romreise zu Weihnachten 1908. Er versicherte, trotz mancher unüberlegter Äußerungen in den Gewerkschaften habe er nie erlebt, dass sich ein Gewerkschaftsführer gegen die Bischöfe aufgelehnt habe. Alle katholischen Gewerkschaftsführer seien aus Arbeitervereinen gekommen.[141] Schließlich fragte Pieper: „worin wir gefehlt haben – Eurer Eminenz Brief läßt das in keiner Weise ersehen – [...]"[142].

Drei Tage später kam der Antwortbrief Kopps[143]. Er versicherte, kein Bischof habe eine Verurteilung des Vereins angeregt. Im Dezember 1910 verabschiedete die Bischofskonferenz eine Erklärung. Darin wurde von den katholischen Arbeitern in den Christlichen Gewerkschaften nur die Beachtung ihrer religiösen Pflichten und des kirchlichen Hirtenamtes, die Beschränkung auf die Behandlung praktischer Fragen und die gleichzeitige Mitgliedschaft in Arbeitervereinen verlangt.[144] Ferner begannen nun Bischöfe wie Adolf Bertram in Hildesheim, Joseph Schulte in Paderborn und Willibrord Benzler in Metz sich für die Christlichen Gewerkschaften einzusetzen.[145] Am 7. August 1911 wurde der Kartellverband katholischer Arbeitervereine West-, Süd- und

---

[140] S. 2-4 des Briefes an Kopp (VOLKSVEREINSARCHIV, wie FN. 5, ROLLE XVIII, NR. 147, FOL. 87-89).

[141] S. 12-15 des Briefes (VOLKSVEREINSARCHIV, wie FN. 5, ROLLE XVIII, NR. 147, FOL. 97-100).

[142] S. 24f. des Briefes (VOLKSVEREINSARCHIV, wie FN. 5, ROLLE XVIII, NR. 147, FOL. 109-110).

[143] VOLKSVEREINSARCHIV, wie FN. 5, ROLLE XVI, NR. 133, FOL. 6.

[144] Die Erklärung ist bei GATZ, wie FN. 103, BD. 3, S. 175 abgedruckt.

[145] Siehe RUDOLF BRACK: DIE DEUTSCHEN BISCHÖFE UND DER GEWERKSCHAFTSSTREIT (RHEINISCHE VIERTELJAHRSBLÄTTER, 50, 1986, S. 190-205), S. 197-205; BRACK, wie FN. 125, S. 204-207.

Ostdeutschlands gegründet.[146] Ihm gehörten 2 000 Vereine mit 300 000 Mitgliedern an.[147] Am 26. und 27. Mai 1912 versammelten sie sich in Frankfurt zum ersten Kongress. Pieper hielt die Eröffnungsansprache.[148] Der Kongress forderte ausdrücklich Christliche Gewerkschaften.[149] Giesberts wurde zum Vorsitzenden gewählt.

Am 27. September 1912 erschien die Enzyklika „Singulari quadam". Dort erklärte der Papst, es könne „[…] in Deutschland […] den Katholiken gestattet werden, auch jenen gemischten Vereinigungen […] sich anzuschließen, so lange nicht […] diese Duldung aufhört, zweckmäßig […] zu sein." Endgültig beendet war der Streit damit noch nicht, denn beide Seiten werteten die Enzyklika als Bestätigung ihrer Position.[150] Am 4. März 1914 starb Kopp. Sein Nachfolger als Vorsitzender der Bischofskonferenz wurde Felix von Hartmann, seit 1912 Erzbischof von Köln. Dieser befürwortete die Christlichen Gewerkschaften.[151] Am 20. August 1914 starb Pius X. Sein Nachfolger Benedikt XV. forderte energisch ein Ende des Gewerkschaftsstreits.[152] Nach dem Krieg kam es zu einer Einigung der verfeindeten Richtungen und 1921 zur Gründung des „Kartellverbandes katholischer Arbeiter- und Arbeiterinnenvereine Deutschlands"[153]. 1931 gab Papst Pius XI. in der

---

[146] VOLKSVEREINSARCHIV, wie FN. 5, ROLLE XVII, NR. 145, FOL. 1-2. Übersicht der Gliederung bei TEXTE, wie FN. 9, BD. II/1, S. 827f.

[147] TEXTE, wie FN. 9, BD. II/1, S. 608.

[148] Das Protokoll ist abgedruckt in TEXTE, wie FN. 9, BD. II/1, S. 599-703; Piepers Ansprache auf S. 599f.

[149] TEXTE, wie FN. 9, BD. II/1, S. 701.

[150] Siehe TEXTE, wie FN. 9, BD. II/2, S. 924-930; EMIL RITTER: DIE KATHOLISCH-SOZIALE BEWEGUNG DEUTSCHLANDS IM NEUNZEHNTEN JAHRHUNDERT UND DER VOLKSVEREIN. Köln 1954, S. 331-334.

[151] HÖMIG, wie FN. 96, S. 99f.

[152] WILHELM SPAEL: DAS KATHOLISCHE DEUTSCHLAND IM 20. JAHRHUNDERT. Würzburg 1964, S. 51.

[153] Siehe TEXTE, wie FN. 9, BD. II/2, S. 975-981 (Otto Müller) u. S. 1029-1041 (Würzburger Programm von 1921).

Enzyklika „Quadragesimo anno" (Ziff. 35) die endgültige Anerkennung der interkonfessionellen Gewerkschaften bekannt.

5. PIEPER NACH DEM ERSTEN WELTKRIEG

August Pieper trat am 31. Januar 1919 nach dem Konflikt mit den
deutschen Bischöfen um die Frage der Reform des preußischen
Dreiklassenwahlrechts als Generaldirektor der Zentralstelle zurück. Er blieb aber Herausgeber der Präsides-Korrespondenz, die
1922 in „Führer-Korrespondenz" umbenannt wurde. Nach dem
Krieg verlor der Verein viele Mitglieder, und seine ursprüngli-
chen Aufgaben wurden zu großen Teilen von anderen Organisationen übernommen.

Pieper schaffte es offenbar nicht mehr, sich innerlich mit der
Weimarer Republik zu identifizieren. Er konnte sich die Demokratie wahrscheinlich nur in Gestalt jener parlamentarischen Mo-
narchie vorstellen, welche 1918 für kurze Zeit bestanden hatte.
Pieper wandte sich von der „Zuständereform" ab und der „Gesinnungserneuerung"[154] zu. Er wurde wahrscheinlich jetzt zu einseitig von Leuten wie Anton Heinen und Robert von Erdberg
(1866-1929)[155], einem Mitbegründer des Hohenrodter Bundes,
beeinflusst. Viele Weggefährten, die sein Bemühen um „praktisch-soziale Kleinarbeit" unterstützt hatten, waren gestorben:
Hitze (1921), Brandts (1914), Trimborn (1921) und Ernst Francke
(1921), der Generalsekretär der „Gesellschaft für soziale Reform"[156]. Andere wie Brauns, Sonnenschein und Giesberts verlie-
ßen den Volksverein. Gesundheitliche Probleme kamen hinzu:

---

[154] Dieses Schlagwort taucht schon im Titel eines Aufsatzes von 1919 auf
(PK, 32, 1919, S. 362-64).
[155] Erdberg war außerdem Mitherausgeber der Zeitschrift „Volksbildungsar-
chiv".
[156] Zu dieser Gesellschaft siehe HEITZER, wie FN. 14, S. 200.

Pieper ließ sich 1926 am grauen Star operieren. Trotzdem konnte er einige Jahre später sein Haus nicht mehr allein verlassen. Im Jahr 1931 warnte er in einer Reihe von Aufsätzen vor der NSDAP. Neben interessanten Schlussfolgerungen[157] enthielten die Texte auch Illusionen, man könne die Partei zu einer konstruktiven Mitarbeit verpflichten.[158] Pieper erinnerte dabei an die einstige radikale Opposition der SPD.[159] Trotz des Volksvereinsverbots im Juli 1933 lobte er in einem Artikel von 1934 am Nationalsozialismus, dass er die menschliche Arbeit wieder ‚gesund‘ gemacht habe.[160] Wie die soziale Propaganda dieser Partei wirkte, zeigt auch ein Bekenntnis von Günter Grass.[161] (Schon im Kaiserreich trugen übrigens mehrere antisemitische Parteien das Attribut „sozial" in ihrem Namen.[162]) Ferner hatte z. B. nach dem Wahlerfolg von 1930 die nationalsozialistische Reichstagsfraktion in einem ihrer ersten Anträge gefordert, u. a. die „Bank- und Börsenfürsten" entschädigungslos zu enteignen und alle Großbanken zu verstaatlichen.[163] Am 30. Januar 1933 stellte die Zeitung

[157] So meinte er, die Nazis hätten ihren Erfolg u. a. einer Überzüchtung des Gesichtssinnes durch Medien wie Kino und Photo zu verdanken (A. P.: DER NATIONALSOZIALISMUS. 2 HEFTE. M. Gladbach 1931, S. 88).

[158] PIEPER, wie FN. 157, S. 67. Siehe hierzu auch DAHMEN, wie FN. 6, S. 294, FN. 49.

[159] PIEPER, wie FN. 157, S. 23 u. 27.

[160] NRW-HSTA MÜ, NL PIEPER, wie FN. 62, NR. 18, ART. XVI: WAS MACHT DIE ARBEIT UNSELIG? aus LEO, S. 624 L, o. D., veröffentlicht unter „Eremita"). Da der Artikel Nr. XVIII am 7. Oktober 1934 (laut handschriftlicher Ergänzung) erschien, ist dieser wahrscheinlich zwei oder vier Wochen davor erschienen.

[161] So sagte Grass, die Gesellschaft der BRD sei durch eine „Spießigkeit" geprägt gewesen, „die es nicht einmal bei den Nazis gegeben hatte" (FAZ, 12. AUGUST 2006, S. 33 u. 35; Zitat S. 33, Sp. 5).

[162] Es gab eine „Antisemitische Deutsch-soziale Partei", eine „Deutsch-soziale Partei" und eine „Christlich-soziale Partei".

[163] VERHANDLUNGEN DES REICHSTAGS, V. WAHLPERIODE 1930, BD. 448, Berlin 1932, DRUCKSACHE NR. 66 (www.reichstagsprotokolle.de/Blatt2_w5_bsb000 00132_01050.html).

„Angriff" auf Seite 4 in einer Photostrecke Reichtum und Elend gegenüber. Wer unerlaubt Vermögen ins Ausland „verschob", war nach einem Gesetz vom 1. Dezember 1936 mit dem Tode zu bestrafen.[164] Auch die heutige Propaganda der NPD enthält Polemik gegen den „Kapitalismus".[165]. Ähnliches findet man in dem Magazin „Compact"[166]. Ein Wahlslogan der AfD von 2017 lautete: „Arbeit muss sich wieder lohnen"[167].

---

[164] RGBL. I, S. 999. Zu weiteren Maßnahmen siehe GÖTZ ALY: HITLERS VOLKS-STAAT. Frankfurt a.M. 2006, S. 19f., 24f. 29, 36f., 51, 67ff., 72, 77ff., 81ff., 85-90, 325f., 332, 335 u. 359. Der Autor bilanziert allerdings auch, Löhne und Renten hätten im III. Reich noch jahrelang auf dem niedrigen Niveau der Wirtschaftskrise verharrt (DERS., S. 49; siehe auch S. 71 u. 388ff).

[165] Antikapitalistisch äußerte sich z. B. in der Zeitung DEUTSCHE STIMME (2/2002) ihr damaliger Vorsitzender Udo Voigt (nach WÖLFE OHNE SCHAFS-PELZ. Berlin 2006, S. 10). Siehe auch das Photo im SPIEGEL, NR. 37/6. September 2004, S. 40 (www.spiegel.de).

[166] www.compact-online.de. Im Oktober 2011 schrieb Chefredakteur Jürgen Elsässer (der vorher Bücher im Konkret Verlag veröffentlichte), die Verträge in der EU seien ein Passepartout für transnationale „Heuschrecken". Im SEPTEMBER 2014 zeigte das Titelblatt Netanjahu und die Schlagzeile „GENO-ZID IN GAZA".

[167] Andere Wahlslogans lauteten: „Strom darf kein Luxus sein" und „Ohne Bildung ist alles nichts" (man findet die Plakate unter www.wahlplakat check.net). Ferner zeigte ein Wahlplakat eine Person (wahrscheinlich eine Rentnerin) auf der Suche nach Pfandflaschen in einem Glascontainer (www. express.de/koeln/streit-um-dieses-foto--frueh--flasche-erkennbar--afd-muss -wahl-plakate-abhaengen-26710046). In einem Interview der „WELT KOM-PAKT" (30. November 2017, S. 18) sagte der thüringische Partei- und Fraktionschef Björn Höcke, die „neoliberale Ideologie" habe die „Staaten zu Wurmfortsätzen global agierender Konzerne gemacht" (SP. 1). Er kritisierte die „Lohndrückerei der vergangenen zwei Jahrzehnte" (SP. 2). Die Fraktionsvorsitzende im Bundestag Alice Weidel forderte in einem Interview der „WELT" (www.welt.de) vom 15. November 2017 eine Senkung der Mehrwertsteuer auf 12 %.

6. MERKPOSTEN FÜR DIE GEGENWART

Wenn von den Aktivitäten August Piepers und des Volksvereins nach dem Ersten Weltkrieg nur wenig Brauchbares für die heutige Zeit geblieben ist, dann doch viel aus denen im Kaiserreich.[168] So etwa die Vermittlung wirtschaftlicher Kenntnisse in den „Volkswirtschaftlichen Kursen". Ein Zeitungskommentar hat auf folgenden Mangel in der heutigen Bildung aufmerksam gemacht: Über Wirtschaft wird in der Schule nur unzureichend unterrichtet[169]. Ferner ist es nicht gerade leicht, sich z. B. über die Ordoliberalen aus erster Hand zu informieren. Dabei gibt es von dieser Richtung auch Verbindungen zur katholischen Soziallehre[170]; Joseph Höffner z. B. hat bei Walter Eucken (1891-1950) promoviert. Aber Texte von Eucken, Franz Böhm (1895-1977) oder Alexander Rüstow (1885-1963) u. a. sind online kaum zu bekommen[171]. Welche Konsequenz das hat, zeigen viele Reaktionen auf

---

[168] Siehe hierzu auch DAHMEN, wie FN. 6, S. 376f.

[169] Siehe LISA BECKER: PFLICHTFACH WIRTSCHAFT (FAZ, 1. Februar 2014, S. 11). Umgekehrt spricht viel für die These von Friedrich A. Lutz, dass sich viele Menschen schon für Wirtschaftsexperten halten, weil sie selber Geld einnehmen und ausgeben. Dagegen würden sie eine derartige Kompetenz z. B. bei Fragen der Naturwissenschaften oder Medizin kaum beanspruchen [GRUNDTEXTE ZUR FREIBURGER TRADITION DER ORDNUNGSÖKONOMIK, HG. V. NILS GOLDSCHMIDT UND MICHAEL WOHLGEMUTH. Tübingen 2008, S. 288f].

[170] Siehe REINHARD MARX: WIRTSCHAFTSLIBERALISMUS UND KATHOLISCHE SOZIALLEHRE, S. 7ff (www.eucken.de/fileadmin/bilder/Dokumente/Diskussions papiere/06_3bw.pdf); KATHOLIZISMUS – EINE POLITISCHE KRAFT, S. 40-43 (www.kas.de/wf/ de/33.45158); CHANCENGERECHTE GESELLSCHAFT (DIE DEUTSCHEN BISCHÖFE. KOMMISSION FÜR GESELLSCHAFTLICHE UND SOZIALE FRAGEN, NR. 34). Bonn 2011, S. 21 (www.dbk.de).

[171] Zu den Ausnahmen siehe FN. 174 u. 175. Erst im August 2016 wurden Euckens „Grundlagen der Nationalökonomie" unter archive.org digitalisiert. Texte von marxistischen Autoren dagegen kann man schon seit längerem in viel größerem Ausmaß kostenlos downloaden – auch wenn sie vor weniger als 70 Jahren gestorben sind. Wilhelm Reich (1897-1957) und Herbert Marcuse (1898-1979) findet man z. B. unter www.irwish.de („Literatur-

die Rede des damaligen Bundespräsidenten Gauck vom 16. Januar 2014 im Walter-Eucken-Institut.

Sie sind umso erstaunlicher, als diese Rede kostenlos downgeloadet werden kann.[172] Leider haben auch viele eher wohlwollend oder neutral verfasste Zeitungsartikel in ihren Titeln das Wort „neoliberal" verwendet.[173] Die oben erwähnten galten einst tatsächlich als „neoliberal", aber man sollte sie nicht mit den heutigen ‚Neoliberalen' in einem Atemzug nennen. Der Ordoliberalismus wollte die freie Konkurrenz in der Wirtschaft vor der Bildung von Kartellen, Monopolen usw. schützen.[174] So sah ein von Böhm miteingebrachter Entwurf für das „Gesetz gegen Wettbewerbsbeschränkungen" (GWB) keine ministerielle Genehmigung einer Unternehmensfusion vor.[175] Die Genehmigung eines Kartells wurde in § 6 (insbesondere Abs. 4 Satz 4) sehr schwer ge-

---

liste" – „Soziologie"); unter www.mlwerke.de und marxists.org gibt es viele andere Beispiele.

[172] www.bundespraesident.de, Menüpunkt „Die Bundespräsidenten".

[173] Siehe www.eucken.de/veranstaltungen/vortraege-diskussionen/festre de-bundespraesident-gauck.html.

[174] Eucken strebte eine Wirtschaftsordnung mit einer – soweit wie möglich – vollständigen Konkurrenz an (DERS.: ORDNUNGSPOLITIK. Münster 1999, S. 35f). Er wollte das Patentrecht dahingehend reformieren, dass der Patentinhaber verpflichtet war, gegen eine angemessene Gebühr die Benutzung seiner Erfindung jedem ernsthaften Interessenten zu gestatten (DERS.: GRUNDSÄTZE DER WIRTSCHAFTSPOLITIK. Tübingen, Bern 1952, S. 269). Er wollte ferner eine Pflicht zur Haftung für die Besitzer größerer Aktienpakete bei AGs einführen (EBD., S. 282f). In seinem Wirtschaftsmodell war Platz für Betriebe in staatlichem Eigentum (EBD., S. 271 f) und Genossenschaften (EBD., S. 149 u. 181). Er verlangte, „daß die Regulierung der Giralgeldmenge an den Staat herangezogen wird" (DERS., ORDNUNGSPOLITIK, S. 57). Nach dem Ende des III. Reiches wollte er die darin entstandenen Konzerne zerschlagen lassen (www.eucken.org/deutschsprachig/deutschsprachig.html). Siehe im Übrigen den Kommentar d. Verf. unter www.theeuropean.de/ robert-pausch/7905-joachim-gaucks-bequeme-haltung-zum-liberalismus.

[175] BUNDESTAGSDRUCKSACHE 2/1269 (www.bundestag.de). Siehe auch § 8 des GWB vom 9. August 1957 (BGBL. I, NR. 41, S. 1081; www1.bgbl.de).

macht. Ferner gab es z. B. bei Eucken schon ökologische Ansätze.[176].
Missverständnissen wie den geschilderten vorzubeugen, war u. a. das Ziel Piepers und des Volksvereins im Kaiserreich. Inzwischen gibt es übrigens eine Facebook-Seite für den alten Volksverein[177]; das lässt hoffen, dass sein Erbe nicht unter dem „Flugsand der Zeit"[178] begraben wird.

---

[176] EUCKEN, GRUNDSÄTZE, wie FN. 174, S. 302f., 311, 365, 378.
[177] de-de.facebook.com/events/665681180136321/?ref=22
[178] Vgl. FN. 1.

Die Mitarbeiter der Zentrale des Volksvereins 1906 (stehend
v.l.n.r.: Dr. August Engel, Josef Oberle, Dr. Wilhelm Hohn,
Lorenz Pieper, Joseph Joos, Johannes Giesberts, Dr. Otto Müller,
Emil van den Boom; sitzend v.l.n.r.: Franz Meffert, Franz Hitze,
August Pieper und Heinrich Brauns.

(Stadtarchiv Mönchengladbach 10-10797)

Wolfgang Löhr

Das Umfeld von August Pieper im „Volksverein für das katholische Deutschland"

1. AUGUST PIEPER, „SOZIALPOLITIKER UND VOLKSBILDNER"

Wenn Sie zur dritten Auflage des bewährten „Lexikons für Theologie und Kirche" greifen, finden Sie im achten Band, der vor fast zwei Jahrzehnten, 1999, erschienen ist, einen kleinen Artikel von sechszehn Zeilen über August Pieper. Verfasser ist Helmut Patt, ein Schüler des späteren Erzbischofs von Köln Joseph Kardinal Höffner, bei dem er in Münster eine Dissertation über Anton Heinen, einen „Mann des Volksvereins", geschrieben hat. Heinen wird uns später noch begegnen.

Was kann man dem Artikel entnehmen?

Wir erfahren, dass Pieper vor mehr als 150 Jahren, genauer am 14. März 1866, in Eversberg im westfälischen Sauerland geboren wurde und vor mehr als 75 Jahren, 1942, in Paderborn starb. Patt bezeichnet ihn als „katholischen Sozialpolitiker und Volksbildner". Unter „Sozialpolitiker" kann sich jeder etwas vorstellen. Aber „Volksbildner"? Heute würde man August Pieper wohl als Erwachsenenpädagogen bezeichnen, der sich zum Ziel gesetzt hatte, die Arbeiter in den Staat zu integrieren und sie an der Bildung teilhaben zu lassen. Dieser Aufgabe widmete sich der „Volksverein für das katholische Deutschland". Dessen Zentrale in Mönchengladbach hat Pieper ein Vierteljahrhundert geleitet und dabei zu dessen Erfolg im Kaiserreich erheblich beigetragen.

Was verbirgt sich hinter dem „Volksverein für das katholische Deutschland"?

2. „DER VOLKSVEREIN FÜR DAS KATHOLISCHE DEUTSCHLAND" UND DER ZENTRUMSPOLITIKER LUDWIG WINDTHORST

„Der Volksverein für das katholische Deutschland" wandte sich an die ganze katholische Bevölkerung. Aus diesem Grunde „Volksverein". Er geht auf eine Initiative des führenden katholischen Zentrumspolitikers Ludwig Windthorst zurück. Diesem war gelungen, eine geplante katholische Vereinigung zu verhindern, deren alleinige Aufgabe darin bestanden hätte, sich gegen die antikatholischen Parolen des 1886 gegründeten „Evangelischen Bundes zur Wahrung der deutsch-protestantischen Interessen", zur Wehr zu setzten. Windthorst fürchtete, durch einen solchen Kampfbund auf katholischer Seite würde der soeben beigelegte Kulturkampf neu entfacht. Stattdessen schlug er einen Massenverein vor, der sich nach den 1890 verabschiedeten Statuten um „die Bekämpfung der Irrtümer und der Umsturzbestrebungen auf sozialem Gebiete sowie (um) die Verteidigung der christlichen Ordnung in der Gesellschaft" kümmern sollte.

3. DER MÖNCHENGLADBACHER TEXTILFABRIKANT FRANZ BRANDTS

Windthorst konnte für diese Idee den Mönchengladbacher Fabrikanten Franz Brandts und dessen Adlatus Franz Hitze gewinnen. Franz Brandts hatte als einer der ersten Unternehmer im Rheinland mechanische Webstühle in seiner Baumwollweberei aufgestellt. Früh erkannte er, dass seine Arbeiterinnen und Arbeiter am Fortkommen ihres Betriebs stärker interessiert waren, wenn er ihnen ein wenig Mitspracherechte einräumte. Dafür ließ er eine eigene Fabrikordnung ausarbeiten. Außerdem bezahlte er die besten Löhne in Mönchengladbach und gründete eine Menge sogenannter „Wohlfahrtseinrichtungen" in seiner Fabrik, wusste er doch, dass zufriedene Arbeiter auch gute Arbeiter sind. Doch der eigentliche Beweggrund war seine christliche Überzeugung und nicht der wirtschaftliche Nutzen. Aus dieser Fabrikordnung hat sich übrigens später ein Mitbestimmungsorgan entwickelt, das zu guter Letzt sogar über die Löhne verhandelt hat. Brandts führte sein Unternehmen patriarchalisch und wollte so etwas wie eine Fabrikfamilie schaffen. Darin unterstützte ihn Franz Hitze, der spätere Ziehvater August Piepers.

4. Der sozialpolitische Sprecher der Zentrumspartei Franz Hitze

Brandts hatte Franz Hitze 1881 in seinem Unternehmen, heute würde man sagen, als Arbeiterpriester eingestellt. Er zählte damals 30 Jahre. Schon als Student in Würzburg war er aufgefallen, als er sich mit der Sozialen Frage beschäftigte. 1880, ein Jahr bevor er nach Mönchengladbach kam, hatte er eine Aufsatzsammlung in Münster publiziert, deren Titel „Kapital und Arbeit und die Reorganisation der Gesellschaft" bewusst auf das Marxsche „Kapital" von 1867 anspielte. Doch stellte das Buch keine Auseinandersetzung mit den philosophischen Grundlagen der Marxschen Theorie dar. In ihm schlug Hitze lediglich die Wiederherstellung einer ständischen Gesellschaft vor, wie sie seiner Meinung nach im Mittelalter bestanden habe. Eine romantische Idee, die nicht von großer Kenntnis des Mittelalters zeugt. Auch August Pieper, das kann man hier schon anfügen, hatte wenig Ahnung von jenem Zeitalter und kannte die wissenschaftliche Erkenntnisse, welche die Mediävistik zu Tage förderte, nicht.

Kehren wir zu Hitze zurück: In Mönchengladbach beschäftigte er sich nicht nur mit praktischen Fragen der Arbeitswelt und mit der Seelsorge, sondern versah außerdem das Amt des Generalsekretärs des 1881 geschaffenen Verbandes „Arbeiterwohl", dessen Vorsitz Franz Brandts übernommen hatte. Dieser Zusammenschluss überwiegend katholischer Unternehmer beschäftigte sich vornehmlich mit der Propagierung sozialer Einrichtungen in den Fabriken. Dafür gab er eine Zeitschrift namens „Arbeiterwohl" heraus. Bald nach seiner Übersiedlung nach Mönchengladbach begann seine Karriere als Politiker: Er wurde für das Zentrum in das Preußische Abgeordnetenhaus gewählt und wenig später ebenso in den Reichstag, wo er sich besonders mit Sozialpolitik befasste und schließlich zum sozialpolitischen Sprecher, wie man heute sagen würde, seiner Fraktion wurde. Schon 1890 hatte ihn Wilhelm II. in den Staatsrat berufen, wo über die sogenannten Februar-Erlasse des Kaisers verhandelt wurde. Dazu gehörte u. a. ausdrücklich eine Verbesserung des Arbeiterversicherungswesens.

Windthorst hatte zu Recht auf Hitze und Brandts gesetzt. Sie entwickelten die Grundlage für den „Volksverein", dem jeder mit einem Jahresbeitrag von nur einer Mark beitreten konnte. Vor 127 Jahren, 1891, wurde er in Köln aus der Taufe gehoben und legte seine Verwaltung nach Mönchengladbach. Erster Vorsitzender wurde Brandts, und Hitze übernahm den Posten des Geschäftsführers. Er war kein kirchlicher Verein und bewusst unabhängig vom katholischen Episkopat und sollte, wie eingangs erwähnt, für praxisorientierte Bildungs- und Schulungsarbeit in Wort und Schrift sorgen.

5. FRANZ HITZE MACHT AUGUST PIEPER ZU SEINEM NACHFOLGER

Als sich abzeichnete, dass Hitze als Professor nach Münster, auf den eigens für ihn geschaffenen Lehrstuhl für Christliche Gesellschaftslehre wechseln würde, stellte sich die Frage, wer ihm nachfolgen sollte. Bereits ein Jahr vor seinem Weggang aus Mönchengladbach hatte Hitze sich an seinen Verwandten Caspar Klein, der Geistlicher in Bochum war und es später zum Erzbischof von Paderborn brachte, gewandt, ob er jemanden kenne,

der das Amt des Geschäftsführers des „Volksvereins" übernehmen könne. Ein Laie kam Hitze wohl erst gar nicht in den Sinn.
Klein verwies ihn auf August Pieper, einen jungen Kaplan, an der
Bochumer Propsteikirche. Dieser hatte schon einmal über die
1891 erschienene erste päpstliche Sozialenzyklika gepredigt. Sonstige Äußerungen im Bereich der sozialen Probleme der Zeit, die
im Ruhrgebiet deutlich erkennbar sein mussten, lagen nicht vor.
Das konnte aber auch nicht erwartet werden.

Für August Pieper war Bochum nämlich das erste geistliche
Amt, das er wahrnahm, nachdem er zuvor in Rom als „Germaniker" an der Universität Gregoriana Philosophie und Theologie
studiert und wie dort üblich jeweils den Doktorgrad in Philosophie und Theologie als Abschluss erworben hatte. Eine eigentliche schriftliche Doktorarbeit wurde dazu nicht verlangt, sondern
nur eine mündliche Disputation. Das entsprach nicht dem Quali-
tätsanspruch der in Deutschland erworbenen Doktorgrade. Aber
weder Kenntnisse in Philosophie noch in Theologie wurden beim
„Volksverein" verlangt. Hier stand die soziale Praxis im Vordergrund, von der Pieper in Rom beim Studium kaum etwas gehört
hatte.

Gern ist er dort nicht gewesen. Sein Bischof hatte ihn ins römische „Germanicum" geschickt, und er gehorchte. Die asketische
Lebensführung und die harte Disziplin, die in dieser von den
Jesuiten geleiteten Studienanstalt gefordert wurden, haben ihm
durchaus seelische Narben zugefügt. Vor allem hat er den fehlenden „familienhaften Gemeinschaftsgeist" vermisst, wie er im
Alter sagte. Hier erlebte er ein Milieu, das ihm fremd blieb. Aber
ein Auflehnen oder gar Rebellion gegen die bestehenden Einschränkungen der Selbstentfaltung wären ihm freilich nie in den
Sinn gekommen. Heute wissen wir, dass eine solche theologische
Ausbildung, wie sie Pieper erfahren hat, durch ihre Abschirmung
und die fehlende Berührung mit den Problemen der seelsorgerischen Praxis junge Menschen vor schwere Probleme stellte, mit
der Gefahr daran zu zerbrechen.

6. August Pieper in Mönchengladbach im Umfeld des „Volksvereins"

Auf den Posten in Mönchengladbach hat sich Pieper nicht gedrängt. Als er von Hitze gefragt wurde, ob er zum „Volksverein" kommen wolle, gab er sofort zu bedenken, dass ihm jede Praxis fehle. Deshalb bat er um ein Probejahr. Zunächst machte das Erzbistum Paderborn, in das Pieper als Priester inkarniert war, Schwierigkeiten. Hitze überzeugte die Diözesanverwaltung mit dem Argument, der junge Geistliche würde beim „Volksverein" viel lernen, was er „später für die Diözese fruchtbar machen könne". Darauf stimmte Paderborn zu, und Pieper wurde beurlaubt. Nun übernahm er mit erst 27 Jahren das Amt des Generalsekretärs des „Volksvereins". Über einen Rückruf in sein Heimatbistum redete man nach einem Jahr nicht.

Als Pieper nach Mönchengladbach kam, steckte der Verein noch in den Kinderschuhen. Dringend war eine funktionierende Organisation erforderlich. Dafür brauchte man ein größeres Büro und ausreichend Bürokräfte. Beides fehlte, und die Anforderungen wuchsen. Zunächst musste Pieper mit zwei gemieteten Zimmern als Wohnung, einem Arbeitszimmer für zwei Schreibkräfte und später noch für einen Lehrling vorlieb nehmen. Die Post brachte er selbst zum Briefkasten, und nicht alle Bürohelfer waren den Anforderungen gewachsen, weil sie aus mehr caritativen Gründen eingestellt worden waren. Seine „trostlosen" (so wörtlich) Anfangsjahre empfand Pieper, der Bauernsohn, als „Säen auf Pflastersteinen". Die räumliche Situation besserte sich durch häufigen Wohnungswechsel nach und nach ein wenig, aber erst mit dem Bau des Volksvereinshauses 1906 unter seiner Ägide waren die Probleme endgültig überwunden.

Zuverlässige Hilfe beim Auf- und Ausbau des „Volksvereins" erhielt Pieper besonders von dem Kölner Rechtanwalt und Zentrumspolitiker Karl Trimborn, der ein enges Netz aus regionalen und lokalen Vertrauensleuten schuf, das sich über ganz Deutschland ausbreitete. Ob er sich dabei die SPD zum Vorbild genommen hat, lässt sich nicht mehr klären. Aber soviel ist sicher, neben den Sozialdemokraten verfügte der „Volksverein" mit schließlich über 800.000 Mitgliedern zu Piepers' Zeiten über das beste Organisationsgefüge Deutschlands.

7. AUGUST PIEPERS'
LEHRJAHRE BEIM „VOLKSVEREIN"

Bei der Schilderung der Aufgaben, die Pieper zu bewältigen hatte, wurde schon deutlich, dass sich der „Volksverein" als Bildungsverein für die katholischen Arbeiter verstand. Dazu entdeckte Pieper, ohne je das, was wir heute Marketing nennen, gelernt zu haben, während seiner Anfangsjahre die Bedeutung der Druckerzeugnisse, die er in großen Auflagen herausgab. Dazu gehörten die monatlich erscheinende Vereinszeitschrift mit dem Titel „Der Volksverein", die „Sozialpolitische Korrespondenz", die unentgeltlich an Journalisten versandt wurde, ferner politische Flugblätter, die sich gegen die Sozialisten wandten, und vielerlei Kleinschriften. Das gab dem „Volksverein" einen Anstrich von Moderne.

Außerdem wandte er sich an die Öffentlichkeit in Großveranstaltungen, Mitgliederzusammenkünften und Vorträgen. Besonderer Wert wurde auf Kurse gelegt, in denen Arbeiter und andere Interessierten mit der Lösung von Problemen der Industrialisierung und der Arbeitswelt bekannt gemacht wurden. Auch das etwas Neues im Katholizismus.

Der Durchbruch war dem „Volksverein" mit dem ersten praktisch-soziale Kursus 1892 in Mönchengladbach gelungen, den kein Geringerer als Max Weber der Evangelischen Kirche in Deutschland zur Nachahmung empfahl und in diesem Zusammenhang vom „Rüstzeug" zur Verteidigung der „christliche Wirtschaftsordnung" sprach. Die Veranstaltung hatte zehn Tage gedauert und war so etwas wie eine Heerschau des deutschen Katholizismus geworden. Auf ihr wurde im weiteren Sinne über die Soziale Frage debattiert, und die Veranstaltung, an der insgesamt fast 600 Personen teilnahmen, erhielt das Label „Volksuniversität". Die Idee zu dieser Veranstaltung stammte von Hitze. Die Organisation lag weitgehend in den Händen von Pieper.

Bei der Ausbildung in Rom hatte dieser weder von sozialethischen noch von praktischen sozialen Problemen und deren Beantwortung etwas Tiefergehendes gehört. So glaubte er nach Abschluss seines Studiums vermutlich, die Probleme der Industrialisierung und die dadurch ausgelöste Entfremdung der Arbeiter von der Kirche ließen sich durch caritative Werke beheben. Auf der Tagung in Mönchengladbach müssen ihm die Augen aufgegangen sein, dass dies höchst umstritten war. Jetzt erfuhr er auch wohl zum ersten Mal etwas über die sogenannten Kathedersozialisten. Mit vielen ihrer Ziele stimmte er später überein. Als diese 1901 die Gesellschaft für Soziale Reform gründeten, gehörte er folgerichtig zu den Unterstützern, weil sie eine ethische Grundlage für die Volkswirtschaft forderten und mehr oder minder eine staatliche Sozialpolitik befürworteten, darunter der von Pieper bewunderte Lujo Brentano.

Auf dem Kursus wurde Pieper ebenfalls Zeuge einer Auseinandersetzung mit dem Kölner Kaplan Johann Peter Oberdörffer, dem Redakteur der „Kölner Correspondenz", dem Presseorgan des Kölner Diözesankomitees der Arbeitervereine. Er galt als Anhänger des österreichischen Publizisten Karl von Vogelsang. Die Soziale Frage war für diesen durch die „Gottlosigkeit" mit dem „Verfall der gesamtgesellschaftlichen Architektur" als Folge entstanden. Als Gegenmittel propagierte er eine ständische Ordnung, die eine Integration „wirtschaftlicher, gesellschaftlicher und politischer Funktionen" vorsah und deren „Organe" ein zukünftiges aus Ständen zusammengesetztes Parlament sein sollte. Vogelsangs Meinung über den „Volksverein" ließ an Klarheit nichts zu wünschen übrig. Er hielt dessen Ideen für liberal-katholisch, ein schlimmes Verdikt, und unterstellte ihm wegen seiner Akzeptanz der kapitalistischen Wirtschaftsordnung eine verwerfliche „Bourgeois-Ökonomie". Vogelsangs Ablehnung des Parlamentarismus' trug Oberdörffer in Mönchengladbach vor. Er nannte ihn „unchristlich", weil das höchste Gesetz nicht „der Wille des Volkes", sondern Gott sei. Den politischen Parteien warf er eine „Verfälschung des Volkswillen" vor „durch Aufhetzung der Leidenschaften". Parlamentarismus, so fuhr er fort, bedeute „die Knechtschaft der Minoritäten durch die Majoritäten". Hitze und andere anwesende Parlamentarier wiesen diesen Angriff entschieden zurück. Auch ein unbekannter Kaplan namens Heinrichs Brauns, der später, genauer 1903, zum „Volksverein" kam, trat Oberdörffer entgegen. Im späteren Gewerkschaftstreit, auf den ich noch kurz eingehen werde, erlebten die „Männer des Volksvereins" dann noch einmal einen viel gefährlicheren Angriff der Integralisten, zu denen Oberdöffer gehörte.

8. AUGUST PIEPER
ERHÄLT MEHR MITARBEITER

Erst 1899 wurde Pieper von den vielen Aufgaben, die sich ihm stellten, entlastet. Drei Jahre später war sein Mitarbeiterkreis schon auf sieben qualifizierte Fachleute angewachsen, darunter die Geistlichen Heinrich Brauns, der es in der Weimarer Zeit zum Arbeitsminister brachte, und Wilhelm Hohn. Brauns hatte nach der Priesterweihe Volkswirtschaft studiert und entsprach damit der aus der Praxis gewonnenen Forderung des „Volksvereins", die Priester müssten sich mit wirtschaftlichen Fragen befassen, die mit dem Studium der Theologie nicht zu beantworten seien. Mit Recht hatte Max Weber 1893 dem Klerus, wobei er nicht nur den katholischen meinte, „sozialpolitischen Dilettantismus" vorgeworfen. Die Priester im „Volksverein", zu denen neben den genannten F. Hitze, A. Pieper, H. Brauns, W. Hohn bis 1918 noch acht weitere wie Anton Heinen, Carl Sonnenschein und Otto Müller hinzukamen, waren von ihren seelsorgerischen Aufgaben entbunden und nicht ihren Bischöfen gegenüber zur Berichterstattung verpflichtet. Warum es beim „Volksverein", der betont eine Laienorganisation sein wollte, so viele waren, wissen wir nicht genau. Bei Hitze ist die Sache einfach. Er hatte schon zuvor in der Firma von Franz Brandts und beim Verband „Arbeiterwohl" erste praktische Erfahrungen gemacht. Auf Pieper griff er zurück, wie bereits gesagt, weil ein Nichtkleriker in seiner Vorstellungswelt nicht vorkam. Ferner muss man berücksichtigen, dass zunächst nicht feststand, ob der Verein, als Pieper berufen wurde, eine lange Zukunft haben würde. Sollte er scheitern, so konnte er als Geistlicher immer noch in seine Diözese zurückkehren. Sollte man geglaubt haben, durch die hohe Anzahl an Geistlichen in der Führungsspitze mache man sich die Kirche gewogen, so wäre dies ein Fehlschluss gewesen. Konflikte mit dem Episkopat sind dem „Volksverein" nicht erspart geblieben.

9. AUGUST PIEPER
ORDNET DEN „VOLKSVEREIN" NEU

1903 wurde die Verwaltung des „Volksvereins" nach einem Plan Piepers umgestellt: Er wurde Generaldirektor und die Aufgaben wurden in Dezernate aufgeteilt. Dabei hatte wohl das damalige Organisationsschema der Kommunalverwaltungen Pate gestanden. So gab es zum Beispiel ein Ressort für „Innere Verwaltung". Mit dieser Neuorganisation schuf sich Pieper eine schlagkräftige Institution, die schnell auf alle aktuellen Fragen antworten konnte. 1909 wurden weitere Abteilungen geschaffen. Die Mannschaft der im „Volksverein" tätigen Akademiker, die man heute „thinktank" nennen würde, machte bis 1918 bis zu 18 Personen aus.

Pieper war zwar der Chef, aber das schloss nicht aus, den Rat anderer zu suchen. Zu dem Gründungsvater Franz Brandts zum

Beispiel pflegte er ein väterliches Verhältnis. In dessen Familie
fühlte er sich wie ein Sohn aufgenommen. Auch mit Franz Hitze,
seinem Entdecker, stand er in ständigem Kontakt. Seine Leitfigur
blieb neben Franz Brandts der 1891 verstorbene Ludwig Windthorst, der geniale Parlamentarier (Golo Mann) und hochgeachte-
ter Gegenspieler Bismarcks. In seinem Sinne versuchte er zu handeln. „Wie würde Windthorst gedacht und gehandelt haben?",
fragte er sich immer wieder.

Die Organisation wuchs nicht nur an Mitgliedern, sondern
auch an neuen Einrichtungen, die unter Piepers' Ägide Schlag auf
Schlag folgten. 1905 wurde der Volksvereinsverlag gegründet mit
eigener Druckerei und Binderei. Ein Jahr später war es, wie anfangs gesagt, mit den beengten räumlichen Verhältnissen zu Ende, als das stattliche Volksvereinsgebäude an der heutigen
Windthorststraße in Mönchengladbach entstand. Im Zweiten
Weltkrieg ist es, nebenbei gesagt, zerstört worden. Zwei weitere
Institutionen seien noch hinzugefügt: Die Volksvereinsbibliothek
und die Lichtbilderei, die 1909 aus der Taufe gehoben wurde.
Dabei machte man sich - und das war etwas Sensationelles - die
neuesten Medien zu Nutze wie Film und Diapositive. Sie wurde
geleitet von Lorenz Pieper, dem Bruder Augusts, über den wir ja
auf der Tagung durch einen eigenen Vortrag unterrichtet worden
sind. Übrigens hat der „Volksverein" auch nach dem Ersten Weltkrieg die Bedeutung der Schallplatte entdeckt.

Die Anfänge der eben genannten Volksvereinsbibliothek ge-
hen auf Hitze zurück. Pieper hat sie weitergepflegt. Am Ende des
„Volksvereins" im Jahr 1933 umfasste sie über 70.000 Bände.
Heute ist sie Bestandteil der Stadtbibliothek Mönchengladbach.
Sie enthält selbstredend Piepers Publikationen. Es sind mehr als
500, zumeist Aufsätze.

10. AUGUST PIEPER RICHTET DIE VOLKSWIRTSCHAFTLICHEN KURSE EIN

War der erste praktisch-soziale Kursus noch eine Idee Hitzes gewesen, so geht die Einrichtung der volkswirtschaftlichen Kurse 1901 auf Pieper zurück. Sie dauerten zehn Wochen und vermittelten etwa jeweils 60 Teilnehmern, die aus dem Arbeiterstand kamen, einen umfangreichen Stoff, der viel von ihnen verlangte. Ziel war „die Ausbildung hochqualifizierter Kräfte", so Heinz Hürten. Spöttisch sind die Kurse als die „Klippuniversität" von Mönchengladbach bezeichnet worden. Aber nicht wenige der bedeutenden Arbeiterführer der Weimarer Zeit und auch noch einige der jungen Bundesrepublik Deutschland sind durch diese Schule hindurchgegangen. Siebzehn sind es insgesamt gewesen, die es zu Rang und Namen gebracht haben.

Allen Dozenten war übrigens bewusst, dass die Gefahr der „Halbbildung" bestand. August Pieper war auch nicht ganz frei davon. Zeit seines Lebens hat er bedauert, dass er keine solide Ausbildung in Volkswirtschaft erfahren hatte.

In unserer Zeit wird immer wieder darauf hingewiesen, dass man sein Leben lang lernen müsse. Pieper ist ein gutes Beispiel dafür, wie selbstverständlich dies schon früher gewesen ist. Er bildete sich ständig fort und verstand es nicht immer, aber oft, die neu erworbenen Kenntnisse so darzubieten, dass auch die Leser der populären vom „Volksverein" herausgegebenen Schriften damit etwas anfangen konnten. Auf diese Weise vermochte er es, die Diskussion innerhalb der Mitglieder des „Volksvereins" auf dem neusten Stand zu halten. Sicherlich war das eine Gradwanderung, und die Gefahr des Absturzes stand ihm stets vor Augen. Oft genug hat er deshalb seine Beiträge überarbeitet, um sie lesbarer zu machen. Bei der gewaltigen Produktion aus Piepers Feder muss man davon ausgehen, dass er so etwas wie Muße kaum gekannt hat. Unermüdlich war er beschäftigt, sich auf dem Laufenden zu halten. Eine bewundernswerte Leistung und ein Kunststück zugleich. Als großen Stilisten kann man ihn freilich nicht bezeichnen. Das nahm er für sich auch nicht in Anspruch. Die „klassische Literatur" bewunderte er als unerreichbares Ziel. Goethe nahm bei ihm den höchsten Rang ein. Deshalb mag es stimmen, dass er gebeten haben soll, ihm dessen größtes Opus, den „Faust", mit in den Sarg zu legen. Unter den Lieblingsautoren Piepers' befindet sich im Übrigen auch der englische Schriftsteller und konservative Kulturkritiker Thomas Carlyle, dessen Begriff „Mammonismus", also Herrschaft des Geldes, zu Piepers Standardrepertoire nach dem Ersten Weltkrieg gehörte.

11. AUGUST PIEPER UND CARL SONNENSCHEIN

Pieper war sich sehr wohl bewusst, dass auch die Akademiker und erst recht die Studenten für soziale Fragen wenig Sinn hatten. Deshalb wurde 1907 das „Sekretariat Sozialer Studentenarbeit" gegründet, dessen Leitung von dem jungen Geistlichen Carl Sonnenschein übernommen wurde. Der war 1906 nach Mönchengladbach gekommen, weil er als Kaplan seine ‚liebe Not' mit seinen Pfarrern gehabt und einen Streik der italienischen Bauarbeiter „auf dem Gewissen" hatte. Pieper ließ ihn, Germaniker wie er, in der Zeit der Einarbeitung gewähren und gab ihm alle Freiheiten. Doch seine erste Veröffentlichung zeigt eine „monochrome, trockene, sachbezogene Arbeitsdiktion", schreibt dazu Friedel Doèrt in seiner Sonnenschein-Biografie. Vermutlich hat hier Pieper sprachlich eingegriffen. Aber Sonnenschein redete schon damals wie „ein Volkstribun, wie ein Rattenfänger von Hameln", so sein erster Biograf Ernst Thrasolt. Er sprach zwar über alles glänzend, aber nicht immer gut vorbereitet. Er wirkte wie eine „Rakete" und tönte wie eine „Trompete". Der disziplinierte Pieper hielt den Improvisationskünstler Sonnenschein daraufhin für „einen Fassadenmaler" und ging auf Distanz. Er warf ihm nach dessen Tod sogar vor, er habe Scheu vor dem Studium ernster

Bücher gehabt. Friedel Doèrt nimmt in seiner Sonnenschein-Biografie an, Sonnenschein habe eine solche „posthume Wertung Piepers" (vielleicht) provoziert mit seiner Äußerung, der Generaldirektor brauche „einen Sklaven, „der für ihn die Bücher" lese „und ihm dann die Quintessenz derselben mitteile". Wie weit das zutrifft, ist nicht mehr zu klären. Einiges spricht dafür, wenn man bedenkt, wie pausenlos Pieper Aufsätze publizierte, und er war auch nicht ganz frei von einem autoritären Führungsstil. Andererseits darf man nicht vergessen, dass er Sonnenschein in Schutz nahm, als die später bekannte Zentrums- und CDU-Politikerin Helene Weber es ablehnte, dass dieser eine Gruppe junger Frauen durch das Vereinshaus in Mönchengladbach führte, weil sie „ihn für weibliche Jugend für ganz ungeeignet" halte.

Als C. Sonnenschein nach der Besetzung Mönchengladbachs durch die Belgier nach dem Ersten Weltkrieg die Stadt Hals über Kopf verlassen musste, weil er sich überschwänglich für die Flamenbewegung eingesetzt hatte, wird Pieper nicht unglücklich gewesen sein. 1925 ist es dann zum endgültigen Bruch zwischen dem „Volksverein" und Sonnenschein gekommen. Zu diesem Zeitpunkt war Sonnenschein längst der bewunderte Berliner Großstadtapostel geworden, und August Pieper trug keine direkte Verantwortung mehr für den „Volksverein", dessen „Leuchte" er einst gewesen war, wie Sonnenschein es trotz allem einmal recht anschaulich formuliert hat.

12. AUGUST PIEPER UND SEINE MITARBEITER ERLEBEN DEN GEWERKSCHAFTSSTREIT

In einem Punkt waren sich Pieper und Sonnenschein völlig einig: in der Förderung der Christlichen Gewerkschaften. Einige deutsche Bischöfe wie der Breslauer Kardinal Georg Kopp lehnten diese ab, einmal weil sie überkonfessionell waren, zum anderen weil sie den Streik als Mittel des Arbeitskampfes bejahten. Der

Streit darüber wurde mit „einer beispiellosen Heftigkeit und Ge-
hässigkeit geführt." „Wer heute", schrieb Ernst Thrasolt vor
schon neun Jahrzehnten, „die Dokumente des Kampfes nur lesen
muß, wird körperlich krank über der Lektüre." Das gilt uneinge-
schränkt bis in unsere Tage. Wie der „Volksverein" waren die
Christlichen Gewerkschaften nicht in die Hierarchie eingebun-
den, galten durch das geforderte Streikrecht als sozialistisch „ver-
seucht" (Thrasolt), außerdem als modernistisch, was so viel hieß,
wie ‚gegen den wahren Glauben gerichtet' zu sein. Kardinal
Kopp erteilte Sonnenschein und Brauns Redeverbot in der Breslauer Erzdiözese und sprach im Zusammenhang des Gewerkschaftsstreits von einer „Verseuchung des Westens"; Hitze und
Pieper wurden der Häresie bezichtigt. 1910 schrieb Kopp dro-
hend an Pieper: „Es genügt ein Wink von mir und Sie werden die
gleiche Verurteilung finden wie Marc Sagnier in Paris." Letzterer
war der Kopf der christlich-demokratischen Bewegung „Le Sillon" in Frankreich gewesen, die von der Kirche verurteilt worden
war. Von anderen Vertretern der Gegenseite wurde August Pieper auch als Priester diffamiert. Er hat die Auseinandersetzungen
mit großer Gelassenheit ertragen und sich geweigert, es seinen
Kontrahenten mit gleicher Münze heimzuzahlen. Letztlich hat die
sogenannte Kölner-Gladbacher Richtung, die sich auch für eine
demokratische Öffnung des Katholizismus' einsetzte, gesiegt.
1912 entschied der Papst, dass christliche Gewerkschaften zuläs-
sig seien, ohne dass er sie empfohlen hätte.

13. AUGUST PIEPER UND DIE ARBEITER

Das Eintreten Piepers für die Christlichen Gewerkschaften ist nur
ein Beleg unter vielen, wie er sich die Forderungen der Arbeiter
zu eigen machte. Symptomatisch ist sein Verständnis für die Forderung zu einem stärkeren Schulterschluss mit den Sozialisten.
Im Parlament fühlte er sich als Fürsprecher der Arbeiter. Eine

besondere Freude machte ihm, dass er die 1899 von ihm gegründete „Westdeutsche Arbeiterzeitung" einem Arbeiter, Johannes Giesberts (1865-1938), als Redakteur übergeben konnte. Es war eine Zeitung, die wöchentlich erschien und nach dem Willen Piepers von Arbeitern für Arbeiter gemacht wurde. Giesberts hatte 1895 an einem praktisch-sozialen Kurs teilgenommen. Er war ein Musterschüler der sog. Volksvereinsbildungsarbeit. 1905 wurde er in den Reichstag gewählt und 1919 Minister. Diese Karriere hat Pieper sichtbar gefreut. Nach Giesberts' politischem Ende 1933 und seiner Rückkehr nach Mönchengladbach haben beide den gegenseitigen Kontakt gepflegt. Worüber die beiden sich unterhalten haben, wissen wir nicht. Es muss auch offen bleiben, wie Giesberts' Reaktion auf Piepers Richtungsänderung nach dem Ersten Weltkrieg ausgesehen hat. Als Giesberts 1938 begraben wurde, folgte der damals schon von Krankheit gezeichnete Pieper seinem Sarg.

14. AUGUST PIEPER
SETZT SICH FÜR DIE ÄNDERUNG
DES DREIKLASSENWAHLRECHTS EIN

Wie schon Hitze wurde August Pieper als Repräsentant des „Volksvereins" mit politischen Mandaten versehen und in das Preußische Abgeordnetenhaus und in den Reichstag gewählt. In beiden Gremien blieb er bis 1918. Als großer Debattenredner ist er nicht aufgefallen. Eins lag ihm politisch besonders am Herzen: Eine Reform des durch und durch undemokratischen, nach Steuern gestaffelten Dreiklassenwahlrechts in Preußen auf Landes- und kommunaler Ebene. Nur zum Reichstag gab es ein gleiches Wahlrecht. Mit seinem Einsatz für eine Änderung hat er sich wenig Freunde gemacht. Der Episkopat war dagegen, weil er eine Gefährdung der katholischen Schulen in den Städten fürchtete, Zentrumspolitiker, weil sie eine links-liberale Mehrheit im Preußischen Abgeordnetenhaus verhindern wollten. Selbst sein Mentor Hitze hat ihn nicht unterstützt. Da Pieper als gewählter Verbandspräses aller westdeutschen Arbeitervereine von dem Kölner Oberhirten nicht absetzbar war, konzentrierte der Erzbischof seine Kritik auf Otto Müller, den Verbandspräses der Arbeitervereine in der Erzdiözese Köln und Mitarbeiter beim Volksverein. Er hatte übrigens im Zweitstudium Volkswirtschaft studiert und in Freiburg i. Br. den Dr. rer. pol. erworben, war also im Gegensatz zu F. Hitze und A. Pieper sozusagen „vom Fach". Wie Pieper trat er entschieden für eine Wahlreform ein. Deswegen enthob ihn der Kölner Kardinal Felix von Hartmann im August 1918 seines Amtes. Daraufhin trat Pieper als Westdeutscher Verbandspräses zurück, worauf Müller in dieses Amt gewählt wurde. Hier sehen wir plötzlich einen anderen Pieper, der seine sonstige diplomatische Vorsicht zurückstellt und kühn vollendete Tatsachen schafft. Und eins sollten wir hier besonders hervorheben: Er hat sich vorbehaltslos und entschieden für die Demokratisierung des kommunalen Wahlrechts eingesetzt. Schmerzlich traf ihn dabei der Druck, der auf ihn während der Diskussion ausgeübt wurde. Die fehlende Hilfe der meisten Mitglieder seiner Fraktion traf Pieper zudem schwer. Er sah darin eine Undankbarkeit. Hatte doch der „Volksverein" unter seiner Führung die Mehrheit der katholischen Arbeiter an die Zentrumspartei gebunden und war er doch durch ihn zur wichtigsten Vorfeldorganisation des politischen Katholizismus' geworden.

Der von Anfang an spürbare Argwohn zahlreicher Bischöfe dem „Volksverein" gegenüber wurde durch Piepers Engagement für eine Wahlrechtsreform nur noch verschärft. Diese von Klaus Schatz nur ein wenig überspitzt als „von den Bischöfen unabhängige Kommandozentrale des deutschen Katholizismus" bezeichnete Institution betrachteten die Episkopen jetzt mit noch mehr Vorbehalten. Warum, fragten sie, suchte Pieper überhaupt die Nähe zu den Sozialisten? War nicht die Forderung nach einer Reform des Wahlrechts sowieso verkappter Sozialismus? War nicht das Eintreten des „Volksvereins" für staatliche Eingriffe in die Wirtschaft so etwas wie verwerflicher Staatssozialismus? Der Sozialethiker Oswald von Nell-Breuning hat das Missfallen der Oberhirten gegenüber dem „Volksverein" in dieses schöne Bild gekleidet: Für sie habe über der Volksvereinszentrale in Mönchengladbach ein gut lesbares Transparent mit der Aufschrift „Für Bischöfe verboten" geschwebt.

15. AUGUST PIEPER UND DIE „ZERRISSENEN JAHRE" NACH DEM ERSTEN WELTKRIEG

Die fehlende Unterstützung der Bischöfe, die für August Pieper zum Trauma geworden war, die Absetzung Müllers, die Isolierung innerhalb der Zentrumspartei und den Untergang des Kaiserreichs nach der Novemberrevolution von 1918 verkraftete er nur schwer. Deshalb trat er mit 52 Jahren vom Amt des Generaldirektors zurück. Gänzlich trennte er sich aber vom „Volksverein" keineswegs, von dem er weiterhin besoldet wurde. Pieper blieb in Mönchengladbach wohnen, versah das Amt des Schriftführers im engeren Vorstand und „prägte nachhaltig und autoritativ die literarische Produktion der Zentralstelle", wie es Gotthard Klein zutreffend formuliert hat. Als Wilhelm Hohn 1922 seinen Posten übernahm kam er gegen ihn nicht mehr an.

Pieper nutze die gewonnene Zeit zum Schreiben. Seine Publikationen in jenen „zerrissenen Jahre", wie man die Zeit zwischen 1918 und 1938 treffend nennt, zeigen allerdings einen anderen Pieper. Hatte er noch in der Kaiserzeit für eine „Zuständereform" (Strukturreform) plädiert, so verlangte er nun eine „Gesinnungsreform", da die Zustände sich weitgehend gebessert hätten. Vereinfachend ausgedrückt: Pieper verwandelte sich vom Pragmatiker zum Theoretiker.

Diese Neujustierung seiner Botschaft hatte sich allerdings schon Jahre zuvor abgezeichnet. Pieper sah in Anlehnung an den

Philosophen Ferdinand Tönnies nun einen deutlichen Gegensatz zwischen Gesellschaft und Gemeinschaft. Letztere war organisch gewachsen, die Gesellschaft hingegen mechanisch und deshalb abzulehnen. Auch Anton Heinen schloss sich der Forderung nach einer ,Gesinnungsreform' an und ging soweit, den Anspruch des „Volksvereins" zu überdenken, ob er ein Massenverein bleiben könne. Piepers Weggefährte, der bereits genannte Otto Müller hat die Forderung nach einer ,Gesinnungsreform' zugespitzt als „Gemeinschaftsquatsch" charakterisiert. Eine Meinung, die von den katholischen Arbeiterkreisen geteilt wurde.

Kommen wir auf Piepers Postulat der Gemeinschaftsbildung zurück. Die sah er in der Volksfamilie verwirklicht. Seine Überlegungen mündeten in eine ideologisierende Erzählung, mit der er sich den Gedanken der antiliberalen und antidemokratischen „Konservativen Revolution" näherte.

August Pieper war außerdem nicht mehr frei von ständestaatlichem Gedankengut, wie es etwa der Wiener Nationalökonom Othmar Spann vertrat. Durch die von diesem ins Spiel gebrachten „Berufsgenossenschaften" sollten nach Piepers Meinung der Wirtschaftsliberalismus und der Staatssozialismus gleichermaßen abgewehrt werden.

Den „Ständestaat", wie er dann in Österreich ab 1933 propagiert wurde und der sich auch auf Spann berief, lehnte er allerdings ab. Für ihn blieb noch als Ziel der „soziale und bürgerfreiheitliche Volksstaat", auf den die Weimarer Republik angelegt war. Was noch fehlte war die Wiederherstellung des „deutschen Genossenschaftsgeistes", wie ihn das Mittelalter noch gekannt habe. Ein verschwommener Begriff, der nicht von großer Kenntnis dieses Zeitalters zeugt.

Ferner forderte Pieper die Akademiker in mehreren Veröffentlichungen auf, die Führerschaft zu übernehmen, zu der ihnen bisher der „ernste Willen" und „die elementarsten Fähigkeiten" gefehlt hätten. Er warf ihnen dabei vor, an der Katastrophe von 1918 mitschuldig geworden zu sein. Darin steckt zugleich das

Eingeständnis, dass seine Bemühungen seit 1905, „die Gebildeten und Besitzenden" für „die soziale Arbeit" zu gewinnen, nicht von einem großen Erfolg gekrönt worden waren. Bei Pieper klingt hier der resignative Tonfall an, den er sich nach dem Ersten Weltkrieg angewöhnt hatte. Offen muss bleiben, wieweit er sich bewusst war, mit dieser Position die Arbeiter vor den Kopf zu stoßen und den „ständeübergreifenden" Anspruch des „Volksvereins" zu verlassen, von dem Wilfried Loth gesprochen hat.

1931 machte Pieper trotz seiner Nähe zur „Konservativen Revolution" immerhin auf die mit dem Nationalsozialismus verbundenen Gefahren aufmerksam. Diesen riskanten Ungeist hätte seiner Meinung nach der „Volksverein" bekämpfen müssen. Und er klagt wieder an: Seine warnende Stimme sei überhört worden, schrieb er Ende der 1920er Jahre.

16. AUGUST PIEPER UND JOHANNES JOSEPH VAN DER VELDEN

Lassen Sie mich zum Schluss noch eine kurze Anmerkung machen: Als der Aachener Bischof Johannes Joseph van der Velden das Aachener Haus der Bischöflichen Akademie in Aachen nach August Pieper benannte, wollte er dessen Verdienste um die Erfolgsgeschichte des „Volksvereins" vor dem Ersten Weltkrieg hervorheben. Als junger Mann von 26 Jahren nach Mönchengladbach berufen, hatte Pieper sich als Autodidakt mit einer ihm völlig fremden Materie vertraut machen müssen. Nach einer knappen Zeit der Einarbeitung war es ihm erstaunlicherweise gelungen – freilich unter Mitwirkung anderer –, einen Verein von beispielloser Größe zu schaffen, der es verstand, die Arbeiter im wahrsten Sinne des Wortes mündig zu machen.

Als Johannes Joseph van der Velden mehr oder weniger gezwungen 1929 die Leitung des „Volksvereins" übernahm, war Pieper schon beim „Volksverein" ausgeschieden und für ihn nur noch gelegentlich schriftstellerisch tätig. Seine Lieblingsidee von der „Gesinnungsreform" kam im Konzept einer Neuausrichtung des „Volksvereins" bei van der Velden nicht mehr vor. Indirekt brachte er damit zum Ausdruck, dass er diese Forderung für unbrauchbar hielt. Jetzt stand die staatbürgerliche Bildungsarbeit im Vordergrund, die mit einem Bekenntnis zur Weimarer Republik verbunden war. Auch das unter van der Velden 1932 gegründete „Institut für Gesellschaft- und Wirtschaftsordnung" ging ganz bewusst einen anderen Weg. Es befasste sich besonders mit der Enzyklika „Quadragesimo anno" und ihren praktischen Konsequenzen. Dieser „Think-tank" stand unter Leitung des heute in Deutschland völlig vergessenen Heinrich A. Rommen, der nach der sogenannten „Machtergreifung" in die USA flüchtete und dort als einer der wichtigsten politischen Denker des 20. Jahrhunderts gilt. Er wandte sich gegen jedweden Totalitarismus.

Die Haltung van der Veldens gegenüber dem Nationalsozialismus war eindeutig. 1930 veröffentlichte der „Volksverein" einen Aufruf, in dem es hieß, „nur wer den Verstand verloren" habe, könne „als Katholik Nationalsozialist sein". Schärfer ging's kaum. Als dreizehn katholische Verbände vor den Märzwahlen 1933 einen Aufruf gegen die Nationalsozialisten veröffentlichten, stand selbstverständlich auch van der Veldens Namen darunter. Nach der sogenannten Machtübernahme machte er eine vorsichtige Kehrtwende und forderte zur Mitarbeit im neuen Staat auf, wohl aus Furcht, die Katholiken könnten wie sechs Jahrzehnte zuvor während des Kulturkampfs wieder in eine Ghettosituation geraten. Mit dem nationalsozialistischen Unrechtregime wurde er wenige Monate später konfrontiert und machte sich danach keine Illusionen mehr. Am 1. Juli 1933 besetzte die Polizei das Volksvereinshaus in Mönchengladbach. Van der Velden und andere wurden unter Hausarrest gestellt: Während eines Gestapoverhörs wurde er geschlagen, wodurch die Sehkraft auf seinem linken Auge einen irreparablen Schaden nahm. Die Polizeiaktion rief einen deutlichen Protest der Bischöfe hervor, die mit der Aussetzung der Unterschrift unter das Reichskonkordat drohten. Nach Verhandlungen zweier Bischöfe in Berlin einigte man sich darauf, dass der „Volksverein" nicht unter den Schutz des „Reichskonkordats" fallen würde. Johannes Joseph van der Velden wurde freigelassen. Im November 1933 erhielt er die Anklageschrift für einen Prozess gegen ihn und andere Führungskräfte des „Volksvereins". Sie wurden des Betrugs beschuldigt. Die Furcht vor diesem „Schauprozess" saß tief bei ihm. 1935 ist der Prozess eingestellt worden. Aber es blieb für ihn darüberhinaus eine traumatische Belastung. Warum die Nationalsozialisten seine Wahl zum Bischof von Aachen passieren ließen, ist nicht bekannt. Seine Fehleinschätzung der Nationalsozialisten hatte er nach wenigen Monaten revidiert und hegte keine Sympathien für sie. 1945 hat er den fehlenden Mut der deutschen Bischöfe beklagt und 1947, zwei Jahre später, ein selbstkritisches Schuldbekenntnis in einem Fastenhirtenwort abgelegt. Ich will es dabei belassen und nur noch festhalten, dass van der Velden *bona fide* das Haus, in dem wir uns hier befinden, nach August Pieper benannt hat.

Literaturhinweis
Wolfgang LÖHR: Der Volksverein für das katholische Deutschland (= Zeugen städtischer Vergangenheit, Band 26). Mönchengladbach 2009.

Werner Neuhaus

Vom begrenzten Konflikt zur unbegrenzten Bewunderung

August Pieper und der Nationalsozialismus, 1930 bis 1934

Manche literarisch bewanderten Historiker haben von ihnen verfassten Biographien großer Männer das bekannte Zitat aus dem Prolog zum *Wallenstein* des Geschichtsprofessors Friedrich Schiller vorangestellt:

> *Von der Parteien Gunst und Haß verwirrt,*
> *Schwankt sein Charakterbild in der Geschichte.*

Von August Pieper konnte man das bisher wohl nicht sagen. Thomas Dahmen hat ja bereits Piepers bedeutende Rolle als Sozialpolitiker, Publizist, Generalsekretär und dann Generaldirektor des „Volksvereins für das katholische Deutschland" für die Zeit des Kaiserreichs dargestellt. Ebenso hat Wolfgang Löhr Piepers zentrale Stellung in der mit „Mönchengladbach" umschriebenen Gruppierung innerhalb des politischen und sozialen Reformkatholizismus um Brandts, Hitze, Sonnenschein, Giesberts, Brauns und anderen in der Weimarer Republik hervorgehoben.

Ich werde mich daher im Folgenden zunächst auf Piepers vor allen Dingen publizistisches Wirken in der Endphase der Weimarer Republik unter besonderer Berücksichtigung seiner Vorschläge, wie dem bei Wahlen extrem erfolgreichen Nationalsozialismus zu begegnen sei, konzentrieren. Danach möchte ich mich in einem zweiten Schritt seinen zahlreichen unveröffentlichten Schriften der Jahre 1933/34 aus seinem Nachlass zuwenden.

248

Ganz offensichtlich waren militärische Niederlage, Revolution und „Versailles" schockartige Erfahrungen für den national denkenden Patrioten und Politiker, der – wie viele seiner Zeitgenossen – den Krieg als „reinigendes Gewitter" und „Erzieher" angesehen und „stolze Mannestugenden" wie „Tapferkeit, Treue und Gehorsam" eingefordert hatte, um diese Prüfung zu bestehen.[1]

Angesichts der immer schwieriger werdenden militärischen und sozialen Lage des Kaiserreichs forderte er eine Abschaffung des preußischen Dreiklassenwahlrechts und sogar eine Beteiligung der Sozialdemokraten an der politischen Verantwortung, wodurch seine Stellung in den Augen konservativ-klerikaler Kreise um Erzbischof von Hartmann (Köln) und Bischof Schulte (Paderborn) endgültig unhaltbar geworden war. Daraufhin reichte Pieper im Dezember 1918 seinen Rücktritt von seinem Amt als Generaldirektor des Volksvereins ein, der am 1. April 1919 in Kraft trat.[2]

Offensichtlich hinterließen die militärisch-politischen Ereignisse von 1918/19 sowie sein erzwungener Rücktritt bei Pieper tiefe Spuren, psychoanalytisch könnte man wahrscheinlich von einer „narzisstischen Kränkung" sprechen. *Alle* Historiker, die sich mit A. Piepers Schriften aus der Zeit der Weimarer Republik beschäftigen, betonen den merklichen Wandel in seiner politischen Ideenwelt: In Anlehnung an den Soziologen Ferdinand Tönnies betonten Pieper und sein Freund und Weggenosse, der ‚Volksbildner' Anton Heinen, in immer neuen Anläufen die Notwendigkeit einer irrational-mystischen „sozialethischen Neu-

---

[1] Zit. nach Detlef GROTHMANN, „Verein der Vereine?" Der Volksverein für das katholische Deutschland im Spektrum des politischen und sozialen Katholizismus der Weimarer Republik, Köln 1997, S. 27; vgl. auch Thomas DAHMEN, August Pieper. Ein katholischer Sozialpolitiker im Kaiserreich, Lauf a.d. Pegnitz 2000, S. 350-366.
[2] D. GROTHMANN, „Verein", S. 28-30; vgl. auch die EBD. in den Anm. 49, 54, 55, 57, 58 genannten Dokumente aus dem Nachlass Piepers.

249

orientierung" der Arbeit des Volksvereins.[3] Ziel sollte die Herbei-
führung einer organischen „Volksgemeinschaft" sein, bei deren
Schaffung die als mechanistische „Formdemokratie" oder „Formaldemokratie" abqualifizierte Weimarer Republik in Piepers
Augen versagt hatte.
Der trotz seines offiziellen Rücktritts in Mönchengladbach
noch immer äußerst einflussreiche Pieper – Detlef Grothmann
spricht in diesem Zusammenhang von „dem unausgesprochenen
Diktat des ehemaligen Generaldirektors"[4] – geriet wegen dieser
gesinnungsethischen Erweckungsarbeit in Mönchengladbach
immer mehr in die Isolierung, aber diese verhinderte nicht, dass
er weiter in zahlreichen vom Volksverein finanzierten, gedruckten und verbreiteten Büchern und Aufsätzen in sich immer wiederholenden und manchmal unverständlichen Formulierungen
sein Eintreten für Volksgemeinschaft und Führerbildung im
Volksverein propagierte.[5]

---

[3] Vgl. die Belege bei Werner NEUHAUS, August Pieper und der Nationalsozialismus. Über die Anfälligkeit des Rechtskatholizismus für völkisch-nationalistisches Denken, Norderstedt 2017, S. 13f. sowie Anm. 7-12 EBD. [Im
vorliegenden Band →Seite 21-22].
[4] D. GROTHMANN, „Verein", S. 73.
[5] Vgl. EBD., S. 171: „Viele der in erster Linie von Pieper verfaßten, weit aus-
holenden Betrachtungen über ‚Die natürlichen Kraftwurzeln des Staates'
oder den ‚Nationalen Staatsgedanken und Staatswillen' erschienen als Hefte
verschiedener bedeutender Schriftenreihen des Volksvereins und als Abschnitte einiger von Pieper geschriebener Bücher ein zweites Mal." – Nicht
zu Unrecht kritisierte z.B. die „Deutsche Wirtschafts-Zeitung" in einer Rezension seines Buches *Der Staatsgedanke der deutschen Nation*: „Störend ist der
schwülstige und mitunter phrasenhafte Stil. Viele Sätze sind derartig ver-
schwommen, daß man beim besten Willen nichts mit ihnen anfangen kann."
Zit. nach [A.P.], Das Schicksal des Staatsgedankens der deutschen Nation,
in: *Führer-Korrespondenz*, 43. Jg. 1930, S. 12-19, S. 17.

1. Zu Piepers Auseinandersetzung
mit dem Nationalsozialismus 1931

An dieser Stelle ist es jedoch wichtig darauf hinzuweisen, dass manche unübersehbaren sprachlichen Parallelen mit programmatischen Aussagen der gegen Ende der 1920er Jahre immer stärker werdenden NS-Bewegung noch nicht automatisch identisch sind mit einem inhaltlich komplett deckungsgleichen Eintreten Piepers für die NSDAP, ihre Ideologie und ihren Führer.[6] Pieper arbeitete im Volksverein mit in der im Sommer 1928 gegründeten „Staatspolitischen Arbeitsgemeinschaft der katholischen Verbände", deren Hauptziel die Koordinierung zahlreicher katholischer Vereine und Verbände sowie des Zentrums u.a. bei der „Zurückdrängung des verantwortungslosen Radikalismus links wie rechts" war.[7] So wurde z.B. im Verlauf von zwei von der „Arbeitsgemeinschaft" durchgeführten Veranstaltungen in Mönchengladbach (19./20.01.1931 und 17.02.1931) heftige Kritik an der seit ihrem grandiosen Abschneiden bei den Reichstagswahlen vom September 1930 ins Zentrum des innenpolitischen Interesses gerückten Partei Hitlers geübt. Zwar ist nicht eindeutig geklärt, wer tatsächlich einige der später von Volksverein gedruckten und verbreiteten Referate hielt[8], aber bei einigen zweifelsfrei von A. Pieper verfassten Texten ist die Gegnerschaft gegen die ansteigende braune „Springflut" unübersehbar.[9] Scharf wandte er sich gegen den „deutschen Faschismus", denn dieser sei „die Staatsform der Analphabeten [und] geistig Unmündigen", und ebenso

---

[6] Vgl. hierzu die Bemerkungen bei W. Neuhaus, Pieper, S. 61ff. und die dort zitierte Literatur [im vorliegenden Band →S. 72-75].

[7] Vgl. D. Grothmann, „Verein", S. 279ff. Das Zitat befindet sich auf S. 281.

[8] Vgl. W. Neuhaus, Pieper, S. 16, Anm. 18. [im vorliegenden Band →S. 24].

[9] Im Folgenden wird nach den bei W. Neuhaus, Pieper, S. 104-140, abgedruckten Texten zitiert, wo die heute oft nur noch schwer greifbaren Texte Piepers aus dem Jahr 1931 leicht einzusehen sind [im vorliegenden Band →S. 119-157].

beißend war seine Kritik an dem „blöden antisemitischen Fanatismus", dessen Gefahren er klarsichtig erkannte: „ Der Rasseninstinkt ist leicht wild zu machen; mit ihm kann man die dumpfe
Masse berauschen."[10]
Weiterhin warnte er vor verfassungspolitischen Gefahren
durch eine Machtübernahme der NSDAP, da der zur Herrschaft
gelangte „rechtsradikale nationale Sozialismus"[11] seinen „Führer,
Adolf Hitler, mit unbeschränkter, diktatorischer Machtfülle ausstatten" werde.[12] Deutlich sah er die Gefahren eines neuen ‚Kulturkampfes' voraus: „Einer solchen Partei die Diktatur über Kultur, Sittlichkeit, Recht, Wissenschaft zu überlassen, wäre ein Frevel."[13] Bei aller partiellen Kritik an der Politik der Siegerstaaten
gegenüber dem militärisch unterlegenen Deutschland sah er
dennoch die Gefahren der nationalsozialistischen Revisionspoli-
tik, da diese „verantwortungslos [...] mit dem außenpolitischen
Schicksale Deutschlands" umgehe[14], und in der Innenpolitik
klagte er den „offenen politischen Bürgerkrieg" der braunen Ba-
taillone an.[15]
Dennoch wollte Pieper, der den NS als zwar rechte, aber dennoch *sozialistische* Partei ansah, der Partei Hitlers nicht durch
„mechanische Sozialistentöterei" begegnen.[16] Stattdessen schlug
er eine Zähmungsstrategie durch Einbindung der NSDAP in die
Regierung vor: „Staatspolitisches Denken fordert daher statt starrer Bekämpfung der Nationalsozialisten die *Zurückgewinnung*

---

10 Zit. EBD., S. 114,112; vgl. auch EBD., S. 138, seine Kritik am „nationalsozialistischen *Rassenkampf* nach innen und außen" [im vorliegenden Band →S.
129, 127; S. 154].
11 EBD., S. 122 [im vorliegenden Band →138].
12 EBD., S. 106 [im vorliegenden Band →121].
13 EBD., S. 108 [im vorliegenden Band →123].
14 EBD., S. 110 [im vorliegenden Band →126].
15 EBD., S. 116 [im vorliegenden Band →131].
16 EBD., S. 122; vgl. ähnliche Formulierungen EBD., S. 140 [im vorliegenden
Band →S. 137; S. 155]; vgl. auch T. DAHMEN, August Pieper, S. 291.

ihrer aktivistischen Anhänger für die besonnene Erneuerungsarbeit am Staate, mit dem Ziele, sie für den Eintritt in eine nationale und soziale Regierungskoalition reif werden zu lassen."[17]

Mit zahlreichen Zitaten aus August Piepers Schriften vor allen Dingen der frühen dreißiger Jahre hat vor allen Dingen der Paderborner Historiker Detlef Grothmann immer wieder auf Piepers klarsichtige und prinzipielle Gegnerschaft gegen den NS vor 1933 hingewiesen.[18] Allerdings kommt auch er nicht umhin, Piepers „punktuell[e] … unterschwellige Bewunderung für die ‚Tatbereitschaft' der Nationalsozialisten" anzudeuten[19] und Piepers „Bewertung des Nationalsozialismus" als „in Teilen widersprüchlich" zu bewerten.[20]

In der Tat gibt es in der Fachliteratur zu August Pieper ganz verstreute Hinweise, dass dieser schon vor 1933 anfällig für gewisse Aspekte der NS-Ideologie gewesen sei,[21] und einige wenige Historiker haben auch angedeutet, dass sich Pieper nach der

---

[17] W. NEUHAUS, Pieper, S. 132; vgl. auch auf S. 138 seine Interpretation der Vorkriegsgeschichte, als Zentrum und Volksverein die SPD nicht durch „Sozialistentöterei", sondern durch Beteiligung an und Entgegenkommen in bestimmten Punkten in das politische System des Kaiserreichs integriert habe: „Hier kann uns *Vorbild sein unsere Taktik gegenüber der früheren radikalen Oppositionsstellung der Sozialdemokratie*" [im vorliegenden Band →S. 148f. und S. 155].

[18] Vgl. Detlef GROTHMANN, Das Franz-Hitze-Haus am Paderborner „Inselbad" – Bildungsheim des Volksvereins für das katholische Deutschland 1923 bis 1932, in: *Westfälische Zeitschrift* 148 (1998), S. 388-418; DERS., Der „Volksverein für das katholische Deutschland" und die nationalsozialistische Herausforderung in der Weimarer Zeit, in: *Historisches Jahrbuch der Görresgesellschaft* 121 (2001), S. 286-303; DERS., Katholizismus und Nationalsozialismus in Westfalen, in: *Märkisches Jahrbuch für Geschichte* 110 (2010), S. 187-220.

[19] DERS., Herausforderung, S. 295.

[20] EBD., S. 296.

[21] Vgl. NEUHAUS, Pieper, S. 17 und die EBD. in Anm. 21 angegebene Literatur [im vorliegenden Band →S. 26 und EBD. S. 26, Anm. 21].

Machtübertragung an Hitler dem NS „in erstaunlicher Weise" (Martin Dust) angenähert habe.[22] In diesem Zusammenhang ist mehrfach auf Piepers pausenloses Insistieren auf die Schaffung einer nicht näher definierten „Volksgemeinschaft", wie sie ebenfalls von den ‚aktivistischen Kräften' der NSDAP gefordert wurde, hingewiesen worden. Parallel dazu wurde seine Ablehnung der Weimarer ‚Formaldemokratie' und ihrer vermeintlichen Überfrachtung mit partei- und interessenpolitischen sowie parlamentarischen Bürokratieapparaten genannt. Auch Piepers Sprache wies Ähnlichkeiten zu rechtsvölkisch-esoterischen Kreisen der Weimarer Republik auf. Er raunte vom „Ethos der nationalen Ehre und Freiheit" des deutschen Volkes, dessen „dunklen, geheimnisvollen Schicksal" er nachspüren wollte und dessen „Sinnen und Trachten, heldenhaftes Handeln und Leiden nur der Ehre, Größe und Macht der Nation" gelten solle.[23] Hier gab es ideologische Schnittstellen mit Teilen der NS-Bewegung, denen er „einen starken Lebenswillen zu ernster Verantwortung und zur Selbstopferung im Dienste der Volksgemeinschaft" attestierte.[24] Ebenso forderte er politische Führernaturen von „schöpferischer, genialer Begabung" sowie „echte *Bekennerpersönlichkeiten*, ganze Männer"[25] – charismatische Führer, wie sie die Weimarer demokratischen Parteien in seinen Augen nicht hatten.

Daher lautete der letzte Satz seiner Vorschläge für die „Taktik der bürgerlichen Parteien gegenüber der nationalsozialistischen Partei" [1931], man möge den „nationalsozialistischen Bünden" und „der radikalen jungen Generation" verständnisvoll begegnen, denn diese „in den nationalsozialistischen chaotischen Radi-

---

22 Vgl. die Belege NEUHAUS, Pieper, S. 18 [im vorliegenden Band →S. 26f.].
23 NEUHAUS, Pieper, S. 120. – Die Floskel von der „Ehre, Größe und Macht der Nation" taucht bei Pieper auch vor 1933 immer wieder auf: vgl. z.B. EBD., S. 133, 134. [Stellen im vorliegenden Band →S. 136 – und S. 149, 150.]
24 NEUHAUS, Pieper, S. 126 [im vorliegenden Band →S. 142].
25 NEUHAUS, Pieper, S. 121, 127 [im vorliegenden Band →S. 136 und 143].

kalismus hineingerissenen Gruppen" seien „trächtig an Keimen
eines Neuen."[26]

2. VON DER MACHTÜBERTRAGUNG AN HITLER
BIS ZU HINDENBURGS TOD:
ZUM IDEOLOGISCHEN GEHALT VON PIEPERS SCHRIFTEN,
MÄRZ 1933 – AUGUST 1934

In der Tat waren hier ideologische Anknüpfungspunkte, an welche August Pieper andocken konnte, nachdem Hitler am 30. Januar 1933 zum Reichskanzler ernannt worden war. Aber im Gegensatz zu den bisher zitierten Schriften Piepers, die in der *Führer-Korrespondenz* des Volksvereins veröffentlicht wurden und für
jedermann zugänglich waren, blieben die zahlreichen Texte, die
August Pieper im Zeitraum 1933 bis zu seinem Tode 1942 verfasste,[27] unveröffentlicht. Um deren ideologischen Gehalt zu analysieren, werden hier knapp die Ergebnisse einer Untersuchung
seiner Schriften bis zum August 1934 dargestellt.[28]

In einem längeren Text vom März 1933 mit dem Titel „Die
Deutsche Revolution als Werk höherer Mächte" interpretiert er
die „Machtergreifung" der NSDAP als nationale Revolution, die
ihren Ursprung habe in „*dem Weben neuer schicksalhaft entwickelter
Ur-Lebenskräfte* des sich stetig wandelnden geheimnisvollen Lebens des deutschen Volkes" (→S. 31f.). Hier seien die „*Lebenskräfte des Staatsvolkes* und in ihm die *Volksgemeinschaft*" am Werke

---

[26] NEUHAUS, Pieper, S. 140 [im vorliegenden Band →S. 157].
[27] Sein Nachlass im Landesarchiv NRW, Münster (LAV NRW W, A 510)
umfasst ca. 5.000 Seiten.
[28] Vgl. NEUHAUS, Pieper, S. 21-33 [im vorliegenden Band →S. 30-43]. Dort
sind alle Belege sowie die zur historischen Einordnung notwendige Literatur
angegeben. Die im Text angegebenen Seitenzahlen beziehen sich auf diese
Quelle. Unterstreichungen sind aus dem Original übernommen.

gewesen gegen die „Beharrungskräfte der alten Ordnung". Zu den ‚Beharrungskräften' zählt er auch Zentrumspartei und die katholische Kirche, welche die berechtigten Forderungen der bündischen Jugend, des Stahlhelms, des Jungdeutschen Ordens und der Hitlerbewegung stur bekämpft habe, statt sie schöpferisch zu integrieren. Er fordert „hingebende Mitarbeit an der Verwirklichung des [...] nationalen und sozialen oder Volksgemeinschaftsgedankens", um eine „Verwirklichung des nationalen Staates und des ‚deutschen Sozialismus'" zu erreichen (→S. 33). Zum Abschluss fordert er eine Wiederbesinnung auf das „lebendige Volkstum", wie Anton Heinen und er selbst es immer wieder verlangt hätten.

Meines Erachtens zeigt bereits dieser frühe Text vom März 1933, dass Pieper zu den ‚Märzgefallenen' zu zählen ist. Die nachfolgenden Texte bestätigen diesen Eindruck: In dem Manuskript „Erfolge der deutschen Revolution" vom 16. Mai 1933 begrüßt er frühe Maßnahmen des sich immer deutlicher herausbildenden NS-Staates wie die *Reichstagsbrandverordnung*, das *Gesetz zur Gleichschaltung der Länder*, das *Ermächtigungsgesetz* sowie das *Gesetz zur Wiederherstellung des Berufsbeamtentums*. Die „Wehrverbände u. den Arbeitsdienst" habe Hitler geschaffen, um den „Geist der Wehrhaftigkeit" und „des selbstlosen Bürgerdienstes am Gemeinwohl" zu pflegen (→S. 36). Etwa zehn Tage später präzisierte er einige der hier gemachten Aussagen in dem Text: „Welche Aufbaukräfte will das dritte Reich der deutschen Erhebung dienstbar machen?" Erneut begrüßte er das Ermächtigungsgesetz, da es mit der Parteien- und Parlamentsherrschaft Schluss gemacht und „die Unterordnung der Parteien unter das Staatsinteresse zur Geltung gebracht" habe. Diese Zerstörung der parlamentarischen Demokratie feierte er als „gewaltigen Fortschritt", welcher „nur durch eine Diktatur herbeigeführt werden konnte" (→S. 36f.). Die Teilnahme an diesem „Werk der Nationwerdung der Deutschen" sei „Pflicht aller deutschen Staatsbürger, wer diese „Ehrenpflicht" ablehne, gehe „jedes deutschen

Bürgerrechts verlustig" und müsse „als Fremder, ja als Abtrünniger" (→S. 37) angesehen werden.

Zu dieser inhaltlichen Festlegung passt auch eine immer stärker werdende sprachliche Anpassung an die *Lingua Tertii Imperii*: Keine vier Wochen nach den Bücherverbrennungen vom Mai 1933 formulierte er, der „deutsche Geist" sei „leiblich gebunden an das durch Rassemischung, Klima, Boden, geschichtliches Volksschicksal geprägte deutsche Blut". Da der deutsche Geist jedoch „weithin überfremdet" sei, habe der NS „von Anfang an den Kampf geführt gegen die kulturelle Überfremdung", um durch Zensurmaßnahmen „zur Ausmerzung der Schädlinge am deutschen Geistesleben" zu gelangen. Diese „Reinigung des deutschen Geisteslebens von Schädlingen" sowie „staatliche Zwangserziehung" seien notwendig zur Schaffung der ersehnten Volksgemeinschaft (→S. 37).[29]

Eine wesentliche Begründung für die von Pieper akzeptierte Notwendigkeit des nationalsozialistischen ‚Durchregierens' liegt in seiner Interpretation der Politik der deutschen Bischöfe. Ihr auf Rom ausgerichteter „Klerikalismus" habe eine echte Emanzipation des gläubigen Kirchenvolkes verhindert, das nicht die „geistige Freiheit" gehabt habe, sich vom ultramontan eingestellten Episkopat abzunabeln. Da auch das national-liberale Bürgertum angesichts des „Fürstenabsolutismus" an der „Aufgabe der Staatsvolkwerdung" gescheitert und der deutsche Föderalismus unfähig zur Schaffung eines starken Einheitsstaates gewesen sei, habe nur die autoritäre NS-Bewegung den Volksstaat schaffen können. Denn *staatliche* Macht war für ihn wichtiger als *individuelle Bürgerfreiheit*, und so formulierte er im April 1934: „Die Staatsordnung ist aber höchste Lebensnotwendigkeit, also unbe-

---

[29] Vgl. auch die Formulierungen in seinem Text „Zur Würdigung der innenpolitischen Ziele des autoritären totalen Staates" vom 21.06.1933, zit. EBD., S. 29f., wo er von „einer im Blute wurzelnden deutschen Kultur" spricht und eine „im Blute verwurzelte eigengesetzliche nationale deutsche Kulturvolkwerdung" fordert [im vorliegenden Band →S. 39].

dingtes Lebensgebot. Nicht aber ist unbedingtes Lebensgebot die
Freiheit im Staate" (→S. 41).

Es steht in meinen Augen außer Zweifel, dass August Pieper
zu diesem Zeitpunkt den NS-Staat samt seinen gar nicht zu übersehenden dunklen Seiten akzeptiert hatte. Eine Art emotionalen
Schlusspunkt hinter diese erste Phase der endgültigen Zuwen-
dung zum Nationalsozialismus setzte er anlässlich der Bestattung
von Reichspräsident von Hindenburg im August 1934. Im „Vorwort" vom 08. August 1934 unter der Überschrift „Ich machte
meinen Frieden mit dem Dritten Reich" proklamierte er feierlich:
„An der Bahre Hindenburgs schließe auch ich meinen Frieden
mit den [...] Eroberern der Reichs- und Staatsgewalt" und ver-
sprach: „Im Sinne Hindenburgs folge ich meinem deutschen Volke überall hin, wohin das geheimnisvolle Schicksal es führt" (→S.
30).

Dieses Versprechen hat er bis zu seinem Tode acht Jahre später gehalten.

Zu seinem Nachlassverwalter hatte er seinen Bruder Dr. Lorenz Pieper, einen überzeugten Nationalsozialisten, der schon
1922 als Vikar in Hüsten (heute Stadt Arnsberg) eine NSDAP-
Ortsgruppe gegründet hatte, bestimmt, der den von ihm geordneten Nachlass am 21.10.1950 dem Staatsarchiv Münster übergab,
jedoch mit der ausdrücklichen Nutzungseinschränkung, dass der
wörtliche Abdruck aus den Nachlasspapieren „unter Angabe des
Urheber-Namens nicht gestattet werden" könne. Wer die von mir
hier nur knapp und auszugsweise referierten Texte August Piepers liest, wird verstehen, warum sein Bruder diese Texte unter
Verschluss halten wollte.

Erst nach Ablauf der Sperrfrist am 1. Januar 2013 ist es möglich, August Piepers umfangreichen Nachlass auszuwerten, und
erst jetzt „schwankt sein Charakterbild in der Geschichte". Ich
bin gespannt, zu welcher Seite sich die Beurteilung August Piepers in der folgenden Diskussion neigen wird.

Ein im Sinne der Nationalsozialisten geschmückter Altar in August Piepers sauerländischer Herkunftslandschaft – anlässlich des römisch-katholischen Feldgottesdienstes mit SA-Aufmarsch in Eslohe am 17. September 1933.

(Bildarchiv: DampfLandLeute-Museum Eslohe)

Olaf Blaschke

August Pieper: Sonderling oder Repräsentant nationalistischer Tendenzen des Katholizismus?

Wer den Tenor einiger Texte von August Pieper (1866-1942) bereits kennt oder gar mit deren Analyse vertraut ist, die Werner Neuhaus 2017 vorgelegt hat, wird durch folgendes Zitat vom 1. Mai 1933 nicht überrascht sein:

> „1. Wir sind auch der jetzigen Regierung Ehrfurcht und Gehorsam schuldig. 2. Wir stimmen innerlich vielen ihrer Ziele zu. 3. Wir begrüßen freudig ihren Kampf gegen Liberalismus, Marxismus, Gottlosigkeit, öffentliche Unsittlichkeit usw. 4. Wir würden uns mit schwerer Schuld belasten, wenn wir irgendwie daran mitschuldig würden, daß das jetzige Regime zusammenbricht, worauf wahrscheinlich die bolschewistische Diktatur folgen würde".

Das klingt ganz nach August Pieper, indes die Ausführungen dieser Denkschrift stammen nicht von ihm, sondern von Clemens August Graf von Galen, ebenfalls kein Freund der Weimarer Republik. Fünf Monate danach wurde Galen zum Bischof von Münster geweiht. Später hieß er der „Löwe von Münster", weil er im Juli und August 1941 gegen die Euthanasie predigte. Mehrere Denkmäler in Münster rühmen Galen bis heute täglich.[1] Der Unterschied zu Pieper sieht gering aus, vielmehr erinnert Galens

---

[1] Denkschrift zit. n. Hubert WOLF, Clemens August Graf von Galen. Gehorsam und Gewissen, Freiburg 2006, S. 73. Zu Pieper: Werner NEUHAUS, August Pieper und der Nationalsozialismus. Über die Anfälligkeit des Rechtskatholizismus für völkisch-nationalsozialistisches Denken, Norderstedt 2017 [im vorliegenden Band →S. 19-188]. Dazu meine Rezension in: Römische Quartalschrift, Bd. 113, 2018, S. 287-290.

Einlassung sehr an geteilte katholische Grundhaltungen, die Ernst-Wolfgang Böckenförde 1961 in seinem berühmten Hochland-Artikel beim Namen nannte. Er sprach von „fundamentalen Übereinstimmungen zwischen katholischem und NS-Gedankengut". Das Verbindende war für Böckenförde ein

> „tief verwurzelter Antiliberalismus, aus dem sich die Ablehnung von Demokratie und moderner Gesellschaft, die Hinneigung zu autoritärer Regierung, Führertum und ‚organischer Volksordnung' von selbst ergaben. Hinzu traten die erklärte Feindschaft gegen den Bolschewismus [...] und der Ärger über die verbreitete ‚öffentliche Unsittlichkeit'".[2]

Dies ist der Ausgangspunkt, von dem aus die Koordinaten der Kontinuitätslinien und Brüche im deutschen Katholizismus behandelt sowie dessen Affinität und Differenz zum NS-Gedankengut, gar manche Gemengelage ausgelotet werden müssen. Statt hier aber nochmals Böckenfördes Affinitätsthese zu vertiefen und das zu wiederholen, was wir längst über den katholischen Nationalismus, Antisemitismus, Antiliberalismus etc. wissen, wollen wir uns auf August Pieper einlassen.

Die Erinnerungskultur und Geschichtschreibung zeichnet ein vorwiegend positives Bild von dem 1889 in Paderborn geweihten Priester, der seit 1892 als Generalsekretär bzw. seit 1903 als Generaldirektor des Volksvereins für das katholische Deutschland fungierte und bis 1922 als dessen Geschäftsführer, Schriftleiter

---

[2] Ernst-Wolfgang BÖCKENFÖRDE, Der deutsche Katholizismus im Jahre 1933. Eine kritische Betrachtung, in: DERS., Der deutsche Katholizismus im Jahre 1933. Kirche und demokratisches Ethos, Freiburg 1988, S. 39-70, Zitat: S. 52 (zuerst in Hochland 53, 1961, S. 215-239); DERS., Das Ethos der modernen Demokratie und die Kirche, in: DERS., Katholizismus, S. 21-38 (zuerst in Hochland 50, 1957/1958, S. 4-19) („Affinität"). Aus der Fülle der Literatur: Heinz HÜRTEN, Deutsche Katholiken 1918 bis 1945, Paderborn 1992; Olaf BLASCHKE, Die Kirchen und der Nationalsozialismus, Stuttgart 2014.

(bis 1928) und schließlich bis 1932 als „freier" Mitarbeiter an der Zentralstelle des Volksvereins in Mönchengladbach, also insgesamt mehr als 40 Jahre im Verein führend tätig war. Wegen seiner Befürwortung des Engagements von Laien und der christlichen Gewerkschaften – besonders als Vorsitzender des Verbandes katholischer Arbeitervereine Westdeutschlands (1904-1917) – galt Pieper lange als „Linkskatholik". In dem Monumentalwerk *Priester unter Hitlers Terror* wird er als vom Regime verfolgter Kleriker aufgeführt.[3] Ins Zwielicht geriet der Prälat bereits in den 1980er Jahren, als Rudolf Padberg anhand einiger Aufsätze aus der „Führer-Korrespondenz" des VkD von 1931/1932 nachwies, dass Pieper zwar den Kern des Nationalsozialismus ablehnte, ihm jedoch mit derselben Taktik wie einst gegen den Sozialismus begegnen wollte: im Aufgreifen der positive Seiten der Bewegung, wie es der Volksverein seit den 1890er Jahren in Abwehr der SPD getan habe, und in der Stärkung der lebendigen „Volksgemeinschaft".[4] Nun wird dieser Befund bestätigt und durch die Recherchen von Werner Neuhaus im Staatsarchiv Münster noch übertroffen: Ab 1933 war Pieper mehr als ein bloßer „Brückenbauer", eher sogar ein „Märzgefallener".[5]

Die Frage, die hier interessiert, lautet: Wie typisch war Pieper eigentlich für das katholische Milieu? Worin war er repräsentativ, worin war er spezifisch? Wie kann man diese Figur einordnen? Daher werden die folgenden Ausführungen über den Katholizismus zwischen Kulturkampf und 1933 wiederholt ein Auge auf

---

[3] Ulrich von HEHL u. Christoph KÖSTERS (Bearb.), Priester unter Hitlers Terror. Eine biographische und statistische Erhebung, Band 2, Paderborn 1996³, S. 297.
[4] Rudolf PADBERG, Kirche und Nationalsozialismus am Beispiel Westfalens. Ein Beitrag zur Seelsorgekunde der jüngsten Zeitgeschichte, Paderborn 1984, S. 44-46. Vgl. auch Gotthard KLEIN, Der Volksverein für das katholische Deutschland 1890-1933. Geschichte, Bedeutung, Untergang, Paderborn u.a. 1996, S. 139-156.
[5] NEUHAUS, S. 24, 37, 68f. [im vorliegenden Band →S. 34, 47, 80f].

den Protagonisten dieses Bandes werfen. Es soll nicht allein, dem Wunsch der Veranstalter der Aachener ,Pieper-Tagung' 2018 entsprechend, der breitere Kontext geliefert, sondern am konkreten Beispiel August Piepers auch immer wieder geprüft werden, ob dieser Priester in diesen Rahmen passte.

Das geschieht in drei Schritten. Erstens geht es um Kontinuitätslinien im Katholizismus bis zum Rechtskatholizismus in der Weimarer Republik und im Nationalsozialismus. August Pieper war vor allem typisch in dem tragischen Versuch, den Nationalsozialismus abzuwehren, indem er ihn verbessern wollte. Diese Tragik der katholischen Defensivrhetorik lässt sich anhand einiger Bausteine wie der Volksgemeinschaft und dem Antisemitismus zeigen. Zweitens ist herauszuarbeiten, worin Pieper gerade nicht typisch war. Schließlich ist, drittens, zu fragen, wie Pieper beurteilt werden kann. Ausgehend von den Interpretationsangeboten Werner Neuhaus' möchte ich abschließend einen Deutungsvorschlag dafür anbieten.

1. Kontinuitäten nationalistischer Tendenzen im Katholizismus, die Affinitätsthese und die Tragik katholischer Abwehrversuche

„Volksgemeinschaft" war ein Schlüsselbegriff für August Pieper. Das war nichts Besonderes. Der Begriff kreiste gerne in der politischen Rechten der Weimarer Republik, war aber nicht nur dort populär, und er war auch nicht neu. Anders, als in der Literatur oft behauptet, entstand dieser Begriff nicht mit dem Burgfrieden 1914,[6] sondern kursierte schon rund hundert Jahre früher im Zu-

---

6 Steffen BRUENDEL, Die Geburt der „Volksgemeinschaft" aus dem „Geist von 1914". Entstehung und Wandel eines „sozialistischen" Gesellschaftsentwurfs, in: https://zeitgeschichte-online.de/thema/die-geburt-der-volksge

ge der Befreiungskriege, ist aber sogar schon in den 1780er Jahren nachweisbar.[7] Vor allem schärfte der Begriff sein Profil schon früh gegen die einsetzende Judenemanzipation. Der Pietist Jakob Friedrich Fries (1773-1843), Professor für Philosophie in Jena, betonte 1816, die Juden könnten wohl Untertanen, aber „als Juden nie Bürger in unserm Volke werden, denn sie wollen als Juden ein eignes Volk seyn, trennen sich also dadurch nothwendig von unsrer Deutschen Volksgemeinschaft; ja sie bilden nicht bloß ein Volk, sie bilden zugleich einen Staat."[8] Der Zionist Theodor Herzl klagte 1896: „Wir haben überall ehrlich versucht, in der uns umgebenden Volksgemeinschaft unterzugehen und nur den Glauben unserer Väter zu bewahren", aber aller Patriotismus sei vergebens gewesen. Herzl adressierte die Juden als „unsere Volksgemeinschaft", die nicht einmal mehr eine gemeinsame

---

meinschaft-aus-dem-geist-von-1914; Jeffrey VERHEY, Der „Geist von 1914" und die Erfindung der Volksgemeinschaft, Hamburg 2000.

[7] Den ersten Nachweis fand Norbert Götz für das Jahr 1791: Norbert GÖTZ, Die nationalsozialistische Volksgemeinschaft im synchronen und diachronen Vergleich, in: Detlef SCHMIECHEN-ACKERMANN (Hg.), „Volksgemeinschaft": Mythos, wirkungsmächtige soziale Verheißung oder soziale Realität im ‚Dritten Reich'? Zwischenbilanz einer kontroversen Debatte, Paderborn 2012, S. 55-67, 57. Tatsächlich erscheint der Begriff schon 1784, hier aber noch im Sinne von Konvivium: Vgl. J. H. STÖVER, Historisch-Statistische Beschreibung des Osmanischen Reiches, Hamburg 1784, S. 74: „Der eigentliche Muselmann dünkt sich entehrt, wenn er mit Religionsfremdlingen sich in genauere Verbindungen, als die Gewerbe, Handel und Wandel ihm erlauben, einlassen sollte, und jede andere Volksgemeinschaft und Religionsgenossenschaft stellt sich dagegen in ein ähnliches Verhältniß gegen denselben."

[8] Jakob Friedrich FRIES, Über die Gefährdung des Wohlstandes und Charakters der Deutschen durch die Juden. Eine aus den Heidelberger Jahrbüchern der Litteratur besonders abgedruckte Recension der Schrift des Professors Rühs in Berlin: „Über die Ansprüche der Juden an das deutsche Bürgerrecht. Zweyter verbesserter Abdruck etc.", Heidelberg 1816, S. 3. Spöttische Abgrenzung vom Volksgemeinschaftsbegriff: Die Volkssouveränität, in: Historisch-politische Blätter für das katholische Deutschland, Bd. 23, 1849, S. 796-809, 802.

Sprache habe und insofern eigentümlich sei, als dass die Mitglieder sich nur am väterlichen Glauben als zusammengehörig erkennen.[9] An die Volksgemeinschaft appellierte auch der sozialdemokratische Reichspräsident Friedrich Ebert, aber stärker auf die Inklusion aller Werktätigen zielend als, wie bei den Nationalsozialisten, auf die Exklusion aller Volksfremden. Die Frauenrechtlerin Alice Salomon betitelte 1922 ein Buch „Die deutsche Volksgemeinschaft"[10]. Pieper befand sich mit seiner jedoch eher von männlicher Seite her gedachten Volksgemeinschaft in guter und breiter Gesellschaft. Ausdrücklich standen dabei die Lebensphilosophie sowie Ferdinand Tönnies' (1887) Dualismus von mechanistischer Gesellschaft und lebendiger Gemeinschaft, von Organisation versus Organismus Pate, auch wenn der von verschiedenen Seiten geteilte Volksgemeinschaftsbegriff unterschiedliche Bedeutungsstreifen entwickelte.[11]

In einem breiten Konsens stand auch Piepers Führererwartung, die sich angesichts der Krisen der Weimarer Republik immer mehr ausbreitete. Prälat Ludwig Kaas, seit 1928 Vorsitzender der Zentrumspartei, hoffte auf den Retter Deutschlands. Heinrich

---

[9] Theodor HERZL, Der Judenstaat. Versuch einer modernen Lösung der Judenfrage, Leipzig u. Berlin 1896, S. 11; 75.
[10] Zu Ebert vgl. Jörn RETTERATH, „Was ist das Volk"? Volks- und Gemeinschaftskonzepte der politischen Mitte in Deutschland 1917-1924, Berlin 2016. Alice Salomon, Die deutsche Volksgemeinschaft, Wiesbaden 1926 (2. Aufl.).
[11] Alle politischen Richtungen konnten dank der inhaltlichen Unbestimmtheit der „Volksgemeinschaft" eigene und konkurrierende Konzepte damit verbinden. Sie konnte als „republikanische Form nationaler Solidarität" verstanden werden, „als versöhnende Utopie zur Überwindung von Klassenunterschieden", als die Kriegsniederlage kompensierende Selbstdeutung, als „kulturpolitischer Kampfbegriff gegen die westliche Zivilisation" und die Demokratie, schließlich als rassische Abstammungsgemeinschaft. Vgl. Detlef SCHMIECHEN-ACKERMANN, Einleitung, in: DERS. (Hg.), „Volksgemeinschaft", S. 15-53, 42f. Zuletzt: Michael SCHNEIDER, Kontroversen um die „Volksgemeinschaft". Zu neueren Arbeiten über die Gesellschaft des „Dritten Reichs", AfS, Bd. 60, 2020, S. 381-434.

Brüning, der Notverordnungskanzler der Zentrumspartei, ließ sich im Wahlkampf 1930 zum besseren Führer stilisieren.[12]

Bis heute herrscht das Missverständnis, die Katholiken seien dank der Erfahrung des Kulturkampfes vom Nationalismus weitaus weniger affiziert gewesen als die Protestanten. Erst in den 1890er Jahren hätten sich die als Reichsfeinde Gebrandmarkten stärker mit der wilhelminischen Nation identifiziert. Rebecca Bennette hat 2012 diese Vorstellung massiv modifiziert, indem sie zeigt, wie sich auch schon in den 1870er Jahren, mitten im Kulturkampf und wegen des Kulturkampfes, eigene Nationsvorstellungen unter Katholiken profilierten. Für Katholiken war die ursprüngliche Nation katholisch, mittelalterlich, das Reich. Die Protestanten seien erst im 16. Jahrhundert hinzu gekommen und hätten daher kein Monopol auf die deutsche Nation. Wenn die Konfessionen sich vertrügen, statt sich im Kulturkampf aufzureiben, würde Deutschland die größte Macht Europas werden, ja der ganzen Welt. Der Kulturkampf sei der falsche Weg. Er mache Deutschland nur impotent.[13]

Auch in der Weimarer Republik trauerten zahlreiche Deutsche alten Großmachtidealen hinterher. Bei vielen Katholiken spielte die am alten Reich orientierte Identität noch immer eine große Rolle – übrigens auch wieder in der Adenauerzeit, weil das Reich hier als föderalistischer Vorläufer der Bundesrepublik angesehen wurde.[14] Der Katholizismus war nicht antinational, sondern anders national.

---

12 Vgl. Klaus SCHREINER, „Wann kommt der Retter Deutschlands?" Formen und Funktionen von politischem Messianismus in der Weimarer Republik, in: Saeculum 49. 1998, S. 107-160.

13 Rebecca Ayako BENNETTE, Fighting for the Soul of Germany: The Catholic Struggle for Inclusion after Unification, Cambridge 2012.

14 Jaana EICHHORN, Geschichtswissenschaft zwischen Tradition und Innovation. Diskurse, Institutionen und Machtstrukturen der bundesdeutschen Frühneuzeitforschung, Göttingen 2006, S. 317f., 330-350.

Das führt zu einem Konzept, das, einmal verstanden, auch bei August Pieper wiedergefunden werden kann. Der Katholizismus entwickelte eine Strategie, die man geradezu als tragisch bezeichnen kann. Zur Abwehr des extremen Nationalismus schärfte er einen besseren Nationalismus, gegen den Sozialismus entwarf er einen besseren Sozialismus, im Kampf gegen den modernen Antisemitismus bot er einen besseren, christlichen Antisemitismus an: statt das Konzept der Volksgemeinschaft zu hinterfragen wurde sie verchristlicht, und sogar gegen den Nationalsozialismus wurde ein besserer, christlicher nationaler Sozialismus ins Feld geführt. Etwas Ähnliches versuchte August Pieper. Er sprach vor 1933 mehrfach von „dynamischer Überwindung des Nationalsozialismus", sich dabei aber weit in seine Richtung beugend.

Diese Tragik lässt sich besonders gut am Beispiel des Antisemitismus illustrieren. Der katholische Antisemitismus wies seit den 1870er Jahren ein klares Profil auf. Er definierte bestimmte Grenzen, etwa vor Gewalt und den Rassenideologien, und bewegte sich im Rahmen spezifischer Markierungen: von alten religiösen Traditionen (Gottesmord, Antitalmudismus, Ritualmordlegende) über ältere weltliche („Wucher") und neuere säkulare Topoi (jüdisches Weltmachtstreben, Verjudung) bis hin zu teils rassistischen Elementen. Von dem weltanschaulichen Rassismus distanzierte er sich klar. Dieses konsistente Konzept aus der Ultramontanisierungsepoche, in der sich Katholiken in Orthodoxie und Orthopraxie zunehmend an Rom orientierten, zog sich in zählebiger Kontinuität bis in die 1930er Jahre.

Die aus dem Kaiserreich überkommene Unterscheidung zwischen sündhaftem und erlaubtem Antisemitismus wurde in die Weimarer Republik und in das NS-Regime transportiert. Teils schützte sie damit vor dem unchristlichen Rassenantisemitismus, teils hielt sie damit aber zugleich das Misstrauen gegenüber dem Judentum wach. Einen beeindruckenden Beleg für die Tradierung dieses Doppelschemas findet sich im Lexikon für Theologie und Kirche 1930. Der Artikel „Antisemitismus" stammte von Gustav Gundlach, dem katholischen Sozialphilosophen und Berater von Pius XI. Der Artikel sagt:

„Man kann eine völkisch u. rassenpolitisch eingestellte von einer staatspolitisch orientierten Richtung des A[ntisemitismus]. unterscheiden. Jene bekämpft das Judentum wegen seines rassenmäßigen u. völkischen Andersseins schlechthin, diese wegen des übersteigerten u. schädl. Einflusses des jüd. Bevölkerungsteils [...] Die erste Richtung des A. ist unchristlich, weil es gegen die Nächstenliebe ist, Menschen allein wegen der Andersartigkeit ihres Volkstums, also nicht ihrer Taten zu bekämpfen [...] Die zweite Richtung des A. ist erlaubt, sobald sie tatsächlich-schädlichen Einfluß des jüd. Volksteils [...] mit sittl. u. rechtl. Mittel bekämpft. Ausgeschlossen sind Ausnahmegesetze gegen jüd. Staatsbürger als Juden, u. zwar vom Standpunkt des modernen Rechtsstaats."[15]

Nun liegt etwas Tragisches in diesem Ansatz. Einerseits führte er dazu, sich nicht hinreichend mit den Juden zu solidarisieren. Ihrer Emanzipation wurde misstraut, Juden wurden in der katholischen Presse diskriminiert,[16] und als sie ab 1933 verfolgt wurden, schaute die Kirche weg. Andererseits ist die Unterscheidung zwischen ‚falschem und richtigem Antisemitismus' aber auch deshalb tragisch, weil sie als Versuch gedacht war, den Antisemitismus abzuwehren. Sie markierte eine Differenz zu den ab 1879 aufkommenden Antisemitenparteien und zu ihrer erfolgreichsten

---

[15] Gustav GUNDLACH, Art.: Antisemitismus, in: LThK, Bd. 1, Freiburg 1930, S. 504f.
[16] Zuletzt: Susanne WEIN, Antisemitismus im Reichstag. Judenfeindliche Sprache in Politik und Gesellschaft der Weimarer Republik, Frankfurt 2014, S. 116-123.

Nachfolgerin, der NSDAP.[17] Aber dieser Abwehrversuch beinhal-
tete auch den Abwehrwunsch gegenüber einem als unzumutbar
empfundenen Judentum. Das Tragische am doppelten Antisemitismus ist, dass er gut gemeint war. Noch in den besten Abwehr-
schriften gegen den Antisemitismus ist dieser selber enthalten. Je
mehr Katholiken sich in guter Absicht gegen ihn wehrten, desto
mehr verhedderten sie sich in ihn. Der Vorstand des Volksvereins
– unter ihnen August Pieper und der bedeutende Sozialreformer
Franz Hitze – publizierte 1893 eine Schrift, die eigentlich vor dem
gerade grassierenden Antisemitismus warnen wollte. Doch zugleich fand sie die antisemitische Bewegung „in ihrem Kern nicht
unberechtigt".[18]

Nehmen wir ein weiteres zeitgenössisches Beispiel, jetzt aus
den 1930er Jahren. Johann Heinrich Kaupel bekleidete von 1935
bis 1953 den Lehrstuhl für Exegese des Alten Testaments an der
Katholisch-Theologischen Fakultät Münster. Noch als dortiger
Privatdozent kritisierte er 1933 in einer Schrift „die antisemitische
Bekämpfung des Alten Testamentes". Wieder war es nur gut
gemeint: Kaupel wollte das sogenannte Alte Testament als Basti-
on für das sogenannte Neue Testament retten und damit das

---

[17] Zu diesen Parteien vgl. Stefan SCHEIL, Die Entwicklung des politischen
Antisemitismus in Deutschland zwischen 1881 und 1912. Eine wahlge-
schichtliche Untersuchung, Berlin 1999.

[18] Die Katholiken und die Judenfrage, in: Volksverein. Stimmen aus dem
Volksverein für das katholische Deutschland, Hg. vom Vorstand, Mönchen-
Gladbach 3 (1893), S. 41. Zu Franz Hitze, dessen Schriften 1877 und 1880
Antisemitismus enthielten, bevor Hitze davon Abstand nahm, und zur ge-
genteiligen Entwicklung des sich radikalisierenden Pieper vgl. Olaf BLASCH-
KE, In frühen Schriften forderte Franz Hitze (1851-1921) „unsere Emancipati-
on von der Herrschaft der Juden". Der bekannte Sozialreformer – ein Antisemit?, in: Auf Roter Erde. Heimatblätter für Münster und das Münsterland,
Westfälische Nachrichten, 19.07.2021; DERS., Franz Hitze: Der Sozialreformer
als Repräsentant des katholischen Antisemitismus, in: Westfälische Forschungen, Bd. 71, 2021.

Christentum insgesamt. Er verteidigte das Alte Testament gegen Angriffe durch die Völkischen. Alfred Rosenberg hatte im „Mythus des 20. Jahrhunderts" 1930 verlangt, das Alte Testament mit seiner „Judenmoral" abzuschaffen. Das Semitentum verderbe die Kultur des germanischen Abendlandes. Auch die immer stärker werdenden Deutschchristen lehnten das „Judenbuch" ab. Kaupel erkannte, dass bei den Antisemiten das Blut der „entscheidende Faktor menschlichen Daseins" sei. Damit werde das Blut aber auch die Basis jedweder Religion. Religion beruhte also nicht mehr auf Offenbarung, sondern auf Biologie. Das war natürlich unchristlich. Kaupel wehrte sich gegen die antisemitische und umstürzlerische Anfeindung, „weil sie durch die konsequente Einbeziehung des Neuen Testamentes dem Christentum Lebewohl sagt". Beide Testamente seien unlösbar aneinander gebunden und verwiesen aufeinander.

So weit so gut gemeint. Der Versuch, die Bibel vor dem Antisemitismus zu schützen, war ehrenwert. Aber er offenbart auch seine Tragik, denn man stößt in dieser Schrift zugleich auf den doppelten Antisemitismus: Wieder taucht die Unterscheidung zwischen einem berechtigten und unberechtigten Antisemitismus auf. Klassische antijudaistische Vorstellungen finden sich ohnehin: Die Juden hätten die Erfüllung des Alten Bundes in Christus nicht erkannt und seien erlösungs- und bekehrungsbedürftig. „Will man hier ‚Antisemitismus' finden, dann ist es ein dogmatischer, nämlich die Ablehnung der von der alttestamentlichen Linie abgeirrten jüdischen Religion, aber keine Rassenfeindschaft. Nur diesen neutestamentlichen Antisemitismus kennt auch die katholische Kirche, keinen anderen."[19] Hier machte sich Kaupel etwas vor, denn auch der moderne Antisemitismus scheint bei ihm 1933 auf:

---

[19] Heinrich KAUPEL, Die antisemitische Bekämpfung des Alten Testamentes vom Standpunkt katholischer Bibelbetrachtung beleuchtet, Hamburg 1933, S. 24, 27.

„Wie ist es nun zu erklären, daß nicht wenige Katholiken, auch genug Gebildete, vielleicht gerade diese, der antisemitischen Agitation, die oft sehr laut und vordringlich auftritt, erliegen?" Die meisten kämen aus „Gefühlen der Abneigung gegen das Judentum zu ihrer Einstellung", ganz gleich ob „die tatsächliche Schuld, die Juden auf politischem oder wirtschaftlichem Gebiet auf sich geladen haben, nur ein atheistisches-materialistisches bzw. von westeuropäischem religiösem Liberalismus beeinflußtes Judentum trifft oder auch ein gläubig orthodoxes."[20]

Kaupel bringt den verbreiteten Antisemitismus unter Katholiken mit der „tatsächlichen Schuld" der Juden auf politischem und wirtschaftlichem Gebiet in Verbindung – ein Kerntopos des postemanzipatorischen Antisemitismus, den Forscher als Realkonfliktthese bezeichnen, weil sie davon ausgeht, es habe tatsächlich Anlass zur Klage sowie von beiden Seiten ausgehende Reibungen zwischen Juden und Nichtjuden gegeben. Bis heute gibt es einige wenige Historiker, die daran glauben, Juden hätten die Mehrheitsgesellschaft provoziert und seien nicht ganz unschuldig an ihrer Verfolgung.[21] Trotz seiner Vorbehalte gegen Juden ruft Kaupel zur Nächstenliebe auf. Das Alte Testament könne sogar für die Stärkung des Volkstums günstig sein, betont Kaupel. Es fungiert für ihn als Dispositiv zu den Völkischen, die durch Abschaffung des Alten Testament das Volkstum stärken wollen. Kaupel will das Alte Testament retten, und zwar für beides, für das Christentum und für das Volkstum.[22] Kurzum: Kaupels Ver-

---

[20] EBD., S. 15.
[21] Ein erschreckendes Beispiel ist Albert S. LINDEMANN, Esau's Tears: Modern Anti-Semitism and the Rise of the Jews. 2. Aufl., Cambridge 2000; dagegen: Olaf BLASCHKE, Offenders or Victims? German Jews and the Causes of Modern Catholic Antisemitism, Lincoln u. London, 2009, S. 4, 16-18, 115-117.
[22] KAUPEL, S. 32-37.

such, eigens dem Antisemitismus und den Völkischen entgegen-
zutreten, birgt die Tragik in sich, zugleich den katholischen Antisemitismus und das Völkische weiter zu transportieren.

An der Stelle über die politisch-ökonomische Schuld der Juden
verweist Kaupel auf eine grundsätzliche Darlegungen der Beurteilung des Antisemitismus vom christlichen Standpunkt: den
Hirtenbrief des Linzer Bischofs Johannes Maria Gföllner, der im
Januar 1933 verlesen wurde.[23] Auch dieser Hirtenbrief ist tragisch. In der hehren Absicht, den Nationalismus und Nationalsozialismus abzuwehren, wurde ein besserer christlicher Nationalismus und Nationalsozialismus beschworen. Gföllner war wirklich ein Gegner des in Linz höchst erfolgreich agitierenden Nationalsozialismus. Er verkündete also, die Kirche verurteile den
Nationalsozialismus, den übertriebenen Nationalismus, den Ras-
senhass und den Antisemitismus als mit dem Glauben unvereinbar. „Das jüdische Volk nur wegen seiner Abstammung verachten, hassen und verfolgen, ist unmenschlich und antichristlich.
Solche Pogrome hat die Kirche stets verurteilt und das jüdische
Volk gegen ungerechten Hass in Schutz genommen." So weit war
es wieder gut gemeint. Andererseits

„üben viele gottentfremdete Juden einen überaus schädlichen
Einfluß auf fast allen Gebieten des modernen Kulturlebens.
[…] Das entartete Judentum im Bunde mit der Weltfreimaure-
rei ist auch vorwiegend Träger des […] Kapitalismus und […]
Apostel des Sozialismus und Kommunismus, der Vorboten
[…] des Bolschewismus."

---

[23] EBD., S. 16. Daran kann man erkennen, dass Kaupels Buch nicht dem Vor-
trag entspricht, den er 1932 vor katholischen Religionslehrern aus dem
Münsterland gehalten hat. Es wurde aktualisiert und bearbeitet. Was in den
Anmerkungen steht, wird als willkommene Wegweisung empfohlen.

Angesichts dessen sollten Katholiken unbedingt antisemitisch sein:

„Diesen schädlichen Einfluß des Judentums zu bekämpfen und zu brechen, ist nicht nur gutes Recht, sondern strenge Gewissenspflicht eines jeden überzeugten Christen, und es wäre zu wünschen, dass auf arischer und auf christlicher Seite diese Gefahren [...] durch den jüdischen Geist noch mehr gewürdigt, noch nachhaltiger bekämpft [werden]" und zwar durch besondere Gesetze. „Will darum der Nationalsozialismus nur diesen geistigen und ethischen Antisemitismus in sein Programm aufnehmen, so ist er durch nichts daran gehindert; aber dann vergesse der Nationalsozialismus auch nicht, dass vor allem die katholische Kirche das stärkste Bollwerk ist gegen den geistigen Ansturm auch des jüdischen Atheismus."[24]

Bischof Gföllner sprach sich mit den besten Absichten gegen den Nationalsozialismus aus. Um das schlimmere Übel, den hasserfüllten und rassistischen Antisemitismus der Nationalsozialisten, in seine Schranken zu verweisen, machte der Bischof im Gegenzug ein weniger schlimmes Angebot: den Antisemitismus, der ihm als gutem Katholiken vertraut war. Damit festigte er die Basis für die Akzeptanz judenfeindlicher und völkischer Haltungen, statt sie ihr zu entziehen.

Man sieht also, wie verbreitet der Versuch war, dem Nationalismus, Antisemitismus, sogar dem Nationalsozialismus nicht paradigmatisch zu widersprechen, sondern ihnen einen besseren,

---

[24] Johannes Maria GFÖLLNER, Hirtenbrief, 21. Januar 1933. Vgl. jetzt Alexander SALZMANN, Hirtenbrief über wahren und falschen Nationalismus (Johannes Maria Gföllner, 1933), in: Wolfgang BENZ (Hg.), Handbuch des Antisemitismus. Judenfeindschaft in Geschichte und Gegenwart, Bd. 6: Schriften und Periodika, Berlin 2013, S. 269-271.

gezähmten, katholischen Nationalismus, Antisemitismus und Nationalsozialismus entgegenzusetzen. Auch die „Volksgemeinschaft" galt als vor- und aufgegeben, und dies nicht nur bei Rechtskatholiken. Der Hirtenbrief der deutschen Bischöfe am 20. August 1935 kämpfte um die Konfessionsschule, die das NS-Regime zugunsten der Simultanschule abschaffen wollte:

„Laßt euch nicht irre machen durch den Hinweis auf die Volksgemeinschaft! Die Kinder der Bekenntnisschule werden der Volksgemeinschaft nicht weniger dienen und die Volksgenossen anderen Glaubens nicht weniger achten als die Kinder der Gemeinschaftsschule. Im Reichskonkordat hat die Deutsche Reichsregierung auf Ehrenwort und Unterschrift ‚Die Beibehaltung und Neueinrichtung katholischer Bekenntnisschulen gewährleistet' (Art. 23)."[25]

Anders gesagt: Die Volksgemeinschaft sei gut, ihr könne und müsse gedient werden, und die Gemeinschaftsschule sei keineswegs der richtige Weg dahin, vielmehr diene die Konfessionsschule der Volksgemeinschaft mindestens ebenso gut.
Angesichts dieser Beispiele versteht man, was Pieper zumindest in der Zeit vor 1933 versuchte, nämlich etwas Besseres anzubieten als den Nationalsozialismus. 1931 schrieb er, der Volksverein für das katholische Deutschland habe den „Lebenswillen" zur Gesellschaft und Staat erneuernden Sozialreform, zu „einer neuen menschenwürdigen Volksgemeinschaft" vorgelebt – gegen den marxistischen Sozialismus und zu dessen innerer Überwin-

---

25 Zit. n. Johannes NEUHÄUSLER, Kreuz und Hakenkreuz. Der Kampf des Nationalsozialismus gegen die katholische Kirche und der kirchliche Widerstand, Bd. 2, München 1946, S. 59; Hirtenbrief auch in: http://www.aktionleben.de/fileadmin/dokumente/PDF-Archiv/H-029.pdf; vgl. Bernhard STASIEWSKI, Akten deutscher Bischöfe über die Lage der Kirche 1933–1945, Bd. II: 1934–1935, Mainz 1976.

dung. Übersetzt bedeutet das: Der Volksverein bot den besseren, den überlegenen und menschenwürdigen Sozialismus. Sogar die Sozialdemokratie selber habe davon gelernt und sei vom katholischen Volksverein erzogen worden.[26]
Dasselbe Verfahren wie gegen den Sozialismus schlug Pieper gegen die Nationalsozialisten vor, denen er einen besseren nationalen Sozialismus entgegensetzte.

„Die gleiche Staatskunstweisheit, vor allem den gleichen starken, aktivistischen Lebenswillen zur Aufbauarbeit haben die deutschen Katholiken zu beweisen im geistigen Ringen mit dem rechtsradikalen nationalen Sozialismus." Wie vormals die Sozialdemokratie die Katholiken zu einer weitschauenden Sozialpolitik gezwungen habe, sei nun der Nationalsozialismus zu einer „belebten Macht" geworden, die „uns moralisch zwingt, einen ebenso starken nationalen Lebenswillen in uns zu erwecken und zu pflegen, wie wir schon einen starken sozialen Lebenswillen uns erarbeiteten"[27].

Gegen die SPD half Sozialpolitik, gegen die NSDAP Nationalismus. Kurz: Dem Sozialismus wurde der bessere, katholische Sozialismus entgegengesetzt, dem radikalen Nationalismus der bessere, katholische Nationalismus und dem Nationalsozialismus der bessere katholische nationale Sozialismus. Erst in den Texten von 1941/1942 ist davon nichts mehr zu sehen. Was hier zum Vorschein kommt, ist wahrlich nicht mehr typisch für einen katholischen Priester.[28]

---

[26] August PIEPER, Der Nationalsozialismus. Erstes Heft (= Sonderdruck aus Führer-Korrespondenz Nr 1/1931), Mönchen-Gladbach o.J., in: NEUHAUS, S. 104-123, 122 [im vorliegenden Band →S. 119-139, 138].
[27] EBD., S. 122f.
[28] Zum Kontext: Kevin P. SPICER, Hitler's Priests. Catholic Clergy and National Socialism, Dekalb 2008. Zum späten Pieper vgl. NEUHAUS, S. 39-55 [im vorliegenden Band →S. 50-66].

A. Mazzottis Büste von Dr. Lorenz Pieper, der schon 1922 als Priester der NSDAP beitrat und – anders als sein Bruder August – als fanatischer Antisemit in Erscheinung getreten ist. (Heimatmuseum Eversberg, Aufnahme: Dr. Roland Pieper)

2. Deutungsfiguren,
in denen Pieper nicht typisch war

In dem – im vorliegenden Band erneut edierten – Buch von Werner Neuhaus und den dortigen Quellenauszügen fallen einige Punkte auf, in denen Pieper ganz und gar nicht repräsentativ war für das katholische Milieu, nicht einmal für den Rechtskatholizismus. Es lassen sich sechs Punkte unterscheiden.

1. Für Pieper schoben sich Prioritäten in den Vordergrund, die für andere Kleriker und Katholiken eher Ableitungen aus dem falschen bzw. richtigen christlichen Leben und Handeln waren, statt umgekehrt. Darunter firmieren die „Formaldemokratie" und die „Volksgemeinschaft". Die Klage über die Formaldemokratie war zwar kein Alleinstellungsmerkmal des Prälaten. Der Begriff taucht schon im Protokoll des SPD-Parteitages 1919 auf, 1921 in den Preußischen Jahrbüchern, 1922 in den Historisch-politischen Blättern für das katholische Deutschland, bevor Pieper ab 1923 von Formdemokratie und später von Formaldemokratie spricht.[29] Diese lediglich formale Demokratie sei von außen an die Staatsbürger herangetragen, nicht dem inneren Seelenleben erwachsen, mithin nur Individuen zusammenfassend und materialistisch sowie funktional. Pieper klammerte sich an diesen Begriff, aber originell war er nicht, sonst wäre er mit der „Formdemokratie" nicht auch noch ins ehrwürdige Staatslexikon der Görres Gesell-

---

[29] Dr. David kritisiert einen Minister, der von „Formaldemokratie" gesprochen habe: Protokoll über die Verhandlungen des Parteitages der Sozialdemokratischen Partei Deutschlands, abgehalten in Weimar vom 10. bis 15. Juni 1919, Berlin 1919, S. 375. GERMANUS, Christliche Demokratie, in: Historisch-politische Blätter für das katholische Deutschland, Bd. 170, 1922, S. 92-102, 93-95. Zum Schlagwort Formaldemokratie vgl. Synnöve CLASON, Schlagworte der ‚Konservativen Revolution'. Studien zum polemischen Wortgebrauch des radikalen Konservatismus in Deutschland zwischen 1871 und 1933, Stockholm 1981, S. 59-74.

schaft gekommen, wo er den großen Eintrag „Demokratie"
schreiben durfte.[30] Auch die Leitvokabel der Volksgemeinschaft
war nicht typisch für ihn, aber hervorstechend ist, dass sie Piepers Obsession wurde, dass sie in den Vordergrund rückte. Er
instrumentalisierte die Volksgemeinschaft nicht für das Christentum, sondern das Christentum für die Volksgemeinschaft.

2. Für einen katholischen Würdenträger ist es untypisch, dass er
diesen Begriffen quantitativ mehr Raum schenkte als christlichen
Leitbegriffen und ihnen qualitativ mehr Gewicht schenkte als
christlichen Leitvokabeln. Vergleicht man andere katholische
Texte – etwa Bischofs- und Hirtenworte, sogar Texte des rechts-
lastigen Karl Adam –, wird offenbar, dass der christliche Gehalt
immer mehr aus Piepers Texten entwich.

3. Befremdend sind auch die Begriffe „christgläubig" und „gottgläubig".[31] Christgläubig war schon in den 1840er Jahren der
Begriff für diejenigen, die sich nicht an die Offenbarung der Kirche und an ihr Oberhaupt halten wollten. Sie pflegten eine unmittelbare Privatbeziehung zu Christus, aber Distanz zur Kirche.
Ähnliche Beziehungskonstellationen galten auch für August Pieper. Gottgläubig wiederum war ein NS-Begriff für diejenigen, die
aus der Kirche ausgetreten waren, aber nach wie vor an Gott
glaubten, wie es der Nationalsozialismus auch wünschte. Seit
1936 war das eine eigene Konfession. 2,8 Millionen Menschen

---

[30] August PIEPER, Demokratie, in: Hermann SACHER (Hg.), Staatslexikon der
Görresgesellschaft, 5. Aufl., Bd. 1, Freiburg 1926, S. 1332-1343. Vgl. dort
auch: August PIEPER u. Georg SCHREIBER, Volk, Volkstum, in: Hermann SA-
CHER (Hg.), Staatslexikon der Görresgesellschaft, 5. Aufl., Bd. 5, Freiburg
1932, S. 880-888.
[31] August PIEPER, Der Sinn des Krieges 1940 (Nachlass-Handschrift, wohl
1941/1942), in: NEUHAUS, S. 152-164, Zitate: S. 161, 163; ferner dazu NEU-
HAUS, S. 42 [im vorliegenden Band →S. 169-182, Zitate S.179, 181; ferner
dazu S.52].

zählten vor dem Zweiten Weltkrieg zu dieser neuen Kategorie, die auch auf der Lohnsteuerkarte eingetragen werden musste.[32] Wenn Pieper 1941 von „echter gottgläubiger Gesinnung" spricht, greift er auf diese Kategorie zurück. Sie war längst ein im Alltag vertrauter Gegenbegriff zu katholisch geworden, wie ein Dialog aus dem Juli 1941 erhellt: Nachdem in der Kleinstadt Herzogenaurach der Direktor der Mädchenschule das Kruzifix aus dem Handarbeitssaal entfernt hatte, kam es zu einem Volksauflauf von 500 protestierenden Katholikinnen und Katholiken, die dem ins Rathaus geflüchteten Schuldirektor nachstellten. Als der Ortsgruppenleiter versuchte, die Menge zu beschwichtigen, indem er sagte, es gebe keinen Grund zur Aufregung, weil doch alle gottgläubig seien, riefen die Frauen ihm entgegen: „Nein, katholisch sind wir!" Piepers Verwendung des Begriffs gottläubig zeugt davon, wie sehr er sich schon von der Amtskirche und vom normalen katholischen Sprachgebrauch gelöst und stattdessen den NS-Jargon internalisiert hatte. Darin war er für einen Priester durchaus atypisch.[33]

4. Atypisch ist auch seine Unbotmäßigkeit gegenüber der Amtskirche, insbesondere seine Romfeindschaft und sein Antiepiskopalismus. Teilweise äußert sich der Prälat geradezu antiklerikal, wenn er den „Klerikalismus" dafür verantwortlich macht, dass die Katholiken die Volksgemeinschaft verschlafen hätten.[34]

5. Höchst ungewöhnlich für jemanden dieser Gesinnung ist das hohe Alter des Prälaten. Die Generation derjenigen, die noch vor Gründung des Kaiserreichs geboren wurden, ein Ereignis, das Pieper im Alter von vier Jahren erlebte, war viel weniger anfällig

---

[32] Vgl. Lohnsteuerkarten 1942, in: Amtsblatt des Reichspostministeriums, Jg. 1941, Nr. 88, S. 646-649, 647.
[33] Zu der Episode in Herzogenaurach BLASCHKE, Kirchen, S. 212.
[34] Vgl. NEUHAUS, S. 30, 36 [im vorliegenden Band →S. 40, 46].

für das extrem rechte Gedankengut und die „junge" braune Bewegung als die um 1900 Geborenen. Über die Motive dieser „Generation der Unbedingten", dem Nationalsozialismus zu folgen,
gibt es inzwischen viel Literatur. Heinrich Himmler ist 1900 geboren und war 1933 also erst 33 Jahre alt. Aber Pieper war 1866
geboren, also 34 Jahre älter. Seine Anfälligkeit ist mithin durchaus sonderbar.[35]

6. Untypisch ist Pieper auch in dem, was er auslässt. So auf-
schlussreich es für die Ermittlung seiner Haltung ist, was er sagt,
so beachtenswert ist auch, was er nicht sagt. Pieper ist nicht kon-
fessionalistisch, wie es Katholiken und Protestanten typischer-
weise zwischen 1840 und 1960 waren. An keiner Stelle konnte ich
finden, dass er Luther für die Französische Revolution und den
Materialismus verantwortlich machte oder den Protestantismus
als „Sekte" abwertet. Vielmehr sieht er im Entkonfessionalisie-
rungsstreben der Nationalsozialisten einen gesunden Weg zur
Entwicklung der Volksgemeinschaft. Das Deutsche rangierte bei
ihm vor der Konfessionszugehörigkeit, während herkömmliche
Katholiken und Protestanten, die des Konfessionalismus über-
drüssig wurden, das gemeinsame Christentum als die Zwietracht
überwindende Brücke beschworen.[36]

---

[35] Ulrich HERBERT, Drei politische Generationen im 20. Jahrhundert, in: Jürgen REULECKE (Hg.), Generationalität und Lebensgeschichte im 20. Jahrhundert, München 2003, S. 95-114; Michael WILDT, Generation des Unbedingten.
Das Führungskorps des Reichssicherheitshauptamts, Hamburg 2002; An-
dreas SCHULZ u. Gundula GREBNER (Hg.), Generationswechsel und histori-
scher Wandel, München 2003.
[36] Zum Begriff der Entkonfessionalisierung vgl. Lucian HÖLSCHER, Konfessi-
onspolitik in Deutschland zwischen Glaubensstreit und Koexistenz, in: DERS.
(Hg.), Baupläne der sichtbaren Kirche. Sprachliche Konzepte religiöser Vergemeinschaftung in Europa, Göttingen 2007, S. 11-52. Zum Konfessionalismus selber vgl. Olaf BLASCHKE (Hg.), Konfessionen im Konflikt. Deutschland
zwischen 1800 und 1970: ein zweites konfessionelles Zeitalter, Göttingen
2002; über die gegenseitigen Stereotypen: DERS., Anti-Protantism and

Zweitens fehlt ein expliziter Antisemitismus. Pieper verknüpft seinen Antikapitalismus und Antiliberalismus nicht mit dem Judentum, wie es im Katholizismus und Rechtskatholizismus gebräuchlich war.[37] Er verwendet aber Worte wie „Mammonismus", die in der Weimarer Republik Codewörter für eine judenfeindliche Haltung wurden, wie die Studie von Susanne Wein über Antisemitismus im Reichstag gezeigt hat. Dort gehörte es sich nicht, allzu undemokratisch und minderheitenfeindlich zu reden, weshalb auch Rechte ihre Sprache verschlüsselten: „Börsentum", „Mammonismus", „internationale Hochfinanz", ja sogar die Erwähnung des Berliner Kurfürstendamms verrieten antijüdische Ressentiments. Die Begriffe waren camoufliert, aber jeder verstand, was gemeint war. Wenn man Texte so liest, gelingt es, für die jeweiligen Zeitgenossen Selbstverständliches in den vergangenen Diskursen sichtbar zu machen. Pierre Bourdieu schrieb einmal: „Das Verborgenste ist das, worüber alle Welt sich einig ist, so einig, dass nicht einmal darüber gesprochen wird"[38]. Dann erhellt sich auch, warum Pieper bei dem Entwurf einer berufsständigen Volkstumsgemeinschaft nur Handwerker, Bauern, Familien erwähnt, ferner die Zünfte und Gilden – aber an keiner Stelle Händler. Die produktiv Schaffenden, nicht die Händler, dienen der Volksgemeinschaft. Auch darin steckt ein Ressentiment, das zwischen „echter" Arbeit und deren Nutznießern unterscheidet und zugleich Kernelement des Antisemitismus war, aber es bleibt hier unausgesprochen.[39]

Anti-Catholicism in the 19th Century: A Comparison, in: Yvonne Maria WERNER u. Jonas HARVARD (Hg.), European Anti-Catholicism in a Comparative and Transnational Perspective, Amsterdam, New York 2013, S. 115-134.

[37] Vgl. Olaf BLASCHKE, Katholizismus und Antisemitismus im Deutschen Kaiserreich, Göttingen 1997.

[38] Pierre BOURDIEU, Soziologische Fragen, Frankfurt 1993, S. 80f., auch zit. in WEIN, S. 46.

[39] August PIEPER, Der deutsche Volksstaat und die Formdemokratie, Mönchen-Gladbach 1923, Auszüge in: NEUHAUS, S. 74-91 [im vorliegenden Band

3. Interpretationsangebote

Was ich an dem Buch von Werner Neuhaus sehr schätze, ist, dass es nicht der Versuchung erliegt, in die schrille Enthüllungshistoriographie zurückzufallen, wie sie in den 1970er bis 1990er Jahren Mode war nach dem Motto: Seht, was dieser und jener Böses gesagt hat – der war also auch ein Nazi, auch ein Vordenker der Vernichtung. Dieses Verfahren ist zwar nicht ausgestorben. Vielmehr hat die „Cancel Culture" und Hexenjagd nach Menschen, die ein falsches Adjektiv gebraucht haben, durch „Lifestyle-Linke" (Sahra Wagenknecht) inzwischen sogar extremistisch-fundamentalistische Ausmaße angenommen.[40] Aber ich plädiere sehr dafür, stets kontextgesättigt und differenziert zu historisieren, wie es Neuhaus auch durchführt. Er betont zu Recht, es sei voreilig, Pieper wegen der affirmativen Verwendung heute kontaminierter Begriffe wie „Volksgemeinschaft" und „Führertum" „in die braune Ecke" zu stellen, denn solches Vokabular sei vor 1933 nicht nur bei völkischen Rechten verbreitet gewesen, ergänzt sei: auch bei manchen Linken.[41] In denselben Texten polemisierte Pieper ja energisch *gegen* den Nationalsozialismus, während er im nationalen Erwachen gleichzeitig wiederum einen Lichtblick erkannte. Wie tragisch das gut Gemeinte ins Negative mutierte, ist oben dargestellt worden. Die Gründe für Piepers „partielle Identifizierung mit dem Nationalsozialismus"[42] reichen von seinem maroden Gesundheitszustand bis zu seiner Verbitte-

---

→S. 87-105]; vgl. zum Arbeitsbegriff auch Hitlers Rede „Warum sind wir Antisemiten" von 1920, dokumentiert und interpretiert bei Reginald H. Phelps, Dokumentation: Hitlers ‚grundlegende' Rede über den Antisemitismus, in: Vierteljahrshefte für Zeitgeschichte, Jg. 16. 1968, S. 390-400 (Einleitung); S. 400-420 (Dokument).

[40] Sahra Wagenknecht, Die Selbstgerechten. Mein Gegenprogramm – für Gemeinsinn und Zusammenhalt, Frankfurt 2021, S. 21-49.

[41] Neuhaus, S. 15 [im vorliegenden Band →S. 24].

[42] Ebd., S. 57 [im vorliegenden Band →S. 68].

rung darüber, dass er mit einer mickrigen Vikarspension abgespeist wurde, die sein Lebenswerk nicht würdigte: den Volksverein, der zuerst bankrott ging und 1933 verboten in Trümmern lag. Er hielt sich für den bedeutendsten, aber verkannten „Vorläufer der Erneuerung der Volksgemeinschaft"[43]. Schwer zu ermessen ist der Einfluss seines jüngeren Bruders Lorenz Pieper (1875-1951). Er war schon 1922 in die NSDAP eingetreten, ein glühender Nazi und, anders als August, bekennender Antisemit. Jenseits dieser biographischen Erklärungen lassen sich drei übergeordnete Deutungsfiguren unterscheiden, die bei Werner Neuhaus vorkommen.

1. Pieper zähle zu den „Märzgefallenen", womit Neuhaus diejenigen meint, „die Hitler und die NSDAP bei den Märzwahlen des Jahres 1933 unterstützten, während sie seiner Politik und Ideologie vorher noch weitgehend abwartend bis ablehnend gegenübergestanden hatten."[44] Tatsächlich sind mit diesem Begriff aber konkret die Neumitglieder der NSDAP nach den Märzwahlen von 1933 gemeint. Beamte und staatliche Angestellte durften in der Weimarer Republik kein Parteimitglied werden. Jetzt war der Andrang derart groß, dass die NSDAP im April einen Aufnahmestopp verhängte. Die Motive der Kandidaten waren nicht unbedingt völkische Überzeugung, sondern die profane Hoffnung auf Karrieremöglichkeiten im neuen Reich, weshalb der Andrang auch vorwiegend aus Männern (95 %) und über Dreißigjährigen, die ja schon viel früher Parteimitglied hätten werden können, bestand.[45] Pieper hätte das nicht nötig gehabt, nicht als Priester

---

[43] PIEPER 1941, zit. n. EBD., S. 58f [im vorliegenden Band →S. 70].

[44] EBD., S. 24 [im vorliegenden Band →S. 34].

[45] Vgl. Jürgen W. FALTER, Die „Märzgefallenen" von 1933: neue Forschungsergebnisse zum sozialen Wandel innerhalb der NSDAP-Mitgliedschaft während der Machtergreifungsphase, in: Historical Social Research, Supplement, 25, 2013, S. 280-302 (http://nbn-resolving.de/urn:nbn:de:0168-ssoar-3799 08), revidierte Fassung von dass., in: GG, Jg. 24, 1998, S. 595-616.

und nicht als Mann fortgeschrittenen Alters. Er wurde im März jenes Jahres 67 Jahre alt. Der Begriff Märzgefallene, auch wenn er nur als Metapher statt als Parteimitgliedanwärterschaft verstanden wird, verharmlost den Gesinnungswandel Piepers und passt eigentlich nicht.

2. An anderer Stelle wird Pieper als „Brückenbauer" bezeichnet.[46] Der schon zeitgenössische Begriff beschrieb die Verständigungsversuche zwischen Katholizismus und Nationalsozialismus im Frühjahr 1933. Heinz Hürten unterscheidet zwei Typen von Brückenbauern, erstens diejenigen, die sich von der Volksgemeinschaftsschwärmerei einfangen ließen und die Mitarbeit der Katholiken im neuen Staate für notwendig erachteten. Bischöfe und katholische Zeitungen sind als Beispiele aufgeführt. Zweitens gab es die Brückenbauer, die veritable „Berührungsflächen" mit dem Nationalsozialismus sahen. Dazu gehörte der Tübinger Dogmatiker Karl Adam, dessen Blutideologie die Juden nicht als Teil des deutschen Volkes ansah, außerdem der Kirchenhistoriker Joseph Lortz, der auf grundlegende „Verwandtschaften" zwischen Katholizismus und Nationalsozialismus hinwies, etwa im Antibolschewismus, in der Abwehr der Gottlosenbewegung und Unsittlichkeit, natürlich auch im Gemeinschaftsdenken. Die kirchliche Lehre jedoch wollten diese Akteure nicht aufgeben. Für Hürten waren die Brückenbauer der zweiten Kategorie eine verschwindende Minderheit ohne große Wirkung.[47] Dazu muss man wissen, dass sein Standardwerk insgesamt relativ apologetisch ausfällt.

Die Metapher vom Brückenbau ist begrenzt brauchbar und hat eine fatale Folge. Sie verfestigt das Bild, dass es zwei Seiten des Ufers gibt, über die erst eine Brücke gebaut werden muss, dass also der Bereich des Christentums auf der einen Seite von

---

[46] NEUHAUS, S. 71, 73 [im vorliegenden Band →S. 83, 86]; PADBERG, S. 44-46.
[47] HÜRTEN, S. 214-230.

dem des Nationalsozialismus auf der anderen Seite getrennt existierte und erst aufwendig durch eine Brückenkonstruktion verbunden werden musste. Genau diese Trennung aber zwischen „Kreuz und Hakenkreuz" war allen Apologeten spätestens seit der gleichnamigen einschlägigen Schrift von Weihbischof Johannes Neuhäusler aus dem Jahre 1946 immer wichtig, damit nichts vermischt wird. Kirche und Nationalsozialismus hätten sich ausgeschlossen „wie Licht und Finsternis, wie Wahrheit und Lüge, wie Leben und Tod", unterstrich der Jesuit Anton Koch dieses dualistische Geschichtsbild 1947.[48]

Lucia Scherzberg kam in ihrer Habilitation über Karl Adam zu dem Ergebnis: Er habe versucht, „mit Hilfe des Nationalsozialismus katholische Kirche und Theologie zu reformieren". Zur Bildung einer Nationalkirche, unabhängig von Rom, setzte Adam auf Unterstützung durch den Nationalsozialismus.[49] Demnach hat Adam also nicht den Katholizismus missbraucht, um sich dem Nationalsozialismus anzupassen, sondern umgekehrt, letzteren instrumentalisiert, um den Katholizismus zu verbessern. Es ging ihm um den Glauben und die Kirche – ganz anderes als bei Pieper, der damit kein Brückenbauer war.

Auch der Titularbischof Alois Hudal, Rektor der deutschen Nationalkirche in Rom, wird häufig zu diesen Brückenbauern gerechnet. Bei Pieper wäre ich zögerlich. In den vorgelegten Texten steht die Volksgemeinschaft viel mehr im Vordergrund als die katholische Theologie und Dogmatik, als Christus und die Mitmenschlichkeit, die bei anderen Brückenbauern unter Preisgabe bestimmter Positionen in den Nationalsozialismus hinein gerettet werden sollten. Insofern war er, einfach gesagt, radikaler als Adam und Hudal.

---

[48] NEUHÄUSLER; Anton KOCH, Vom Widerstand der Kirche 1933-1945, in: Stimmen der Zeit 140, 1947, S. 468-72, 469.
[49] Vgl. Lucia SCHERZBERG, Kirchenreform mit Hilfe des Nationalsozialismus. Karl Adam als kontextueller Theologe, Darmstadt 2001, S. 310.

3. Das dritte Interpretationsangebot spricht von Piepers „Anfälligkeit für Teile der NS-Ideologie".[50] Mit dieser These kann wohl
am ehesten gearbeitet werden. Sie stützt sich auf die eingangs
zitierte Affinitätsthese Böckenfördes. Werner Neuhaus resümiert,
dass sich „August Pieper auch noch kurz vor seinem Tode wie in
seinen zahlreichen vorher verfassten unveröffentlichten Manuskripten mit den innen-, gesellschafts- und außenpolitischen Zielen und Methoden der nationalsozialistischen Politik – wenn man
von der von ihm nicht erwähnten Politik gegen die Juden absieht
– identifizierte."[51] Andererseits stellt sich die Frage, ob ein ausge-
klügeltes, über Jahrtausende gewachsenes Lehrsystem wie der
mittlerweile ultramontane Katholizismus mit der Ideenkompila-
tion der Nationalsozialisten vergleichbar ist. „Anfälligkeit für
Teile der NS-Ideologie" weist darauf hin, dass es so etwas wie die
NS-Ideologie gegeben hat. Praxeologische Ansätze wie der von
Sven Reichardt betonen, dass dies aber zu keinem Zeitpunkt der
Fall war.[52] Und kann man überhaupt von „den" innen-, gesell-
schafts- und außenpolitischen Zielen und Methoden „der" nationalsozialistischen Politik sprechen angesichts der Forschungen
über den Funktionalismus, über die konkurrierenden Zuständigkeiten (etwa Amt Rosenberg vs. Propagandaministerium) und

---

[50] NEUHAUS, S. 60, 70 [im vorliegenden Band →S. 72, 82].
[51] EBD., S. 43 [im vorliegenden Band →S. 53].
[52] Den Nationalsozialisten habe jeglicher Gesellschaftsentwurf gefehlt, selbst
die Anti-Haltungen führten von einer Präzisierung des Faschismusbegriffs
weg. Eher sei der Faschismus als Bewegung, als Praxis zu verstehen. Reichs-
innenminister Wilhelm Frick erklärte im Februar 1933: „Wenn man sagt, wir
hätten kein Programm, so ist doch der Name Hitler Programm genug. Das
Entscheidende ist der Wille und die Kraft zur Tat." Der praxeologische Ansatz betont den aktionistischen Stil der faschistischen Gewalt. Sie besaß
keinen instrumentellen Charakter zur Durchsetzung bestimmter Ideen,
sondern wurde selber zum ästhetisch überhöhten Inhalt des faschistischen
Habitus: Sven REICHARDT, Faschistische Kampfbünde. Gewalt und Gemeinschaft im italienischen Squadrismus und in den deutschen SA, Köln 2009[2], S.
15-36, 697f., Zitat: 25.

angesichts der „kumulativen Radikalisierung" im Ämterchaos[53]? Es gab nicht „die" NS-Ideologie und nicht „den" Nationalsozialismus, und genau dies war der Nationalsozialismus. Deshalb ist es müßig, ständig Individuen zu enttarnen und ihren Abstand zur vermeintlichen NS-Ideologie auszumessen. Und deshalb wird man wohl sagen können, Pieper war auf seine Weise Nationalsozialist wie Millionen andere es auf ihre Weise waren, und wie es sein jüngerer Bruder Lorenz schon seit 1922 war. Als Wolfgang Mommsen auf dem Frankfurter Historikertag 1998 über die „Affinitäten" und „Verstrickung" der Verbandsvorsitzenden Werner Conze und Theodor Schieder sprach, sprang sein Zwillingsbruder Hans Mommsen plötzlich erregt auf und erwiderte: „Das sind keine Verstrickungen, das *ist* der Nationalsozialismus." Dieser Szene hat sich denen, die dabei waren, eingeprägt.[54] Der Nationalsozialismus war dies alles, die bunte Schar unterschiedlicher Ideologen und diejenigen, die mitmachten oder irgendetwas wie ein lebendiges Christentum oder einen egalitären Sozialismus in den Nationalsozialismus hinein projizierten wie etwa Karl Adam. Insofern hat Hans Mommsen recht, wenn er den Begriff von Nationalsozialismus derart ausweitet, dass er sagt, es gab keine Verstrickungen, sondern dies alles machte den Nationalsozialismus aus, so uneinheitlich das auch sein mochte. Dann wäre Pieper zwar tatsächlich nicht in der „braunen Ecke", sondern geradezu in der Mitte der braunen Gesellschaft zu lokalisieren.

---

[53] Hans MOMMSEN, Nationalsozialismus oder Hitlerismus? In: Michael BOSCH (Hg.), Persönlichkeit und Struktur in der Geschichte. Düsseldorf 1977, S. 62–71, 66.

[54] Vgl. Matthias BERG, Olaf BLASCHKE, Martin SABROW, Jens THIEL, Krijn THIJS, Die versammelte Zunft. Historikerverband und Historikertage in Deutschland 1893-2000, Göttingen 2018, S. 727. Domestizierter als im Frankfurter Hörsaal: Hans MOMMSEN, Der faustische Pakt der Ostforschung mit dem NS-Regime. Anmerkungen zur Historikerdebatte, in: Winfried SCHULZE u. Otto Gerhard OEXLE (Hg.), Deutsche Historiker im Nationalsozialismus, Frankfurt 1999, S. 265-273, 270f.

Im Nationalsozialismus konnte man sich nie darüber einig werden, ob man Jesus verachten solle, weil er Jude gewesen sei, oder verehren, weil er kein Jude, sondern eigentlich Arier (Gallier = Galiläer) gewesen sei. Welches der beiden sich ausschließenden Angebote ist nun authentisch nationalsozialistisch? Es blieb bei chaotischen Suchbewegungen, und daher ist es leicht, jeden, der einmal was aus diesen mäandernden Ideen geäußert hat, nachträglich zum Nationalsozialisten zu stempeln. August Pieper sprach, so weit die Quellenauswahl von Neuhaus es erkennen lässt, nur einmal von der „arteigenen arischen Religion" (1937), wobei „Juda, Moskau, Rom" artfremd seien, aber er sprach nicht vom arischen Jesus.[55] Der Versuch der völkischen Christen, insbesondere der Glaubensbewegung Deutscher Christen, eine zeitgemäße Form des Christentums zu finden, stieß auf Ablehnung bei Hitler, Himmler und Goebbels.[56] Wer von beiden Lagern war nun echter Nationalsozialist? Und wenn große Teile der SA 1934 über den erfolglosen „Münchner Hühnerzüchter" lästerten, also über Heinrich Himmler, bevor dessen SS dem befürchteten Aufstand ein Ende machte, fragt sich, wer von beiden Lagern denn nun eigentlich „den" Nationalsozialismus repräsentierte.

Ebenso wenig wie es „den" Nationalismus festzulegen gelingt, gab es „die" Reichsideologie oder „den" Antisemitismus. Vielmehr konkurrieren Katholiken immer mit ihrer vermeintlich besseren Variante gegen breite, für bedrohlich gehaltene Strömungen. Diese Kontextualisierungen vom Kaiserreich bis in die 1930er Jahre mögen helfen, die Interpretation von August Pieper in einem angemessen Rahmen vorzunehmen. Ein „Linkskatholik" jedenfalls, für den er so lange ausgegeben wurde, war er nicht.

---

[55] NEUHAUS, S. 38 mit einem Zitat von 1937 [im vorliegenden Band →S. 48].
[56] Vgl. Doris L. BERGEN, Twisted Cross: The German Christian Movement in the Third Reich, Chapel Hill/London 1996.

Das Geburtshaus von August Pieper in der Eversberger Mittelstraße, wo heute
ein Dorfplatz anzutreffen ist (Aufnahme um 1908, Archiv Museum Eversberg).

Herausgeber und Autoren

OLAF BLASCHKE, Dr. phil., geb. 1963, ist Professor für Neuere und Neueste Geschichte am Historischen Seminar der Westfälischen Wilhelms Universität Münster. Seine Forschungsschwerpunkte sind u. a. die Geschichte der Kirchen in der Zeit des Nationalsozialismus sowie die Geschichte des Antisemitismus.

THOMAS DAHMEN, Dr. phil., geb. 1961, hat 2000 eine umfangreiche historische Studie zu August Pieper vorgelegt (Dissertation) und gilt als einer der besten Kenner seiner Biographie.

WOLFGANG LÖHR, Dr. phil., geb. 1938, war Mönchengladbacher Stadtarchivar und bis 2003 Direktor des Archivs. Er ist Experte bezogen auf Fragen, die die Geschichte der Katholischen Sozialethik – insbesondere in Mönchengladbach und im Rheinland – betreffen.

WERNER NEUHAUS, geb. 1947, Studium der Anglistik und Geschichte in Münster und Sheffield, von 1976 bis 2009 Lehrer am Städtischen Gymnasium Sundern. In Veröffentlichungen zur Sozial- und Kulturgeschichte des Sauerlandes im 19. und 20. Jahrhundert untersucht er u.a. die Revolution von 1848, die nationalistische Aufladung des katholischen Milieus nach 1900, die sogenannte Heimatfront und das Los der Kriegsgefangenen im Sauerland während des 1. Weltkrieges sowie regionale Erscheinungen der völkischen Bewegung zur Zeit der Weimarer Republik.

MARCO A. SORACE, Dr. theol., geb. 1970, war von 2011 bis 2020 Dozent an der Bischöflichen Akademie des Bistums Aachen. In dieser Funktion hat er die Aufklärung über den Nachlass August Piepers, nach dem die Einrichtung von 1953-2018 benannt war, tatkräftig unterstützt.

Reihe
Kirche & Weltkrieg

Band 7
Dietrich Kuessner
Die Deutsche Evangelische Kirche und der Russlandfeldzug
Eine Arbeitshilfe
Norderstedt 2021 – ISBN: 978-3-7526-7109-4

Band 8
Heinrich Missalla
Die Kirchliche Kriegshilfe im Zweiten Weltkrieg
Eine Organisation des Deutschen Caritasverbandes
Norderstedt 2021 – ISBN: 978-3-7534-9221-6

Band 9
Kriegsworte von Feldbischof Franziskus Justus Rarkowski
Edition der Hirtenschreiben und anderer Schriften 1917 – 1944
Norderstedt 2021 – ISBN: 978-3-7543-2454-7
(Fester Einband ISBN: 978-3-7543-2143-0)

Band 10
Dietrich Kuessner
Der christliche Staatsmann
Ein Beitrag zum Hitlerbild in der Deutschen
Evangelischen Kirche und zur Kirchlichen Mitte
Norderstedt 2021 – ISBN: 978-3-7543-2629-9

Band 11:
Werner Neuhaus, Marco A. Sorace (Hg.)
August Pieper und das Dritte Reich.
Ein katholischer Annäherungsweg
hin zum Nationalsozialismus

Verlag: Books on Demand
https://www.bod.de/buchshop/

Internetseite zum Editionsprojekt
https://kircheundweltkrieg.wordpress.com/